Axel Klimek

Liebe
und werde der du bist

Erfahrungen, Einsichten, Hinweise, Übungen

Dezember 2000

Liebe Gudrun,
lieber Martin –
von ganzem Herzen

Birgit

Verlag Via Nova

1. Auflage 2000
Verlag Via Nova, Neißer Straße 9, 36100 Petersberg
Telefon und Fax: (06 61) 6 29 73
Internet:
www.verlag-vianova.de
www.transpersonal.com

Titelgestaltung: Helga Lückens, 65618 Selters
Satz: typo-service kliem, 97647 Neustädtles
Druck und Verarbeitung: Rindt-Druck, 36037 Fulda

ISBN 3-928632-73-6

Inhaltsverzeichnis

1. Teil

Grundsätzliches und Nützliches

Ein Dankeschön

Dieses Buch war schon fast fertig. Während ich mit meinem Verleger Werner Vogel darüber diskutierte, wurde mir bewusst, dass der Weg, der zu diesem Buch führte, vor über 20 Jahren begonnen hatte. Es war mein Professor für Soziologie an der Universität Dortmund, Konrad Pfaff, der mich immer wieder gemahnte, innezuhalten und hinter die offensichtlichen Phänomene zu schauen. Meine damalige Diplomarbeit über Jean Gebsers Theorie zum Wandel von Bewusstseinsstrukturen hat mich erahnen lassen, dass die Weise, wie wir uns und die Welt wahrnehmen, nicht fest und gegeben ist, sondern durch den Filter unserer Bewusstseinsstruktur bestimmt wird. Ich glaube, diese Theorie damals nicht in der Tiefe verstanden zu haben. Aber sie hat mich seitdem nicht mehr losgelassen. Obwohl es nicht meine Absicht war, ist dieses Buch eine persönliche Weiterentwicklung meiner damaligen Diplomarbeit geworden. Vielen Dank Konrad.

Auf meinem Weg seit dieser Diplomarbeit bin ich sehr vielen Lehrern begegnet, von denen ich lernen durfte. Einige möchte ich namentlich erwähnen und mich so bei ihnen bedanken: Dyrian Benz, Ron Kurtz, Pat Ogden und Halko Weiss vom Hakomi-Institut und vor allem meine Freundin und weise Lehrerin Julie Henderson. Obwohl ich wenig direkten Kontakt mit ihm hatte, hat mich besonders Jes Bertelson berührt. Ähnlich ging es mir mit Samuel Widmer. Es gab viele Lehrer, mit denen ich die Thematik Lebendigkeit, Sexualität und den Umgang mit Energien erforschen durfte: Margo Anand, Alan Lowen, Paul Carter, Neel Fasting und Willem Popelliers. Zum Schluss gibt es noch drei recht kurze, aber trotzdem sehr maßgebliche Begegnungen mit Jiddu Krishnamurti, Carl Rogers und dem Dalai Lama. Entscheidend bei diesen Begegnungen ist für mich, dass ich immer noch eine Verbindung zu ihnen spüre, selbst wenn die Begegnungen wie bei Jiddu Krishnamurti und Carl Rogers schon über 20 Jahre zurückliegen. All den vielen anderen namentlich unerwähnten Lehrern danke ich auch.

Meine Frau Corinna hat einen großen Schatz therapeutischen Wissens mit in unsere gemeinsame Arbeit gebracht, das IBP von Rosenberg und Rand. So möchte ich diesen beiden Lehrern von Corinna auch danken, dass mir auch ihr Wissen und Erfahrungsschatz zugänglich gemacht wurde.

Zu einem Dankeschön gehören natürlich die vielen Menschen, mit denen ich in meiner Arbeit meine und ihre Erfahrungen teilen durfte und von denen ich viel über das Menschsein gelernt habe.

Dieses Buch hat durch viele praktische Hilfen stark profitiert, und so möchte ich dafür folgenden Menschen danken: meiner Mutter Inge Klimek, Dörte Fischer, Elmar Hollerbach, Annette Kirsch, Katharina Kieffer, Cherifa Larabi, Helga Lückens und meinem Verleger Werner Vogel.

Zum Schluss des Dankeschön möchte ich noch zwei Menschen erwähnen, bei denen es mir schwer fällt, Worte zu finden. Dies sind meine Frau Corinna und mein Lehrer S. H. Drukchen Rinpoche. Mit Corinna erlebe ich all die Freuden und Reibereien, Höhen und Tiefen einer Liebesbeziehung, die zu einer Beziehung und Ehe in Liebe reifte. Ohne unser „Paarsein als lohnende Herausforderung" wären viele Erkenntnisse des Buches nur Theorie geblieben. Und ich bin sehr gespannt, wie viele Theorien wir noch in Erfahrungen umwandeln werden. Einen authentischen spirituellen Lehrer wie S. H. Drukchen Rinpoche zu haben ist in unserer Kultur etwas sehr Fremdes und oft mit Vorurteilen behaftet. So ist es für mich eine Herausforderung, die „richtige" Form der Beziehung zu ihm zu finden. Aber ohne seine Präsenz hätten mir oft die Kraft und der Mut gefehlt, meinen inneren Weg weiterzugehen. Er hat mir keinen einzigen Schritt abgenommen, oft hat er mir sogar Wege gewiesen, die mir auf den ersten Blick mein Leben schwieriger gemacht haben. Trotzdem war es der richtige Weg, und ich gehe in tiefem Vertrauen weiter.

Vorwort

Octavio Paz wollte immer ein Essay über Liebe schreiben. Aber alt sollte er werden – über siebzig –, dann schrieb er das herrlich dichterische Essay: „Liebe – die doppelte Flamme". Auch ich sammle jetzt Fragen, Erfahrungen und Reflexionen, da mich Liebe begleitete über die siebzig Jahre.

Axel Klimek konnte schon in jüngeren Jahren die Tragikomödie der Liebe vorlegen, weil er sie dynamisch als „Weg" sah. Weg ist sie – mit einem süßen Anfang und einem bittersüßen Ende, ohne Ziel und Zweck.

„Liebe ist nur für Liebe gut" – sie braucht weder Vaterland noch Religion, noch Moral. So sehr wir unserem „genetischen Urprogramm", der Sexualität danken, so sehr regiert in der Liebe nach der Evolution zum Bewusstsein, zur Sprache in einer „progressiven Reversion" die Macht der Erotik, Zärtlichkeit und Verliebtheit.

Ich bin der dreisten Dummheiten in unserer Medienwelt müde und weiß, wie sehr die Liebe die Selbstliebe und Selbstfindung nötig hat. In der Bejahung meines Körperseins in seinen Begrenzungen und Bedingungen bin ich den Gaben meiner Erfühlnisse dankbar und kenne die Sensibilität, die einem schmerzhaft die Liebe weist.

Und wer weist uns in den Zauberkreis der Zärtlichkeit, die uns der Gott „Eros" schenkt? Es ist ein „göttliches Kind", aller Religionen „Freudenmitte", das uns zu dieser Zärtlichkeit zwischen Nähe und Ferne, Spiel von Fremdem und Eigenem bewegt.

Liebe ist die großartigste Form der Selbst- und Du-Begegnung und der einzig wahre Übergang in ein starkes Ich-Selbst, das im Schmerz und Glück bestehen kann, und in einem Du-Selbst der Begegnung. Diese ist stets ein Geschenk, das jedoch oft harten Herausforderungscharakter hat und mich glücklich in lernende Anstrengung treibt.

Die Liebe ist zuerst eine Überwältigung durch ein neues Fremdes, das mir begegnet, mich verwirrt, mich durcheinander bringt und dann mich auf den Weg der Selbstliebe und der spirituellen Erfahrung in den „kosmogonischen Eros" führt.

Dann erlebe ich die Weite auch im Alltag, verzaubert und gedankenschwer: Treu der Liebe und mir selbst. Das ist das „offenbare Geheimnis" meiner Teilhabe an Materie, Leben – Tod.

So schrieb auch Axel Klimek.

Dafür danke ich und gewinne Hoffnung.

Prof. Dr. Konrad Pfaff

Wir können nicht immer
„lieben“,
doch
können wir im Geist der Liebe bleiben;
und wenn wir aus ihm fallen,
es merken und uns in die Liebe zurück bewegen.
Und wenn wir weder verliebt sind noch verrückt auf ein Du,
so können wir doch in der
Achtung, Ehrfurcht, und im Wohlwollen sein.

Konrad Pfaff

Einleitung

Sich auf den Weg machen

Den Impuls zu diesem Buch verspürte ich 1995 auf einem Retreat mit meinem spirituellen Lehrer S. H. Drukchen Rinpoche. Wie andere buddhistische Lehrer betont auch Rinpoche immer wieder die Notwendigkeit von Mitgefühl und liebevoller Güte mit allen fühlenden Wesen. Um dies zu verdeutlichen, werden im Buddhismus Geschichten großer Bodhisattvas, das sind Menschen, die sich zum Ziel gemacht haben, zum Wohle aller Wesen zu wirken, erzählt. In einer dieser Geschichten hat, zum Beispiel ein Bodhisattva Fleisch aus seinem Oberschenkel geschnitten, um eine hungernde Löwin mit Jungen vor dem Tod zu bewahren. Gewöhnlich habe ich diese Geschichten als volkstümliche Erzählungen abgetan. Aber bei diesem Retreat 1996 passierte eine Wandlung in mir. Als Rinpoche wieder einmal auf die Notwendigkeit von Mitgefühl und liebevoller Güte hinwies, wurde ich nachdenklich. Ich überprüfte mein eigenes Verhalten und Wahrnehmen bezüglich dieser beiden Werte. Fragen stiegen in mir auf: Was ist eigentlich Mitgefühl? Was ist Liebe? Wie viele Einschränkungen bin ich bereit, auf mich zu nehmen für das Wohl eines anderen? Wo mache ich die Trennung zwischen denen, denen ich helfen will, und denen, denen ich nicht bereit bin zu helfen?

Es waren plötzlich viele Fragen in mir, die nach einer Antwort suchten. Aber keine der spontan auftauchenden Antworten befriedigte mich. Ich merkte, dass ein Vakuum zwischen den Fragen und den fehlenden Antworten entstand. Dieses Vakuum zog mich nach innen. Mir wurde klar, dass die Antworten nur in mir zu finden waren. Alles, was ich von meinen Lehrern lernte und weiterhin lerne, sind notwendige Hilfen auf der Suche im Innen.

Aber es war klar, dass ich mich selber auf den Weg machen müsste, Antworten auf meine Fragen nach Liebe und Mitgefühl zu bekommen. In dieser Stimmung, in der ich diese Fragen in mir trug, fiel mir ein weiterer Ausspruch von Rinpoche häufiger auf. Er sprach immer wieder davon, dass der dualistische Geist ein grundsätzliches Hindernis auf unserem Weg zur Erleuchtung, zur Befreiung sei. Ich wusste nicht, wie diese Aussage zu meiner Suche nach Antworten zum Thema Liebe und Mitgefühl passte. Aber ich hatte eine untrügliche Sicherheit, dass diese Aussage bei meiner Suche sehr bedeutsam werden würde. Ferner fiel mir auf, dass die buddhistischen Geschichten über Liebe und Mitgefühl sehr ähnlich klangen wie die Aussprüche von Jesus: „Liebet eure Nächsten wie euch selbst." Und „Liebet eure Feinde." Bei beiden hat Liebe eine Bedeutung, die über das gewöhnliche Verständnis von Liebe hinausgeht.

Konkrete Schritte

Dieses Buch versteht Liebe als Weg zu persönlichem und spirituellem Wachstum. „Liebe als Weg" beschreibt den Ansatz der Arbeit von meiner Frau und mir am ki-Körpertherapeutischen Institut. Dieser Ansatz richtet verstärkt seinen Fokus auf den Übergang von Selbsterfahrung und Psychotherapie zur Spiritualität hin.

Der spirituelle Hintergrund ist stark geprägt durch die Erfahrungen, die wir mit dem tibetischen Buddhismus machen. Für mich hat dieser Weg vor über 15 Jahren begonnen und – wie mein Lehrer S. H. Drukchen Rinpoche betont – bin ich immer noch am Anfang, vielleicht im Kindergartenstadium. Also erwarten Sie bitte von diesem Buch keine tiefen spirituellen Lehren, sondern Erfahrungen mit Bauklötzen und dem ABC.

Vor über 15 Jahren begann auch meine berufliche Auseinandersetzung mit den Körperpsychotherapien. Die Ausbildungen und Erfahrungen, die ich gemacht habe, sind vielfältig. Und vieles, was ich gelernt habe, hat mich stark geprägt und fließt in dieses Buch mit ein. Es ist also nichts wirklich Neues und Einzigartiges, was Sie in diesem Buch finden werden. Das psychotherapeutische Wissen haben meine Frau und ich bei erfahrenen Therapeuten gelernt und über die praktische Anwendung zu unserem Eigenen gemacht. Genauso verhält es sich mit dem spirituellen Weg. Aus diesem Grund ist es heute für mich schwierig, genau mitzuteilen, wessen Ideen und Wissen an welcher Stelle in den Ansatz „Liebe als Weg" hineinfließen. Ich möchte allen meinen Lehrern nochmals danken, für all das, was sie mir vermittelt haben und für die Großzügigkeit, mit der sie mir ihre Erfahrungen transparent gemacht haben.

All dieses Wissen musste sich in der praktischen Alltäglichkeit in unserer Ehe und in unserer gemeinsamen Arbeit beweisen. Was funktioniert, was ist hilfreich und was bringt uns nicht weiter? Über diese persönliche Auseinandersetzung hat sich die Essenz unseres Ansatzes herauskristallisiert. Diese geben wir jetzt in Therapien, Beratung, Seminaren und Trainings weiter, und darüber handelt dieses Buch.

Über den Hintergrund

Wie schon im Dankeschön erwähnt, habe ich erst, als das Buch schon fast fertig geschrieben war, gemerkt, dass es eine praktische Weiterentwicklung meiner Diplomarbeit „Zum Theorieentwurf Jean Gebsers über die Wandlung der Bewusstseinsstruktur in symbolischer, historischer und sozialer Hinsicht“ aus dem Jahre 1983 ist. Damals habe ich begonnen, mir Fragen zu stellen: Was ist Bewusstsein? Was ist Wirklichkeit und Realität? Wie hängen Wirklichkeit und Realität mit der Wahrnehmung zusammen? Ist Wahrnehmung objektiv? Wie funktioniert das Innen und wie können wir es verändern? Diese Fragen haben mich bis heute noch nicht wieder losgelassen, und sie führten mich zur Körperpsychotherapie und zur Spiritualität. In diesen beiden Richtungen fand ich praktische Erfahrungswege zum Umgang mit Bewusstsein und Bewusstseinsstrukturen, Wahrnehmung, Wirklichkeit usw.

Um diesen Hintergrund des Buches zu verdeutlichen, lassen Sie mich einige Gedanken zu Bewusstsein und Bewusstseinsstruktur darlegen. Im Verlauf des Buches werde ich auf einiges noch näher eingehen. Aber hier in der Einleitung möchte ich den Rahmen abstecken, in dem das Buch entstanden ist.

Alles, was der Mensch hervorbringt, entspringt dem Menschen. Dieser äußerst simple Satz kann uns als Wegweiser für äußerst komplexe Abläufe dienen. Ob der Einzelne sich entscheidet, ein Auto zu kaufen oder zu heiraten, ob Karl Marx oder Albert Einstein ihre Theorien aufstellen, ob Monarchien, Demokratien oder Diktaturen entstehen, alles findet seinen Ursprung im Menschen: in seinen Ideen, Wünschen, Erklärungen, Gefühlen, Einstellungen. Das heißt, irgendwo im Innen des Menschen können wir den Grund für jeglichen Ausdruck des Menschseins annehmen. Dieses Innen wird Bewusstsein genannt. Zu jeder Handlung, zu jeder Veräußerlichung des Menschen braucht es ein Innen. Dies finden wir sowohl beim Persönlichen und Kollektiven als auch beim Konkreten und Abstrakten. Die große Schwierigkeit liegt darin, dass wir dieses Innen nicht so leicht wahrnehmen oder erkennen können. Das Äußere ist offensichtlich, das Innen, das Bewusstsein dagegen arbeitet im Hintergrund. Albert Einstein hat einmal gesagt, dass der Fisch der Letzte wäre, der das Wasser entdeckte. Genauso schwierig ist es für uns, unsere Bewusstseinsstruktur zu erkennen.

Um diesen Sachverhalt zu verdeutlichen, kann uns die Analogie mit einem Computersystem helfen. Ein Computersystem ist aus verschiedenen, sehr unterschiedlichen Komponenten zusammengesetzt. Von der Hardwareseite aus betrachtet besteht ein Computer aus einem Prozessor, einer Festplatte, einem Arbeitsspeicher, einem Monitor usw. In dieser Form ist ein Computer nutzlos. Er ist reine Äußerlichkeit. Erst durch das Betriebssystem und die Anwendersoftware wird aus ihm ein nützliches Werkzeug. Diese beiden sind das Innen des Computers, sozusagen sein Bewusstsein. Die Hardware entspricht unserem Körper. Die moderne technisierte Medizin kann ihn auch ohne Bewusstsein bzw. mit rudimentärem Bewusstsein am Leben halten. Das Betriebssystem, ob Mac OS, Windows oder Linux, legt die Grundlage für das Innen. Es haucht dem Computer sein Computerleben ein. Aber selbst mit Computer und Betriebssystem können wir Anwender noch nichts anfangen. Auch bei uns Menschen gibt es grundlegende Unterschiede im Bewusstsein. So teilen wir Menschen des westlichen Kulturkreises einige grundlegende Annahmen, sozusagen ein ähnliches Betriebssystem. Wir gehen davon aus, dass Zeit linear verläuft. Erst kommt Vergangenheit, dann Gegenwart und dann Zukunft. Ferner gehen wir davon aus, dass der Raum dreidimensional ist und dass Abläufe logisch miteinander in Zeit und Raum verknüpft sind. Wie das Betriebssystem eines Computers ist dies so grundsätzlich, dass sich der Anwender darüber keine Fragen stellt. Aber es gibt Völker, meist Naturvölker, die eine andere Grundstruktur haben. Dort gibt es Phänomene von Seelenreisen, so dass man sowohl hier sein kann als auch woanders, und Zukünftiges kann in der Gegenwart wahrgenommen werden. Phänomene, die unser „Betriebssystem" als nicht möglich definiert, da sie unlogisch sind, sind dort selbstverständlich. Auf der Grundlage dieser Grundstruktur von Bewusstsein, die Menschen einer Epoche teilen, formen all die Erfahrungen, die ein Mensch macht, die persönliche Bewusstseinsstruktur. Wir lernen Werte unserer Kultur und Klasse, wir werden typisch-deutsch-strebsam oder emotional-lebendig-südländisch. Wir schreiben unsere eigene Anwendersoftware. Hinzu kommen all die sehr persönlichen Erlebnisse. Wurde unser Leistungswille stark gefordert, dann bekommt er einen festen Platz in unserer Innerlichkeit. Genauso wie eine Anwendersoftware die eingegebenen Informationen, auf der Grundlage der allgemeinen Architektur eines Betriebssystems, spezifisch verarbeitet, so verarbeitet unsere persönliche Bewusstseinsstruktur, auf der Grundlage der allgemeineren Bewusstseinsstruktur, wie wir die täglichen Erlebnisse und Anforderungen wahrnehmen und einordnen und wie wir damit umgehen.

Bei einem gut abgestimmten Computersystem läuft alles wie von selbst, und wir sind uns nur selten bewusst, wie fein abgestimmt Hardware, Betriebssystem und Anwendersoftware sein müssen, dass wir einen Brief schreiben, ein Photo digital bearbeiten oder eine Adressdatenbank verwalten können. Derselbe Computer mit dem selben Betriebssystem, aber mit unterschiedlicher Anwendersoftware, kann die Einladung für meinen Geburtstag erstellen oder die Bahn einer Atomrakete berechnen. Ich gebe Informationen in den Computer ein, und äußerst komplexe innere Prozesse, die im Hintergrund ablaufen, führen zu einem Ergebnis. Geschwindigkeit ist hier eine Zauberei. In Sekunden werden Millionen Rechenoperationen ausgeführt. Selten ist es notwendig, sich mit diesen Prozessen selber zu beschäftigen, und fast allen Anwendern fehlt auch das notwendige Wissen, um auf der Hintergrundebene Einfluss zu nehmen. Wenn ich aber etwas verändern muss oder will, dann ist es wichtig, zuerst herauszufinden, auf welcher Ebene ich ansetzen sollte.

Ähnliche Fragen stellen sich uns, wenn wir etwas in unserem Leben verändern wollen. Manchmal reicht ein einfacher Entschluss, und wir können zum Beispiel mit dem Rauchen aufhören. Bei manchen klappt dies. Für manche Menschen, bei denen dies nicht klappt, kann es notwendig sein, eine Ebene tiefer, nach den verborgenen Motiven, die hinter dem Rauchen liegen, zu schauen. Ab hier dringen wir in das Innen, das Bewusstsein vor. Wir versuchen einen Einfluss auf eine äußere Handlung zu nehmen, indem wir einen Umweg nach Innen gehen. Die meisten Probleme können wir auf diesen beiden Ebenen lösen, das heißt entweder durch einen einfachen Entschluss oder durch das Aufdecken der dahinter verborgenen Motive. Auch das vorliegende Buch bietet dafür viele nützliche Hinweise an.

Der Fokus des Buches geht jedoch weiter. Er richtet sich nicht nur darauf, welche Probleme wir Menschen mit den unterschiedlichen Bereichen des Menschseins haben und wie wir sie beheben können. Der Fokus richtet sich darauf, ob es im „Betriebssystem" des Menschen des westlichen Kulturkreises unserer Zeit Bedingungen gibt, die die Grundlage für das Entstehen sowohl individueller als auch gesellschaftlicher und globaler Probleme sind. An diesem Punkt wird der Hinweis meines Lehrers S.H. Drukchen Rinpoche bedeutend, wenn er sagt, dass ein Hauptproblem des Menschen in der Verhaftung an seinen dualistischen Geist besteht. „Geist" können wir hier mit „Innerlichkeit" und „Bewusstsein" gleichsetzen. Es gibt also nach seiner Meinung und seiner Erfahrung ein Hindernis auf dem Weg zur vollen Entfaltung des menschlichen Potentials. Und dies liegt darin, wie der Geist grundsätzlich funktioniert.

Mir ist klar, dass dieser letzte Ansatz sehr weitreichend ist. Wenn Sie sich entschließen, ihn zu durchdringen, wird er nicht schnell zu Veränderung führen. Aber er wird Ihnen helfen, Probleme aus einer tieferen Perspektive zu betrachten. Veränderungen dort werden grundsätzlicher und stabiler sein als auf den oberen Ebenen. Wichtig ist es, unterscheiden zu lernen, wann wir auf welcher Ebene ansetzen.

Wenn ich etwas verändern will, muss ich es machen

Dieses Buch wird erst dann wirklich hilfreich, wenn Sie über die reine intellektuelle Auseinandersetzung mit ihm hinausgehen. Viele der Gedanken sind durch konkrete Übungen direkt erfahrbar. Erfahrungen haben einen direkten Einfluss auf das Bewusstsein. Es macht einfach einen großen Unterschied, ob wir im gemütlichen Wohnzimmer darüber reden, wie wir in einer Begegnung mit einem Löwen umgingen, oder ob wir ihm in Afrika vis-à-vis gegenüberstehen. Erfahrung erfasst eine Situation direkt und über die Sinne.

Beim Lesen oder Erarbeiten des Buches sollten Sie Ihrer eigenen Neugierde folgen. Welche Themen interessieren Sie? Themen, zu denen Sie keinen Bezug finden, können Sie einfach auslassen. Die einzige Einschränkung, die ich machen möchte, ist: Versuchen Sie den Zustand des „Ich-BIN" zu erfahren, bevor Sie in die einzelnen Themenbereiche eintauchen. Das „Ich-BIN" ist immer wieder Grundlage der meisten Übungen. Ferner sollten Sie sich auf jeden Fall mit den ersten Seiten über die Liebe und über die notwendigen Werkzeuge beschäftigen. Dadurch werden Ihnen die Grundgedanken des Buches klar. Die Werkzeuge sind aus folgendem Grund wichtig. Abraham Maslow, einer der Begründer der Humanistischen Psychologie, hat gesagt, dass, wenn unser einziges Werkzeug ein Hammer wäre, jedes Problem wie ein Nagel aussähe. Ein kleiner Schraubenzieher kann uns beim Einbau einer neuen Graphikkarte in den Computer nützlich sein, hilft uns aber nicht beim Schreiben eines einfachen Schreibprogrammes. Um mit dem Bewusstsein direkt zu arbeiten, braucht es andere Werkzeuge als Inhalte des Bewusstseins. Und wieder andere Werkzeuge braucht es, um äußeres Verhalten zu bearbeiten.

Ein sehr praktisches Hilfsmittel zur Selbsterforschung ist ein Tagebuch, in das die Erfahrungen, die Sie mit verschiedenen Anregungen und Übungen machen werden, aufschreiben. Dies hilft Ihnen, Erfahrenes und Erlebtes noch einmal mit etwas Distanz zu beleuchten. Ferner zeigt es Ihnen nach einiger Zeit Ihren Weg der Veränderung auf. Dies ist die beste Motivation, um weiterzumachen, selbst dann, wenn es schwierig wird.

Ich wünsche Ihnen viel Spaß bei der Lektüre – und möge das Buch hilfreich sein, dass ein wenig mehr Zufriedenheit und Glück entstehen.

Glashütten, im Januar 2000

Was heißt Liebe?

Es ist schon sehr viel über die Liebe geschrieben, gedichtet und gesungen worden. Heutzutage fällt es schwer, das Wort Liebe auszusprechen oder zu schreiben, ohne einen Hauch von Kitsch, Sentimentalität, Romantik oder Missionieren zu verströmen. Andererseits ist Liebe ein Wort, das uns immer wieder begegnet. Jeder triviale Roman trieft davon, jeder Schlager dreht sich darum, in Filmen ist die Liebe ein Lieblingsthema. Gleichzeitig hat Liebe immer auch etwas Unerklärliches, Geheimnisvolles und Einzigartiges. Auch dieses Buch ist eines über die Liebe. Aber wie Sie bald feststellen werden, gehört es nicht in die erwähnten Kategorien von Büchern über die Liebe.

Was heißt Liebe eigentlich? Was meinen wir, wenn wir das Wort Liebe benutzen? So, wie wir mit dem Wort Liebe umgehen, scheint es, als ob wir davon ausgehen könnten, dass wir alle wüssten, was Liebe ist. Wir gehen ferner davon aus, dass wir alle das Gleiche meinen und empfinden, wenn wir das Wort Liebe gebrauchen. Aber dies erweist sich leider als großer Trugschluss, der schon zu vielen Unstimmigkeiten und Schmerzen geführt hat.

Haben die Beatles wohl das Gleiche gemeint, als sie sangen: „She loves you, yeah, yeah, yeah“, wie die Stellen in der Bibel, die sagen: „Liebe deinen Nächsten wie dich selbst“ oder „Liebet eure Feinde“?

Vielleicht ist dies ein guter Moment, eine kleine Pause mit dem Lesen zu machen. Wenn dieses Buch für Sie mehr sein oder werden soll als eine interessante intellektuelle Auseinandersetzung um die Themen Liebe, Bewusstsein und Glücklichsein, dann ist es sinnvoll, sich Zeit und Raum für die in den Text einfließenden Übungen zu nehmen. So werden Sie den Inhalt nicht nur kognitiv erfassen, sondern ihn sich über die eigene Erfahrung erschließen.

Übung: Was passiert bei „Ich liebe dich“?

Nehmen Sie sich etwas Zeit und erinnern Sie sich an eine Situation, die für Sie durch „Ich liebe dich“ gekennzeichnet war. Wie haben Sie sich dabei gefühlt, welche Körperempfindungen (Kribbeln im Bauch, tiefes Atmen, Schauer über den Rücken, Entspannung etc.) konnten Sie damals wahrnehmen oder können Sie jetzt dabei wahrnehmen? Gab es noch andere Gefühle, die damit zusammenhingen (sich sicher zu fühlen, begehrt zu sein, zu begehren, gemocht zu sein, gesehen zu werden etc.)?

Welche Bedeutung steckt also hinter „Ich liebe dich", wenn Sie es jemandem sagen oder es hören? Wenn wir genau hinschauen oder hinhören, dann können wir erkennen, dass das Erleben, also die wahrnehmbaren Hinweise im Körper und in den Gefühlen, von Person zu Person sehr unterschiedlich sind. Jeder Mensch hat hier ein sehr persönliches Set von Empfindungen und Erfahrungen. Was viele Menschen bei der Liebe ähnlich empfinden, ist eine Kraft der Anziehung zu der geliebten Person und eine gesteigerte Intensität des Erlebens. Hinter dem Empfinden der Anziehung und der größeren Intensität gibt es meistens noch eine weitere Ebene von Gefühlen und Empfindungen, die bei verschiedenen Menschen sehr unterschiedlich geprägt ist. Für manche entsteht Liebe, wenn sie empfinden, dass sie gebraucht werden, für andere, wenn sie gemocht werden, für weitere, wenn sie sexuell begehren oder begehrt werden. Andere spüren Liebe, wenn sie sich geborgen und sicher fühlen.

Wir Menschen unterscheiden uns also sowohl darin, was wir meinen, wenn wir „Ich liebe dich" sagen, als auch darin, was wir in dem Moment erleben. Es gibt also ein inneres Geschehen, auf das wir das Etikett „Liebe" legen. Für jeden Einzelnen ist es innerlich klar, wann dieser Zustand vorhanden ist. Da wir aber in unserer gewöhnlichen Realitätserfahrung nicht in das innere Erleben eines anderen Menschen hineinfühlen können, müssen wir davon ausgehen, dass wir nicht wirklich wissen können, was ein anderer empfindet, wenn er das Wort Liebe benutzt. Als Fazit können wir sagen, dass der Gebrauch der Worte „Ich liebe dich" oder „Liebe" uns eine Sicherheit von Verständigung vorgaukelt, die auf einem sehr vagen Fundament ruht. Diese Unsicherheit finden wir nicht nur bei dem Thema Liebe, sondern immer dann, wenn wir eine Erfahrung oder eine Empfindung mittels Sprache ausdrücken.

Sprache und Benennung

Sprechen und damit auch Benennen haben wir als Kinder gelernt. Wir haben von unserer Umgebung Wörter übernommen und diese dann an den Reaktionen, meistens der Eltern, ausprobiert. So haben wir gelernt, dass es bestimmte Objekte gibt, die man „Baum" nennt oder „Auto" und so weiter. Abhängig von der Bedeutsamkeit von Objekten in unserer Umgebung und der Fähigkeit differenziert wahrzunehmen, haben wir Begriffe gelernt, die feinen Unterschieden von Objekten gerecht werden. Für manche Menschen gibt es „nur" Bäume, wogegen andere zwischen

Lärche, Birke, Eiche etc. unterscheiden. Für uns Deutsche gibt es das Wort Schnee. Wenn wir Ski laufen, unterscheiden wir Schnee als Pulverschnee, nasser Schnee, verharschter Schnee usw. Die Eskimos haben über zehn verschiedene Substantive, die für unterschiedliche Schneearten stehen. Sie können Unterschiede erkennen und benennen, die uns nicht zugänglich sind.

Dieser Sachverhalt des Lernens von Sprache wird noch komplexer, wenn wir als Kinder Gefühle benennen lernen. Es fällt leicht, einen Baum zu sehen und zu erkennen. Es ist aber nicht einfach, an den äußerlichen Reaktionen der Menschen unserer Umgebung zu erkennen, welche Gefühle sie haben. Um Gefühle benennen zu lernen, brauche ich Menschen, die mir ihren Gefühlsausdruck klar zeigen und die meinen Gefühlsausdruck angemessen erwidern. Über die Ausdrucksfähigkeit der Augen, Mimik, Körpersprache und der energetischen Präsenz der engsten Bezugspersonen nimmt ein Kind die Unterschiedlichkeit der Gefühlswelt auf. Sieht es in traurige Augen, kann es Trauer wahrnehmen, sieht es ein freudiges Gesicht, erkennt es Freude usw. Es ist notwendig, dass Kinder genügend Reize fürs Sehen, Hören, Riechen, Schmecken, Spüren und Bewegen bekommen, damit sie sich entfalten können. Und es ist notwendig, dass sie an vielen unterschiedlichen Gefühlen teilhaben können, um die Vielfältigkeit emotionalen Erlebens zu erlernen. Daneben ist es für das Erlernen von Gefühlen unabdingbar, dass das Kind in seinem Erproben von Gefühlen ein lebendiges Gegenüber hat. Es braucht jemanden, der angemessen auf seine sich entfaltenden Gefühle und deren Ausdruck reagiert. Über dieses angemessene Spiegeln findet das Kind Sicherheit in seinen eigenen Gefühlen und Empfindungen. Wenn das Kind die Sprache für Gefühle und Empfindungen erlernt, dann verknüpft es das, was es im Innen erlebte, mit den im Außen wahrgenommenen Gefühlsäußerungen mit Begriffen.

Deshalb ist es für das Kind so wichtig, in welchem Zusammenhang das Wort „Liebe“ oder der Satz „Ich liebe dich“ benutzt wurde. Manche Kinder hören das Wort „Liebe“ oder „Wir lieben dich“ regelmäßig, wenn ein besonderes Gefühl der Nähe vorhanden ist. Andere hören es, wenn Eltern Schuldgefühle haben: „Wir haben doch alles für dich getan, weil wir dich lieben.“ Manchmal benutzen Eltern es, wenn sie es nicht aushalten können, dass ihre Kinder sich emotional von ihnen trennen: „Hast du Mama (oder Papa) denn nicht mehr lieb?“ Manchmal benutzen Eltern das Wort Liebe, wenn sie stolz auf die Kinder sind oder wenn sie die Kinder trösten wollen. Manche benutzen es aus einem umsorgenden Gefühl heraus und manche Eltern benutzen es nie.

Haben die Eltern damit etwas Spontanes ausgedrückt oder wurde es mit etwas anderem verknüpft? Vielleicht hat das Kind etwas besonders gut gemacht, oder es ist auf eine bestimmte Art und Weise gewesen, brav oder niedlich usw. Vielleicht wurde damit ausgedrückt : „Ich liebe dich, weil du mir soviel Freude machst."

Übung: Was steht hinter dem Wort „Liebe"?
Nehmen Sie sich einen Moment Zeit und erinnern Sie sich, wann Ihre Eltern Ihnen gegenüber das Wort „Liebe" oder „Wir lieben dich" gebraucht haben. Schreiben Sie einige Begebenheiten auf. Wenn Sie sich an keine Situation erinnern, dann überlegen Sie sich, unter welchen Bedingungen es wohl am ehesten passiert sein könnte.

Übung: Was steht hinter „Ich liebe dich"?
Sie können die letzte Übung auch einmal auf Ihre jetzige Situation anwenden. Wann hören Sie von Ihrem Partner, Ihrer Partnerin „Ich liebe dich", und wann sagen Sie es zu jemand anderem, z. B. zu Ihren Kindern, Ihrem Partner, Ihren Eltern oder zu sich selber?

Genauso wie das Wahrnehmen und Erkennen von Liebe im Außen erlernt wird, wird es auch im Innen entwickelt. Woran merke ich, dass Liebe in mir ist? Was sind die körperlichen, energetischen und gefühlsmäßigen Zeichen? Wenn diese Merkmale klar im Außen und Innen wiedererkannt werden, werden sie mit dem Begriff „Liebe" belegt.

Die Magie von Verliebtsein

Für viele Menschen hat das Wort Liebe mit einem Du, mit einer Beziehung zu tun. Es ist ein Ausdruck für höchstes Wohlgefühl, Vertrautheit und Zusammengehörigkeit in einer Beziehung. Fast alle Menschen wissen, dass in Momenten frischen Verliebtseins Probleme verschwinden. In dieser Liebe genügen wir uns, wie wir sind. Im Verliebtsein kann ich Bäume ausreißen und sehe die Welt durch eine rosarote Brille. Selbst die Politesse, die mir gerade ein Knöllchen schreibt, kann ich anstrahlen, da es mir so gut geht. Liebe scheint die Kraft zu haben, mich trotz meiner Probleme kraftvoll, lebendig, zuversichtlich und glücklich fühlen zu können. In Momenten, in denen die Liebe noch frisch ist, fühle ich mich gesehen, gemeint, geliebt, sicher, begehrt, und ich bekomme, was ich brauche. All meine Bedürfnisse, die ich bezogen auf den Partner und auf mich habe, werden erfüllt. Diesen Zustand von Lebendig-Sein, Aufeinander-bezogen-Sein, Satt-Sein nennen wir häufig „Liebe". Diese „Liebe" zeigt uns, dass es möglich ist, ohne Wenn und Aber glücklich zu sein. Sie hebt uns über unser alltägliches Drama hinaus, sie lässt uns über unseren grauen Alltag hinauswachsen.

Gleichzeitig erleben viele Menschen bei der Liebe etwas Weiteres, nämlich das Verschwinden von Unangenehmem. Bevor wir frisch verliebt waren, fühlten wir uns eventuell häufig deprimiert, von den alltäglichen Anforderungen überfordert, nicht attraktiv, langweilig usw. Dies sind häufig Zustände, die wir schon seit Jahren kennen, manchmal solange wir zurückdenken können. Mit einem Mal scheinen sie wie von Zauberhand verschwunden. Deprimiertsein wandelt sich in Lebensfreude, Überforderung in Herausforderung, Unattraktivität in Attraktivität usw.

Wir alle tragen unterschiedliche Verletzungen in uns. Wir fühlen uns nicht wirklich sicher und willkommen, oder wir bekommen nicht, was wir brauchen. Wir fühlen uns eingeengt, können unser Potential nicht voll ausdrücken, fühlen uns nicht angenommen, wie wir sind usw. Diese Grundgefühle hängen häufig mit in der Kindheit erlebten Verletzungen zusammen und begleiten uns mehr oder weniger unser ganzes Leben lang. Wir tun viel in unserem Leben, diesen Verletzungen so gut wie möglich aus dem Weg zu gehen, und sind froh, wenn wir sie in Momenten nicht spüren. Im Verliebtsein passiert dies. Wie von Zauberhand werden wir aus diesen Dramen in eine andere Dimension gehoben. Plötzlich tun sich Türen und Möglichkeiten auf. Der Zauberer, die Zauberin ist der Geliebte, die Geliebte. Es erscheint so, als ob die Liebe des geliebten Menschen die Fähigkeit besäße, uns über die Welt unserer Verletzung zu heben. Wir fühlen uns heil und ganz. Und so verbinden wir diesen Zustand von „sich heil und ganz fühlen" in der Beziehung mit der Liebe. Liebe hängt so mit einer Abwesenheit unseres persönlichen Dramas und einem Wohlempfinden in uns zusammen, das wir in einer Beziehung erleben. Diese Verknüpfung führt leicht zu Schwierigkeiten.

Eine etwas ungewöhnliche Beschreibung und Betrachtung von Liebe

Nachdem wir bis jetzt gesehen haben, wie komplex die Thematik der Wahrnehmung, der Beschreibung und der Benennung der Liebe ist, ist es an der Zeit, eine gemeinsame Sprache zu entwickeln. Damit wir uns weiter verständigen können, möchte ich das, was ich meine, wenn ich von Liebe spreche, definieren. Wenn ich das Wort „Liebe" benutze, dann meine ich nicht ein Gefühl, sondern einen Zustand, der zwei Wesensarten hat. Zum einen verstehe ich „Liebe" als Feld (das heißt feinstofflichen Raum) und zum anderen als Prozess (das heißt Bewegung und Transformation). In ihrer Feldnatur schafft die Liebe einen Raum, der anscheinend getrennte Teile oder Aspekte gleich-gültig umschließt. In ihrer Prozessnatur entfaltet die Liebe eine gerichtete Kraft, die vormals Getrenntes zu einer höheren Einheit transformiert. Im Gegensatz dazu benutze ich das Wort Verliebtsein für das, was in der Umgangssprache mit Liebe gemeint wird und über das ich weiter oben geschrieben habe. Aber auch in den Momenten frischen Verliebtseins können wir häufig diese beiden Wesensmerkmale der Liebe wiederfinden. Aber nicht in jedem Verliebtsein ist Liebe zu finden, und vor allem fühlen sich viele Augenblicke der Liebe ganz anders als Verliebtsein an. Lassen Sie mich diese beiden Aspekte der Liebe genauer beschreiben.

Die Feldnatur der Liebe

Wir können die Feldnatur der Liebe auch den weiblichen Aspekt oder den Yin-Aspekt der Liebe nennen. Der weibliche Aspekt bezieht sich dabei nicht auf eine Eigenschaft von Frauen, sondern er ist genauso in Männern vorhanden, wie der männliche Aspekt auch in Frauen zu finden ist. Dieser weibliche Aspekt hat die Fähigkeit, mit den Dingen oder mit einem Menschen einfach sein zu können. Er ist wie eine riesige Umarmung, in der alles Platz hat, wie es ist. Er drückt sich bei Eltern dann aus, wenn sie ihre Kinder lieben, so wie sie sind. Ob sie schlecht in der Schule sind oder etwas ausgefressen haben, oder ob sie gute Schüler sind, brav und zuvorkommend, macht für die Eltern keinen Unterschied in dieser Qualität der Liebe. Es ist der liebende Raum, aus dem man nicht herausfallen kann. Diesen Aspekt brauchen wir Menschen, um wachsen zu können. Er ist wie die Sonne, der Regen und die Nährstoffe im Boden für eine Pflanze. Wenn eines nicht vorhanden ist, dann verkümmert die Pflanze und geht ein. Genauso verkümmern wir Menschen, wenn wir nicht von dem weiblichen, dem Yin-Aspekt der Liebe umschlossen sind. Religiöse und spirituelle Menschen finden diesen Aspekt der Liebe in Gott, im Göttlichen, in der Natur, in Buddha oder im Tao.

Die Prozessnatur der Liebe

So wie die Feldnatur der Liebe mit dem Weiblichen, dem Yin, zusammenhängt, so drückt sich das Männliche, das Yang in der Liebe in Prozesshaftigkeit aus. Es lässt Getrenntes zu größeren Einheiten transformieren. Der männliche Aspekt der Liebe ist fokussiert und gibt eine Richtung. Die Yangenergie hat eine eindringende und auch fordernde Qualität. Sie setzt neue Impulse und hält Strukturen. In dem Vertrauen auf den Weg der Entfaltung findet sie die Weite und Gelassenheit, Reibungen an den Grenzen zu halten. Bei Eltern drückt sich dieser Aspekt der Liebe zum Beispiel aus, wenn sie Kindern Grenzen setzen und diese auch einhalten trotz des Widerstands der Kinder. Die fokussierte Energie bewirkt, dass das Gegenüber sich beziehen, sich ausrichten muss. Für die Pflanzen und Lebewesen ist es die Umwelt, die Grenzen setzt und fordert, oder es ist der Gärtner, der die Pflanzen im richtigen Moment beschneidet. Auf einem spirituellen Weg ist es die Regelmäßigkeit in der Praxis, der Meditation, des Gebets, die uns zu Gott kommen lässt, das Göttliche erfahren lässt, uns in Kontakt mit unserer Buddhanatur bringt oder uns das Tao erleben lässt.

Die zwei Aspekte der Liebe

Yin	Yang
Weiblich	Männlich
Feldnatur	Prozessnatur
Umschließend, haltend	Fokussiert, fordernd
Hingabe	Methode
Energie	Bewusstheit

Bei beiden Aspekten ist es stets wichtig, das richtige Maß zu finden. Die umschließende Energie kann zu eng und erdrückend sein, oder sie kann zu weit und haltlos sein, während die fokussierte Energie zu starr und bestimmend sein kann oder zu konturlos und richtungslos.

Dies hört sich vielleicht sehr theoretisch oder philosophisch an, aber es wird bestimmt klarer, wenn wir es auf das Bibelzitat „Liebe deinen Nächsten wie dich selbst" anwenden. Wenn wir Liebe mit dem gleichsetzen, was wir unter Verliebtheit verstehen, dann kommen wir damit nicht sehr weit. Ich bin nicht in meinen Nächsten verliebt, ich spüre bei ihm nicht das gleiche Begehren und die gleichen Hochgefühle wie zu meiner Geliebten. Wenn wir Liebe aber als Feld verstehen, Unterschiedliches haltend zu umschließen und als gerichtete Kraft den Impuls zu setzen, dass sich größere Einheiten bilden, dann können wir das Bibelzitat folgendermaßen deuten: Es geht darum, die Gewohnheit abzulegen, mich als vom anderen getrennt zu erleben und mich auf die Gemeinsamkeit mit ihm zu fokussieren. Dadurch kann Einssein entstehen, wo vorher Zweiheit oder Zwist herrschte. Dies ist ein riesiger Schritt.

Die meisten Menschen umhüllt eine Art egoistische „Liebe". Unsere ganze Kultur, Gesellschaft und Wirtschaft beruht auf diesem Egoismus. Ich schaue, dass es mir gut geht. Ich verdiene mein Geld, damit ich meine Bedürfnisse befriedigen kann. Dieser Egoismus geht von der klaren Trennung zwischen ICH und DU aus. Für mich ist mein Bedürfnis wichtig und für dich ist dein Bedürfnis wichtig. Ich „liebe" mich und du „liebst" dich. Der Bibelspruch „Liebe deinen Nächsten wie dich selbst" versucht diese für den Egoismus so selbstverständliche Trennung zwischen ICH und DU zu überwinden. Der Spruch besagt: Lass deine Liebe sich nicht nur um dich herum kreisen, sondern erweitere sie, dass sie deinen Nächsten mit umschließt. Wenn du dies tust, bekommen seine Wünsche und Bedürfnisse den gleichen Stellenwert wie deine Wünsche und Bedürfnisse. Beide haben die gleiche Wichtigkeit.

Dieser Ausspruch von Jesus erschließt sich uns nicht, wenn wir ihn als Gebot verstehen, als etwas, was wir tun müssen. Es ist vielmehr eine Mahnung, uns auf den Weg zu machen. Es ist eine herausfordernde, aber gehbare Praxis auf einem Weg der Reifung und des Wachstums.

Vielen Menschen ist diese Art von Liebe gar nicht fremd. Die Mutterliebe ist ein wunderbares Beispiel dafür. Für die meisten Mütter ist es selbstverständlich, dass sie die Bedürfnisse ihrer Neugeborenen über die eigenen stellen. Manche werden dreimal, viermal oder noch häufiger in der Nacht geweckt, weil das Baby hungrig ist. Es entspricht nicht dem Bedürfnis der Mutter, nachts aufzuwachen. Nach der Geburt könnte sie den Schlaf bestimmt sehr gut brauchen. Sie wird dadurch häufig an ihre körperlichen und psychischen Grenzen gebracht. Trotzdem tut sie es selbstverständlich. „Liebe deinen Nächsten wie dich selbst.“ Das Bedürfnis des Nächsten, hier des Babys, wird genauso behandelt wie ein eigenes Bedürfnis, und innerlich wird abgewägt, welches Bedürfnis befriedigt werden muss. Für eine Mutter macht es keinen Unterschied, ob sie selber nachts aufwacht und hungrig ist oder ob das Baby aufwacht und hungrig ist. Wenn Hunger, der eigene oder der des Babys, stärker ist als das Schlafbedürfnis, muss er als Erstes befriedigt werden. In der Mutterliebe vereinen sich Mutter und Kind zu etwas Größerem.

Liebe und Mitgefühl

In der größeren Einheit, die durch das Feld Liebe entsteht, passiert eine Wahrnehmung, die ich Mitgefühl nenne. Wenn wir in der Alltagssprache von Mitgefühl reden, bekommt es leicht einen sentimentalen Beigeschmack oder etwas „Edles“. Ich habe Mitgefühl mit dem armen Bettler und werfe ihm eine Mark in seinen Hut. Wenn ich sehr großzügig bin, sogar 5 Mark. In dieser Geste des Mitgefühls entsteht eine Hierarchie. Es gibt den Bettler, dem es schlecht geht, und es gibt mich, dem es gut geht. Auf einer äußeren Ebene entspricht dies der Realität. Aber gleichzeitig baue ich dadurch eine Trennung zwischen mir und dem anderen auf. Dies ist nicht das Mitgefühl, das ich meine. Mitgefühl und Mitfühlen ist eine gleichzeitige Wahrnehmung im Feld der Gemeinsamkeit. Eine Mutter spürt häufig einen Schmerz, wenn es ihrem Kind schlecht geht. Manchmal scheint es der gleiche Schmerz zu sein, wie ihn ihr Kind erlebt. Die vereinigende Liebe hat die Fähigkeit, mich eins werden zu lassen mit dem Du. Und in diesem Moment teile ich sowohl seine Freude und seinen Schmerz – nicht als etwas Äußeres, von mir Getrenntes, sondern als gemeinsame Erfahrung. Mitgefühl eröffnet den Raum, dass aus dem Schmerz, dem Leid, aber auch aus der Freude vom Du ein gemeinsamer Schmerz, ein gemeinsames Leid und eine gemeinsame Freude wird.

Willigis Jäger zitiert Jami, einen Sufi-Mystiker: „Wer die Stadt der Liebe betritt, findet dort nur Raum für Einen“. Daran anschließend sagt Jäger: „Dort gibt es das Wort „Ich“ nicht. Dort gibt es nur das Wort „Wir“, besser noch, das Wort „Eins“. Es ist die Erfahrung eines Paulus, die er im Hohen Lied der Liebe besungen hat. Diese Einheitserfahrung lässt den Menschen den Schmerz und die Freude des Mitmenschen als eigenen Schmerz und eigene Freude erfahren. In dieser Erfahrung werden sich

Mensch, Tier und die ganze Schöpfung neu erleben und miteinander umgehen.“ (Willigis Jäger, 1998, S. 109)

Ich will hier noch nicht zu sehr vorgreifen. Liebe beginnt nämlich nicht mit dem ersten Teil der Aussage „Liebe deinen Nächsten, wie dich selbst“, sondern mit dem zweiten. Liebe beginnt also nicht mit dem Nächsten, sondern mit mir selber. Wenn ich mich nicht lieben kann, so wie ich bin, dann kann ich auch nicht meinen Nächsten lieben. Und obwohl wir in unserer Kultur viel Egoismus finden, gibt es trotzdem, oder gerade deshalb, sehr viele Menschen, denen es an der Selbstliebe mangelt.

Was steht der Liebe im Weg?

Wenn wir Liebe als das Feld und die Kraft definieren, die größere Einheiten schaffen wollen, dann steht ihr in erster Linie Getrenntheit im Wege. Aus der Sicht der Liebe können wir sagen, dass unser Empfinden von Getrenntheit von ICH hier und Gott dort, ICH hier und die Welt dort oder ICH hier und Du dort, oder ICH hier und mein Körper dort, oder ICH hier und meine unangenehmen Gefühle dort eine Illusion, ein Trugbild sind. Auf einer relativen Ebene können wir es so wahrnehmen. Aber es ist nur ein Ausschnitt dessen, was wirklich ist. Das Ziel eines integralen Bewusstseins, besteht darin, immer mehr von der größeren Einheit zu erkennen und zu erleben. Das ist kein Schritt zurück in das vorbewusste Eingebundensein mit dem Ganzen, sondern ein bewusstes Aufgehen in der Einheit.

Das folgende Gedicht beschreibt diesen Weg der Integration auf eine wunderbare Art und Weise.

Ich lebe mein Leben in wachsenden Ringen,
Die sich über die Dinge ziehn.
Ich werde den letzten vielleicht nicht vollbringen,
Aber versuchen will ich ihn.
Ich kreise um Gott, um den uralten Turm,
Und ich kreise jahrtausendelang;
Und weiß noch nicht: bin ich ein Falke, ein Sturm
oder ein großer Gesang.

Rainer Maria Rilke

Die Illusion der Getrenntheit

Damit sich die Kraft der Liebe, die größere Einheiten bilden will, entfalten kann, ist es wichtig, sich bewusst zu machen, was uns in der Illusion der Getrenntheit hält. Eine wichtige Erkenntnis dabei ist, dass wir meistens gar nicht wirklich wahrhaben wollen, wie die Dinge wirklich sind. Wir leben in unserer kleinen Welt, haben unsere Bilder von den Dingen, unsere Meinungen, unsere Vorurteile und Illusionen und sind ganz zufrieden damit. Selbst wenn es uns in dieser kleinen Welt nicht gut geht, halten wir meistens daran fest. Was wir uns wünschen, ist, dass es uns in dem Bestehenden etwas besser gehen möge. Dies tun wir dadurch, dass wir Dinge, die uns nicht gefallen, ablehnen und aus unserer kleinen Welt entfernen wollen. Die Dinge, die uns gut gefallen, wollen wir festhalten oder konservieren. Im Buddhismus spricht man von drei edlen Wahrheiten oder drei Grundübeln, die beschreiben, wie Leid entsteht. Sie sind Nicht-wahrhaben-Wollen oder Unwissenheit, Ablehnen und Anhaften. Aus diesen drei Grundübeln entstehen die unterschiedlichen Formen von Leid.

Unser ICH definiert einen Bereich des Bewusstseins als ICH. Hier spüre ich, dass es mich gibt, und hier kenne ich mich aus. Damit entsteht gleichzeitig eine Trennungslinie zwischen ICH und Nicht-ICH. Das erste Grundübel fängt in dem Moment an, in dem ich nicht bereit bin, diese Selbstdefinition zu hinterfragen. Ich beharre auf meiner Sicht des ICH und bin nicht mehr bereit zu schauen, ob die Realität anders ist, als ich sie wahrnehme.

Im Laufe der Therapie mit Christa erzählte sie mir mehr beiläufig von sehr beängstigenden Träumen und Wachträumen, die sie immer wieder hatte. Es waren Träume von „Geistwesen“, die so real erschienen, als ob diese wirklich anwesend wären, selbst wenn sie wach war. Sie konnte deren Präsenz regelrecht spüren. Wenn sie zu Hause war, musste sie bei Licht schlafen und so lange aufbleiben, bis sie wirklich ganz müde war. Sie erzählte es fast beiläufig und ging schnell zu einem anderen Thema über. Auf meine Frage, ob wir uns in der Therapie mit diesen „Wesen“ und ihren Gefühlen dazu beschäftigen wollten, sagte sie schnell nein. Die Ängste, die sie mit diesen „Geistwesen“ verband, waren so groß, dass sie alles vermied, was sie damit in Kontakt bringen könnte. Selbst die Sicherheit des therapeutischen Settings war nicht groß genug. Sie war zu dieser Zeit noch nicht bereit hinzuschauen, was es mit den „Wesen“ auf sich hatte.

Alles Nicht-ICH wird vom ICH aufgeteilt in neutral, angenehm und unangenehm. Was unangenehm ist oder gar bedrohlich, wollen wir so weit wie möglich vom ICH fernhalten bzw. wir bekämpfen es. Die Mauer zwischen ICH und Nicht-ICH wird fast unüberwindbar.

Erika kam zu mir, nachdem sie schon einen Kuraufenthalt in einer psychosomatischen Klinik hinter sich hatte und von verschiedenen Fachärzten untersucht worden war. Nun suchte sie auf Empfehlung meinen Rat als „Fachmann" in Körperpsychotherapie. Alle Befunde hatten bisher nichts Konkretes gebracht. Es war ein leichter Tinnitus (ständiger Ton im Ohr) bei ihr diagnostiziert worden, und niemand konnte ihr bis jetzt helfen. Erika war anfangs fast erschüttert, als ich ihr mitteilte, dass ich keine Antwort hätte, wie sie den Ton im Ohr wegbekäme. Aber ich würde gerne mit ihr schauen, ob wir zusammen etwas herausfinden könnten, was damit zu tun hat. Nachdem sie schon so viele Fachärzte konsultiert hatte, schien mir die Frage im Vordergrund, ob sie in Frieden mit dem Ton kommen könnte, falls er wirklich nicht wegginge. Nach der anfänglichen Irritation entspannte sie sich. Die Vorstellung, ihre Krankheit einfach anzunehmen, wie sie ist, und nicht mehr gegen sie anzukämpfen, erleichterte sie.

Noch stärker als die Tendenz des ICH, alles Unangenehme loszuwerden, ist die häufig sehr subtile Tendenz, alles Angenehme festhalten zu wollen.

In unseren Selbsterfahrungsgruppen für Paare zum Thema Sexualität geben wir den Teilnehmern Übungen, die sie auf den Zimmern ausprobieren. Häufig berichten die Teilnehmer bei wiederholtem Üben, dass die Erfahrungen, die sie gemacht haben, nicht mehr so schön und intensiv wie am Anfang sind. Nach etwas Nachfragen stellt sich oft heraus, dass sie beim ersten Mal sehr offen und unbedarft an die Übung herangegangen sind. So konnten sie sich in die Übung hineinfallen lassen und haben schöne und intensive Erfahrungen gemacht. Bei den nächsten Malen haben sie von Anfang an darauf gewartet, dass es wieder so schön wird. Sie wollten den einzigartigen Moment des Vortages wiederholen und standen sich damit im Weg, das Besondere dieses neuen Momentes zu erleben.

Noch subtiler als die Tendenz, Unangenehmes abzulehnen und Angenehmes festhalten zu wollen, verhält es sich mit der dritten edlen Wahrheit, der Unwissenheit. In der Psychologie wird zwischen dem Selbst und dem Selbstbild unterschieden. Das Selbst entspricht dabei unserem tiefsten Wesen, und das Selbstbild ist das Bild, das das ICH von sich hat. Dieses Bild entspringt häufig unseren Wünschen, alten Erfahrungen,

Träumen und der Notwendigkeit sich zu schützen. In unserer Entwicklung vom Kind zum Erwachsenen verlieren wir durch unterschiedliche Mechanismen häufig den Kontakt zum Selbst und legen darüber unser Selbstbild. Mit den Jahren vergessen wir mehr und mehr unser Selbst und halten an unserem Selbstbild als der Realität fest. Wir sind bereit, das Selbstbild mit der gleichen Entschlossenheit zu verteidigen wie unser wirkliches Selbst.

Michael wirkte äußerlich so, als ob er niemandem etwas antun könnte. Er kam in die Therapie, weil er häufig krank war und weil er unter seiner dominierenden Freundin litt. Sie war recht erfolgreich im Beruf, und jetzt entwickelte sie auch noch Wünsche, alleine Sport zu machen und mit Freundinnen auszugehen. Michael fand es sehr gemein, dass sie noch weniger Zeit für ihn hatte, wo es ihm doch so schlecht ging. Auf die konkrete Frage, wann die Freundin ausgehen würde, sagte er, dass sie es noch nicht tut, aber sie will es machen, obwohl er sie doch brauche. Aus seiner Sicht war sie egoistisch und dachte nur an ihren Spaß. Er fühlte sich hilflos und ausgeliefert. Sein Selbstbild war das eines abhängigen, kleinen Jungen. Bei genauerem Fragen stellte sich heraus, dass seine Krankheitssymptome immer dann stärker wurden, wenn sie etwas unternehmen wollte. Ihm zuliebe ließ sie es dann aber sein. Auf meine Deutung hin, dass er über sein Kranksein aber auch eine recht große Macht auf seine Freundin ausübe, fühlte er sich total unverstanden und zog sich innerlich zurück. Sein Selbstbild, das des schwachen Opfers, geriet durch die Deutung in Erschütterung, die er nicht aushalten konnte. Als Schutz für sein Selbstbild zog er sich zurück. Er wollte in dem Moment nicht wirklich wissen, ob es hinter diesem Selbstbild noch eine andere Wahrheit gab.

Der Glaube an Permanenz

Hinter den genannten drei Gundübeln liegt eine weitere Illusion verborgen, die mit der Unschärfe und Trägheit unserer Wahrnehmung zu tun hat. Dies ist der Glaube an Permanenz. Weil wir den Baum an der Ecke schon vor einem Jahr gesehen haben und außer den jahreszeitlichen Wandlungen keine wirklichen Veränderungen wahrnehmen können, gehen wir davon aus, dass er eine Ewigkeit besitzt. Vielleicht stimmen Sie dem jetzt nicht so zu, weil Sie ja wissen, dass der Baum nicht ewig existiert, aber wenn wir unsere Wahrnehmung, unser Fühlen und unser Verhalten genauer betrachten, dann können wir erkennen, dass wir so leben, als ob Dinge ewig wären. Kosmetikprodukte versprechen uns ewige Jugend. Wir kämpfen gegen den Verfall des Lebens an, so als ob wir ihn aufhalten könnten. Viele Menschen regen sich auf, wenn auf ihrem neuen Auto ein Kratzer ist, so als ob sie es nicht wahrhaben wollten, dass auch aus ihm in 15 Jahren eine durchgerostete Schrottlaube wird. Wir hoffen mit jedem neuen Verliebtsein auf die ewige Liebe, als wenn wir aus all den früheren Trennungen nicht lernen wollten. Das heißt nicht, dass wir uns nicht fit halten oder die Dinge, die uns wert sind, pflegen sollten. Auch heißt es nicht, dass wir nicht immer wieder mit den besten Wünschen in eine neue Beziehung gehen sollten. Aber das Festhalten an dem Wunsch, dass die Dinge so bleiben, wie sie sind, ist genauso sinnlos wie Don Quichottes Kampf gegen dic Windmühlen. Es gibt den Feind nicht. Leben bedeutet Veränderung. Selbst unsere Erde ist entstanden und wird in einigen Milliarden Jahren aller Wahrscheinlichkeit nach von der sich ausdehnenden Sonne verbrannt. Nichts in diesem Universum existiert ewig, nicht einmal das Universum selber.

Die Liebe als Feld hat einen Zugang zu dem Raum und der Leere, in denen alle Prozesse entstehen, sind und wieder vergehen. Stellen Sie sich dafür vielleicht einmal die Liebe eines alten, vielleicht etwas weisen Opas vor, der seinen Enkel auf dem Schoß hat. Der Enkel berichtet dem Opa von all seinen unlösbar erscheinenden Problemen mit Freunden, mit der Schule usw. Die Liebe des Opas kann den Raum halten, in dem der Junge all seinen Schmerz, seine Verzweiflung ausbreiten kann, und vielleicht erinnert er sich selber daran, dass es ihm als kleinem Jungen ähnlich gegangen ist vor 60, 70 Jahren. Er kann mitfühlen und gleichzeitig lächeln, da er aus seiner Erfahrung in der Sicherheit ruht, dass sich diese Probleme auflösen werden. Das heißt nicht, dass er die Sorgen seines Enkels nicht ernst nimmt. Vielleicht sucht er auf der konkreten Ebene nach Lösungen, aber er ruht in dem Wissen der Veränderung, und diese Sicherheit überträgt sich auf den Jungen und lässt ihn ruhiger werden.

Die Liebe weiß um die Veränderlichkeit der Phänomene, und deshalb hat sie die Tendenz, nicht vor Schmerzhaftem ängstlich zurückzuschrecken und es bekämpfen zu müssen, sondern sie begegnet dem Schmerzhaften als dem, was es ist: etwas Schmerzhaftes. Nicht mehr und nicht weniger. Und gleichzeitig verliert die Liebe damit auch die Tendenz, Angenehmes halten zu wollen, es verlängern zu wollen. Sie erfreut sich daran, aber sie ist auch bereit, es gehen zu lassen, wenn es sich wieder auflöst. Das heißt: aus Sicht der Liebe ist alles gleich-gültig. Alles hat die gleiche Gültigkeit, sowohl Schmerz als auch Freude. Nicht, weil die Liebe sich nicht freut und masochistisch ist, sondern weil die Liebe in dem Wissen der Vergänglichkeit ruht.

Krise als Chance

In dem Wunsch nach Permanenz liegt die Hoffnung, dass wir frei von Schicksalsschlägen und Krisen bleiben. Alles möge so bleiben, wie es ist, bzw. das Unangenehme des Jetzt-Zustandes wollen wir noch in Angenehmes verwandeln. Dabei übersehen wir, dass gerade die Veränderungen, die durch Krisen initiiert sind, uns häufig neue Möglichkeiten schaffen.

Das chinesische Schriftzeichen für Krise, wei ji, hat eine doppelte Bedeutung: Gefahr und Chance. In jeder Krise sind diese beiden Aspekte enthalten, und das Leben ist nicht fest und permanent, sondern sehr lebendig und damit voll von Krisen und voll neuer Chancen.

Ein Beispiel dazu aus meinem eigenen Leben. Vor einigen Jahren bin ich von meiner damaligen Lehrerin für Hakomi-Bodywork zum Lehrtherapeuten für Hakomi-Bodywork ernannt worden. Ich war damals der einzige Lehrtherapeut in Europa und so natürlich mächtig stolz. Damit verbunden war, dass ich bei der nächsten Ausbildung als bezahlter Assistent mitmachen sollte. Der Weg zu einer Karriere im Hakomi-Institut lag vor meinen Augen. Ich war überglücklich, da sich ein Wunsch, den ich jahrelang gehabt hatte, erfüllte. Ausgelöst durch einen Artikel, den ich über die Verbindung von Hakomi mit der Arbeit mit Sexualität schrieb, kam es für mich völlig überraschend zum Bruch mit dem Hakomi-Institut. Sozusagen von einem Tag auf den anderen hattte man mich aus dem Lehrteam geworfen. Für mich war es wie ein Schock. Ich hätte gerne alles getan, um dieses ungeschehen zu machen. Ich war verletzt, wütend, traurig und verzweifelt. Ich fühlte mich in meiner finanziellen Existenz bedroht und meiner beruflichen Zukunftsperspektive beraubt, an der ich mit ganzem Herzen hing. Es war eine sehr große Krise für mich, und ich hätte alles daran gesetzt, wenn alles wieder so hätte sein können wie vorher. Jetzt, nach einigen Jahren, habe ich eine andere Einstellung zu dem, was mir damals passiert war bzw. wie ich es mir damals kreiert hatte. Ich bin immer noch traurig, dass ich keinen Kontakt mehr mit dem Institut habe, da ich die Hakomi-Therapie sehr schätze. Aber diese Krise war für mich der notwendige Schritt, genau zu schauen, was ich aus dem bis dahin Gelernten machen wollte. Ich musste mir meiner Position und meiner Fähigkeiten bewusst werden und meinen eigenen Weg gehen. Obwohl ich nicht sagen kann, dass mein ICH heutzutage Krisen liebt, ist in mir ein Vertrauen gewachsen, mit Krisen umgehen zu können. Ich muss mich nicht mehr so stark dagegen absichern. Gleichzeitig gibt es auch ein tieferes Verständnis von der Notwendigkeit solcher Krisen auf einem Weg der Entfaltung.

Die Liebe glaubt nicht an die Planbarkeit und Permanenz der Zukunft. Sie ist offen für Veränderungen und hat eine Kraft, mit Krisen sein zu können, ohne in Aktionismus zu verfallen.

Übung: Krise – Gefahr und Möglichkeit

Nehmen Sie sich einen Moment Zeit und suchen Sie nach Krisen, die Sie in ihrem Leben hatten. Können Sie im Nachhinein die beiden Aspekte von Gefahr und Möglichkeit sehen? Was ist durch die Krise zerstört worden, und was ist neu entstanden?

Es kann gut sein, dass das, was zerstört wurde, uns immer noch fehlt und wir es gerne noch hätten. Es geht also nicht darum, das Schmerzhafte, was in einer Krise häufig enthalten ist, schönzureden, sondern es geht darum, die Kraft und Zuversicht zu finden, den Schmerz zu halten und gleichzeitig die neuen Möglichkeiten wahrzunehmen.

Lernen, mit den Dingen zu sein, so wie sie sind

Es war einmal ein Mann, der lebte in einem sehr abgelegenen Haus. Er war mit sich und seinem Leben sehr zufrieden. Eines Tages kam er von der Arbeit zurück und hörte ein verdächtiges, ungewohntes Geräusch aus seinem Haus. Sofort dachte er, dass ein Einbrecher seine ganzen Besitztümer stehlen wollte. Er war sehr verängstigt, aber gleichzeitig überkam ihn ein vorher nicht gekannter Mut. Er hatte Recht gehabt, und ein Dieb war in sein Haus eingebrochen und wollte fliehen, als der Mann zur Tür hereinkam. Da der Mann aber die Tür versperrte, floh der Dieb in einen fensterlosen Kellerraum. Der mutige Mann ergriff sofort seine Chance und sperrte den Einbrecher in diesem Raum ein. Erleichtert und stolz setzte er sich in seinen Lieblingsstuhl und genehmigte sich nach dieser Heldentat einen Drink. Mit der Zeit entspannte er sich, und je mehr er sich entspannte, desto besorgter wurde er. „Hab ich die Tür auch wirklich abgeschlossen?" fragte er sich und „War da nicht noch eine Brechstange im Keller?" Je mehr er darüber nachdachte, desto ängstlicher wurde er. Da er kein Telefon hatte und der nächste Nachbar einige Kilometer entfernt wohnte, verwarf er die Idee, diesen zu benachrichtigen. Es blieb ihm nichts anderes übrig, als sich hinzusetzen, ein Messer in der Hand, und die Kellertür zu beobachten. So verbrachte er einen Tag und eine Nacht, bis ihm zu Bewusstsein kam, dass der Dieb ja auch essen müsste. Wenn er ihn verhungern ließ, würde er selber zum Mörder werden. Also ersann er sich eine Möglichkeit, dem Dieb Essen zukommen zu lassen, ohne dass dieser fliehen könnte. Mit der Zeit ergaben sich immer wieder neue Probleme, wie er sein Leben mit dem des Diebes einrichten musste. Und immer wieder fragte er sich: „Warum habe ich den Dieb nicht am Anfang einfach laufen lassen?" oder „Gestern hätte ich die Tür öffnen sollen, da wirkte der Dieb besonders friedlich. Aber heute geht es auf gar keinen Fall. Vielleicht geht es morgen, aber nicht heute."

Leider ist nicht überliefert, wie diese Geschichte ausgegangen ist. Aber wenn wir sie einmal auf unser Leben beziehen, können wir uns fragen, wie viele Diebe wir in den Keller unseres Unbewussten gesperrt haben. Mit allem, was wir in uns einsperren oder aus dem ICH aussperren, und mit allem, mit dem wir nichts zu tun haben wollen, was wir nicht wahrhaben wollen, ist es ähnlich wie mit dem Dieb. Anfänglich gibt es eine Erleichterung, da das Problem nicht mehr wahrgenommen wird, aber mit der Zeit nehmen andere Probleme zu, die mit dem Verleugnen und Verdrängen des ersten zu tun haben.

Ich hatte einmal eine Klientin Veronika, die mit ihrer Traurigkeit so ähnlich umgegangen ist wie dieser Mann mit seinem Dieb. Sie ist in einer Familie aufgewachsen, die mit ihrer Traurigkeit, die sie schon als Kind hatte, nicht umgehen konnte. Einmal zum Beispiel hatte die Mutter Veronika zu einem Psychiater gebracht, da sie tagelang traurig und deprimiert herumsaß und immer wieder weinte. Dieser hatte sie mit Psychopharmaka behandelt. In Veronika bildete sich mit der Zeit die Furcht, dass, wenn sie ihren Tränen freien Lauf ließ, sie verrückt würde. Sie hatte alle möglichen Vorgehensweisen entwickelt, wie sie ihre aufkommenden Tränen stoppen konnte. Als sie zu mir kam, hatte sie Jahre hinter sich, in denen sie sich mit Rasierklingen geschnitten und mit brennenden Zigaretten verbrannt hatte, sobald die bedrohliche Trauer stärker wurde. Sie hat sich so über den Schmerz in eine körperliche Realität zurückgeholt. Aber ähnlich wie bei dem Mann in seinem Haus wurde ihr Lebensspielraum immer kleiner. Je größer die Gefahr wurde, dass die Trauer ausbrechen könnte, desto stärker musste sie dagegen angehen.

Die Abwehr muss immer etwas stärker sein als das unterdrückte Gefühl, damit es in Schach gehalten werden kann. Es gibt also eine Kraft, ein Gefühl, das sich ausdrücken will (in Veronikas Fall die Trauer), und eine Gegenkraft, die es unterdrückt. Es ist so, als ob wir beim Autofahren sowohl Gas geben und gleichzeitig auf die Bremse treten. Je stärker wir

Gas geben, desto mehr müssen wir auch bremsen. Kein Auto hält das sehr lange aus. Uns Menschen geht es natürlich ähnlich. Veronika war häufig total erschöpft und wurde immer wieder krank. Ihr Körper hat sich immer wieder Ruhephasen in der Krankheit gesucht.

Diese Dynamik hat ihren Ursprung in der Tendenz, Situationen und Gefühle nicht haben zu wollen bzw. nicht mit ihnen umgehen zu können. Alles, was ich in mir oder an mir nicht haben will, hört leider nicht einfach dadurch auf, weil ich es nicht mehr will. Wenn ich meine Falten nicht mag, dann kann ich sie unter noch so vielen Cremes und Puder verstecken, sie verschwinden dadurch nicht. Aber wahrscheinlich werde ich in jeden Spiegel schauen, ob sie noch verdeckt sind. Genauso wie diese Mechanismen im Persönlichen wirksam sind, wirken sie auch in größeren Kontexten. Je mehr wir gegen bestimmte gesellschaftliche Gruppen kämpfen, desto mehr stärken wir sie gleichzeitig. Was können wir alles lesen über die Gefährlichkeit der Neonazis, aber sie scheinen in dieser gegen sie gerichteten öffentlichen Meinung gut zu wachsen. Wie viele Müllberge, die wir in den 60er und 70er Jahren unter schönen Rasenflächen verdeckt haben, müssen wir heutzutage abtragen und neu entsorgen?

Weiter oben habe ich das Bild von einem alten Opa benutzt, der seinen Enkel auf dem Schoß hat und dessen Hinwendung gleichzeitig gleichgültig und präsent ist. Alles, was der Enkel erlebt hat, hat für ihn die gleiche Gültigkeit und Wichtigkeit, und er bleibt mit seiner ungeteilten Aufmerksamkeit bei dem Erleben des kleinen Jungen. Dies sind die beiden Wesensmerkmale der Liebe. In dieser Liebe ist die Fähigkeit enthalten, alles umschlossen zu halten, wie es ist, für alles offen zu sein und allem die Zeit und den Raum zu lassen, den es braucht. Dies ist der weibliche Aspekt der Liebe. Der männliche Aspekt drückt sich durch die ungeteilte Präsenz aus, beim Erleben zu verweilen. Es ist ein fokussiertes Dabeisein. Wenn diese beiden Aspekte zusammenkommen, dann kann das Mysterium der Veränderung geschehen.

Wenn ein Kind traurig und verzweifelt zu uns kommt, dann können wir erkennen, dass, wenn wir es einfach halten und so lange bei ihm sind, wie es das braucht, jeder Schmerz mit der Zeit ausgeweint ist. So ist das Leben. Wenn wir einfach präsent mit etwas sind, es weder abschwächen noch verstärken, bleibt es einige Zeit und hört dann auf. Alles will gefühlt werden, um sich verändern zu können. Was es braucht, ist der haltende und akzeptierende Raum der Liebe und nicht gut gemeinte Ratschläge. Es sind nicht die Schicksalsschläge, die psychisch krank machen, sondern der Umgang mit den durch die Schicksalsschläge ausgelösten Gefühlen.

In der Arbeit mit Veronika ging es darum, eine Atmosphäre zu schaffen, in der sie sich sicher genug fühlte, um mit ihrer Trauer sein zu können. Obwohl dieses Thema von Anfang an sehr klar war, hat es Monate gedauert, bis sie diesem Angebot trauen konnte. Hinter der Trauer offenbarte sich dann eine tiefere Verunsicherung, nicht richtig zu sein, so wie sie war. Ihre Gefühle und Vorstellungen durften nie einfach so sein. Niemand interessierte sich dafür, wie sie sich und die Welt erlebte. Für sie war es in der Therapie wichtig, die Erfahrung zu machen, dass jemand versuchte sie zu verstehen. Das Gefühl, nicht verstanden zu werden, war mit der Unsicherheit verbunden, selber nicht zu wissen, was wirklich war. Dies lag sozusagen hinter der Trauer. Es dauerte über ein Jahr, bis sich auch der Körper in diesem Gefühl von Vertrauen entspannen konnte. Die Notwendigkeit jedoch, sich selber zu verletzen, hörte schon nach einigen Sitzungen auf.

Liebe als Weg

Alle Menschen wollen glücklich sein und so wenig Leid wie möglich erleben. Dies scheint ein universelles Streben zu sein, das man sogar auf alle Wesen ausdehnen kann. In unterschiedlichen Zeiten und in unterschiedlichen Kulturen und Gruppen ist der Weg zum Glück verschieden gegangen worden.

Der Ansatz, den wir im Westen haben, besteht hauptsächlich darin, Glück über das Erreichen äußerer Güter, Sicherheit und Anerkennung zu erhalten. Wir sind oder werden glücklich, wenn wir einen gut bezahlten Job haben, wenn wir ein eigenes Haus besitzen, ein großes Auto fahren, gesund sind, in einer festen Beziehung leben usw. Dieser Ansatz scheint Glück und Glücklichsein planbar zu machen. Gleichzeitig macht uns dieser Weg aber abhängig von den äußeren Größen. Wir fühlen uns unglücklich oder unzufrieden, wenn wir sie noch nicht haben oder wenn wir sie nicht mehr haben, das heißt wenn wir den Job verlieren, wenn das Auto kaputt ist, wenn wir krank sind oder keine Beziehung haben.

Im Gegensatz zu diesem materiellen Ansatz setzt „Liebe als Weg" den Fokus nach Innen auf den Erleber. Was kann ich tun, um glücklich zu sein, auch wenn ich nicht das habe oder bekomme, was ich möchte. Viele spirituellen Wege empfehlen, ohne Besitz und feste Beziehung zu sein, um nicht von dem Ziel des wirklichen Freiseins abgelenkt zu sein. In vielen asiatischen Ländern sieht man Bettelmönche oder Asketen, die nichts besitzen außer dem, was sie bei sich tragen. Diese Mönche und Asketen gehen davon aus, dass weltliche Güter keine Möglichkeiten bieten, um letztlich glücklich zu sein.

Auch in unserer Kultur können wir erkennen, dass nicht unbedingt die reichen und bekannten Persönlichkeiten die glücklicheren Menschen sind.

Wenn wir anfangen, Liebe zu entdecken und zu entwickeln, wie ich sie im vorigen Kapitel ausgeführt habe, dann kann dies eine Entwicklung in Gang setzen, die sich in zwei Richtungen immer weiter ausdehnt. Die eine Richtung führt nach innen zu immer größerer Zufriedenheit, Einsicht und Authentizität, und die andere Richtung führt nach außen zu größerer Verbundenheit und tieferem Mitgefühl.

Zentriert im „Ich-BIN"

Diese beiden Richtungen haben ein gemeinsames Zentrum, das „Ich-BIN". Dies ist der Bereich meines Seins, den ich schon in Liebe umarmen kann und aus dem gleichzeitig Liebe erwächst. Es ist ein bestimmtes Gefühl in mir, mit dem ich mich gut und stimmig fühle, oder eine Einstellung, hinter der ich 100-prozentig stehe. In diesem Moment kann ich mich annehmen, so wie ich bin.

Für viele Menschen passiert das „Ich-BIN" zum Beispiel beim Gefühl der Freude. Wenn sie sich in dieser Freude fühlen, dann fühlen sie sich richtig, authentisch, lebendig usw. Wenn sie mit dieser Freude sind, dann formulieren sie vielleicht: „Wenn ich diese Freude habe, dann bin ich wirklich ich." In der Freude genügen sie sich. Aber es geht nicht jedem so mit Freude, wie man vielleicht meinen könnte.

Ich hatte einmal einen Klienten, der sagte Folgendes, wenn er sich freute: „Jetzt freue ich mich zwar, aber nachher geht es mir wieder schlecht." Er hat sich auf das Gut-Fühlen mit der Freude nicht einlassen können, da die erwartete Enttäuschung für ihn zu groß war, wenn die Freude wieder aufgehört hatte.

Wenn wir aber die Freude in Liebe umarmen und sie mit uns eins werden lassen, dann kann sie uns Kraft und ein klares Gefühl von „Ich-BIN" geben. Außerhalb dieses „Ich-BIN" liegen all die anderen Gefühle und Einstellungen, die wir nicht mit dieser Liebe umschließen können, zum Beispiel unsere Trauer oder Wut. Das eine halten wir umschlossen, und das andere liegt noch außerhalb des „Ich-BIN".

Vielleicht fragen Sie sich an dieser Stelle, was der Unterschied zwischen dem „Ich-BIN" und dem „ICH" ist. Beide scheinen ein Zentrum zu sein, und bei beiden gibt es etwas, das außerhalb liegt. Beim „Ich-BIN" liegt die Betonung auf dem „BIN" und damit auf dem Sein, deshalb schreibe ich es groß. Der Zustand des „Ich-BIN" ist ein Seinszustand; er ist in Bewegung und hat klare, aber potentiell durchlässige Grenzen zum Außen. Das Sein will sich entfalten, aber nur innerhalb der eigenen Fähigkeiten und Möglichkeiten. Für das Entfalten braucht es durchlässige Grenzen nach Außen. Für den eigenen Schutz müssen diese aber gleichzeitig klar und abgrenzend sein. Das „ICH" ist dagegen ein statischer Zustand, der sich durch die Abgrenzung zum „Nicht-ICH" definiert.

Die zweite Richtung, in die sich die Liebe entfalten kann, ist die nach außen. Mancher liebt seine Kinder, seinen Ehepartner, das Haustier oder die Natur so, wie sie sind. Sie brauchen sich nicht zu verändern, sie sind einfach richtig so. Vielleicht sind sogar ihre kleinen Macken mit eingeschlossen. Die Liebe kann sie umschließen. Wenn ich dann mit den Kindern, dem Ehepartner, dem Haustier zusammen bin oder in der Natur bin, dann entsteht hier das „Ich-BIN“ in mir.

Diese Momente von „Ich-BIN“ unterscheiden sich sehr stark von den Momenten von „Ich bin dieses. Ich bin jenes“, wie zum Beispiel: „Ich bin ein guter Liebhaber“, „Ich bin eine erfolgreiche Managerin“ oder „Ich bin stark und durchsetzungsfähig.“ Bei dem „Ich-BIN“ fühle ich mich eins. Eins mit der Natur, eins mit der Freude, eins mit dem Partner. Beim „Ich bin dieses. Ich bin jenes.“ kommt es zu einer Spaltung von Subjekt und Objekt, von ICH und Nicht-ICH.

Übung: Das „ Ich-BIN“ untersuchen

Nehmen Sie sich etwas Zeit und schreiben Sie einige Gefühlszustände oder Begegnungen mit etwas Äußerem auf, in denen Sie in dem Zustand von „Ich-BIN“ waren. Erleben Sie diesen Zustand leichter in der Richtung nach innen oder nach außen, oder kennen Sie es in einer Richtung gar nicht? Versuchen Sie dann einmal genau zu untersuchen, wie Sie sich fühlen, wenn Sie in diesem Zustand von „Ich-BIN“ sind. Wie ist die Atmung, wie viel Spannung ist im Körper, wie lebendig, kraftvoll und wach fühlen Sie sich, wie gelassen sind Sie?

Die meisten Menschen erleben, dass sie sich im Zustand von „Ich-BIN“ zwischen zwei Polen befinden; wach und kraftvoll, aber gelassen und entspannt, der Atem ist voll, aber ruhig, die Muskulatur ist euton, d.h. entspannt, aber voller Potential.

Wege der Entfaltung

Gewöhnlich kommen wir in diesen Zustand von „Ich-BIN“ durch äußere oder innere Auslöser. Es scheint also mehr dem Zufall zu unterliegen als dem freien Willen. Deshalb sind die Versprechungen der Werbung ja so verlockend, da sie uns versprechen, dass wir über den Erwerb eines bestimmten Produktes in einen glücklicheren Zustand kommen.

Wege der Entfaltung, damit meine ich in erster Linie spirituelle Wege, aber auch einige therapeutische Ansätze, bieten Möglichkeiten an, in den Zustand von „Ich-BIN“ unabhängig von der momentanen Situation zu kommen. Dadurch erreichen wir die Freiheit, bewusst unser Erleben zu verändern.

Wege der Entfaltung streben eine radikale Veränderung an. Sie beschäftigen sich mit den Fragen: Was ist Realität? Was ist Wirklichkeit? Gewöhnlich geben wir dem, was wir erleben und erfahren, das Etikett „Wirklichkeit“. Diese Wege stellen neben diese Wirklichkeit, die sie manchmal „relative Wirklichkeit“ nennen, eine andere Wirklichkeit, die dann „absolute Wirklichkeit“ genannt wird. Diese absolute Wirklichkeit hängt nicht an der äußeren Form fest, sondern sie scheint durch diese hindurch. Es ist das Göttliche, das Tao, die Leere.

Alle spirituellen Wege bieten Übungen an, um einen Zugang zu dieser anderen Realität zu schaffen. Sie holen uns dabei aus der relativen Wirklichkeit ab, in der wir uns gewöhnlich aufhalten, und führen uns in den ungewöhnlichen Zustand. Dies tun sie meist, indem sie unser Bewusstsein auf das lenken, was im Moment wirklich ist, wie zum Beispiel der Atem.

Aus der Perspektive der absoluten Wirklichkeit gleicht unsere alltägliche Wahrnehmung von uns selber, von unserer Beziehung, von der Welt, einem Traum oder einer Trance. Wir reagieren immer auf ähnliche Art und Weise. Wir sollen einen Vortrag halten und reagieren vielleicht automatisch damit, uns überfordert zu fühlen, wir finden im Café jemanden interessant, reagieren aber ängstlich und trauen uns nicht, sie anzusprechen, wir fühlen uns von unserem Partner missachtet und reagieren mit verletztem Rückzug. Das Empfinden der Abhängigkeit von den äußeren Zuständen und das Gefühl des Ausgeliefertseins ähnelt unserem Erleben in Träumen. Auch dort haben wir keinen Einfluss auf das, was wir erleben, und halten in den Träumen das Erleben für wahr, so dass wir nach Angstträumen sogar schweißgebadet aufwachen und nicht wieder einschlafen können. Viele von uns kennen aber auch Zustände von „Ich-BIN“, in denen wir plötzlich Fremde im Café ansprechen können, in denen der Vortrag als Herausforderung erscheint oder wir den uns „missachtenden“ Partner in den Arm nehmen und sehen, dass er gestresst von der Arbeit kommt. Aus dem Erleben von ICH sind wir erwacht ins „Ich-BIN“.

Gewöhnlich sind wir gefangen in unseren Alltagsträumen. Wenn wir mehr wollen, als manchmal zufällig daraus zu erwachen, müssen wir erstens die Verantwortung für unser Erleben übernehmen und zweitens etwas dafür tun, ins „Ich-BIN“ zu kommen. Dazu können Meditationen, Atemtechniken, autogenes Training, progressive Muskelrelaxation, Körperübungen, aber auch Joggen und Sport helfen.

„Ich-BIN" kann man üben

Im Folgenden möchte ich Ihnen einige Übungen aufzeigen, die einen Zugang zum „Ich-BIN" ermöglichen.

Übung: „Ich-BIN" durch Atmung

Setzen Sie sich aufrecht hin. Die Augen sind offen. Durch den leicht geöffneten Mund atmen Sie 10-mal etwas tiefer und stärker als gewohnt ein und aus. Legen Sie dann die Handflächen zusammen vor die Brust (wie beim asiatischen Gruß), die Daumenspitzen berühren einen Punkt etwas oberhalb der Mitte des Brustbeins. Nun atmen Sie wieder durch den leicht geöffneten Mund ein (etwas voller als gewohnt). In dem Moment, in dem Sie voll eingeatmet haben, drücken Sie die Handflächen leicht gegeneinander und halten den Atem bei gedrückten Händen einige Momente an. Dann lassen Sie den Atem los, und am Ende des Ausatmens spüren Sie in die Stelle der Brust hinein und sagen hörbar „Ich-BIN". Wiederholen Sie diese Atemübung ca. 5–10-mal und spüren Sie dann nach, ob sich etwas in Ihrem Empfinden verändert hat.

Diese Übung hilft durch die verstärkte Atmung, sich lebendiger zu spüren. Diese gesteigerte Lebendigkeit kann sich dann durch den leichten Druck der Handflächen in Höhe des Brustbeins im Herzraum zentrieren, und Sie können damit eins werden. Es ist dabei aber wichtig, innerhalb der eigenen Grenzen zu atmen. Wenn Sie schon nach 5 Atemzügen ein Schwindelgefühl spüren, dann ist hier Ihre momentane Kapazitätsgrenze erreicht. Falscher Ehrgeiz führt vom „Ich-BIN" fort.

Eine andere Übung, um mit dem Zustand von „Ich-BIN" in Kontakt zu kommen, besteht darin, sich an Situationen zu erinnern, in denen Sie diesen Zustand erlebten.

Übung: Sich des „Ich-BIN" erinnern

Erinnern Sie sich an eine Situation, in der Sie sich im Zustand von „Ich-BIN" erlebt haben. Lassen Sie diese Situation wieder so lebendig wie möglich werden. Untersuchen Sie jetzt, welche Gefühle in Ihnen sind, wie der Körper sich anfühlt und wie Sie atmen. Indem Sie Ihre Atmung ein wenig intensivieren, können sie eventuell diese Zustände noch etwas verstärken. Welche Bilder kommen Ihnen, wenn Sie in diesem

Zustand sind? Gibt es Erinnerungen, welche in Ihnen lebendig werden?

Wie Sie eventuell bereits gemerkt haben, ist der „Ich-BIN“-Zustand kein rein geistiger Zustand. Er umfasst unser ganzes Sein. Er hat einen Einfluss auf die Art, wie wir denken, fühlen und atmen, auf unser Körperempfinden, ja sogar auf unsere Körperhaltung. Es braucht nur ein wenig Achtsamkeit, um diese Verbindung wahrzunehmen. Wenn wir Menschen etwas lebendig erinnern oder uns vorstellen, reagiert der ganze Körper. Atmung und Muskelspannung verändern sich. Empfindungen und auch Gefühle sowie Stimmungen entstehen. Wir können uns den inneren Zugang zum Erleben von „Ich-BIN“ erleichtern. Je häufiger wir uns in ihm aufhalten, desto mehr wird er zur Gewohnheit.

Der Körper ist im „Ich-BIN“ flexibler, weicher, durchlässiger und aufgerichteter als in unserem alltäglichen Sein. Die meisten Meditationsrichtungen wissen darum und empfehlen eine bestimmte Meditationshaltung. Ich werde im Kapitel über den Körper noch näher auf die Verbindung von körperlicher und emotionaler Haltung eingehen. Jetzt möchte ich Ihnen eine Übung vorstellen, mit der Sie Ihrem Körper helfen können, in eine aufgerichtete, durchlässige, weiche und flexible Haltung zu kommen. Aus meiner Erfahrung ist es dabei nicht hilfreich, eine „richtige“ Haltung zu erlernen. Eine gelernte Haltung legen wir meist einfach über unsere unbewusste Haltung, solange wir daran denken. Sobald wir aber wieder etwas unbewusster werden, fallen wir automatisch in unsere gewohnte Haltung zurück. Um eine aufrechte Haltung zu lernen, ist es effektiver, sich über eine gesteigerte Sensibilisierung den Kräften der Aufrichtung anzuvertrauen. Die folgende Übung führt in einen Zustand, der im englischen „Alignment“ genannt wird. Es ist schwer, dieses Wort korrekt zu übersetzen. Es bedeutet „Ausrichtung“ und „Begradigung“. Beschrieben wird damit eine körperliche Aufrichtung, die mühelos ohne unnötigen Einsatz der Muskeln passiert. Im weiteren Verlauf werde ich auf das englische Wort „Alignment“ zurückgreifen, um diesen Zustand zu beschreiben.

Übung: „Ich-BIN“ durch Alignment

Setzen Sie sich aufrecht hin. Sitzen Sie so entspannt wie möglich. Ohne diese Haltung zu verändern, fangen Sie an, das Handgelenk der rechten Hand in ganz feinen Bewegungen in alle möglichen Richtungen zu bewegen. Es sollten Mikrobewegungen sein, die man eventuell sogar äußerlich gar nicht sehen kann. Lassen Sie diese kleinen Bewegungen mit der Zeit noch kleiner werden, bis sie in der optimalen Stellung zwischen Hand und Unterarm zur Ruhe kommen. Was optimal ist, wird sich für Sie durch Empfindungen von Strömen, Durchlässigkeit, Entspannung oder Stimmigkeit zeigen. Dann gehen Sie weiter zum Ellbogengelenk und machen es ebenso, dann zum Schultergelenk, dann das Gleiche am linken Arm. Fahren Sie fort mit dem gleichen Prinzip im Hüftgelenk, der Wirbelsäule und zuletzt der Stellung des Kopfes zum Hals. Sie können auch noch andere Gelenke hinzunehmen, die Sie für wichtig halten und die in Ihrer Sitzposition beweglich sind. Wenn Sie mit allen Gelenken durch sind, dann ruhen Sie in dem Zustand, in den Sie durch diese Haltung kommen. Wie fühlt sich dieser Zustand an?

Wenn wir Körperhaltung untersuchen, denken wir meistens an Muskelverspannung oder das Struktur gebende Bindegewebe. Aber es gibt noch eine viel subtilere Kraft zur Aufrichtung, und das ist das Strömen der Flüssigkeiten. Wir kennen dieses Prinzip bei der Butterblume. Diese hat sehr viele Hohlräume und wenig Gewebe, das eine Struktur zur Aufrichtung gibt. Wenn es einen Knick im Stengel gibt und der Fluss der Flüssigkeiten unterbrochen ist, dann hängt die Blume sofort runter. Diese gleiche Kraft ist auch bei uns Menschen wirksam, und der Fluss unserer Flüssigkeiten wird in erster Linie in den Gelenken gestört. Die Kraft und Präsenz von „Ich-BIN" entsteht auf der körperlichen Ebene in einem optimalen Fließen dieser Flüssigkeiten.

Und es gibt eine noch feinere Kraft, die an unserer Aufrichtung mitwirkt, das Strömen der Energien. Menschen, deren Sensibilität fein genug ist, können dieses Strömen direkt wahrnehmen. Wenn es uns nicht direkt zugänglich ist, dann können uns Visualisierungen oder gedankliche Vorstellungen helfen, indirekt Kontakt mit dem Energiefluss zu nehmen.

Übung: „Ich-BIN" durch Energiebewegungen

Setzen Sie sich aufrecht in einer Meditationhaltung hin, so entspannt und locker wie möglich. Die Augen sind geöffnet oder geschlossen, je nachdem, was Ihnen angenehmer ist. Gehen Sie mit Ihrer Aufmerksamkeit zu einem Punkt etwa 30 cm oberhalb Ihres Scheitels. Dies ist der sogenannte Fokuspunkt, ein Energiepunkt in Ihrem Energiekörper. Mit dem Einatem wandern Sie mit Ihrer Aufmerksamkeit von diesem Fokuspunkt entlang einer Linie, die im Scheitel des Kopfes in den Körper tritt, dann in der Mitte des Körpers vor der Wirbelsäule hinunter zum Beckenboden führt. Es ist einer der Hauptenergiekanäle, den das Yogasystem „Susumna" nennt. Mit dem Ausatem gehen Sie den gleichen Weg wieder zurück zum Fokuspunkt. Die Atmung sollte dabei ruhig, tief und gleichmäßig sein. Wiederholen Sie diese Atmung, sooft es sich für Sie gut anfühlt. Danach ruhen Sie für einen Moment in dem Zustand, der durch diese Übung ausgelöst wird.

Im „Ich-BIN" ist der Körper entspannt und präsent. Darüber hinaus sind wir dort mit unseren Gefühlen im Reinen. Dieser Zustand hat auch einen Einfluss auf unser Energiesystem. Da wir uns innerlich gegen nichts wehren müssen, wenn wir alles in Liebe umarmen können, steht uns eine sehr viel größere Menge an Lebensenergie zur Verfügung, die sich sonst in den inneren Reibereien aufzehrt. Diese Energie kann leichter durch das Energiesystem fließen, macht uns lebendig und strahlend, ja sie steht letztlich auch für den ständig ablaufenden Prozess der Selbstheilung zur Verfügung. Man könnte fast sagen, dass die bewusste Auseinandersetzung mit dem Zustand von „Ich-BIN" eine Art innere Akupunktur ohne Nadeln ist.

Wie Ringe im Wasser

Wenn wir in uns den Zustand von „Ich-BIN" gefunden haben, können wir uns auf den Weg der Entfaltung machen. Ohne „Ich-BIN" ist dieser Weg nicht wirklich gehbar. Aus diesem Grund ist es wichtig, den Zustand von „Ich-BIN" immer wieder aufzusuchen und das Verweilen in ihm zu üben. Fangen Sie am besten mit einer Übung an, die Ihnen am leichtesten erscheint.

„Liebe als Weg" lässt das „Ich-BIN" sich bewusst in zwei Richtungen ausweiten. Nach innen zu immer subtileren und unbewussteren Schichten meines Seins und nach außen in die Welt hinein. Wie die Ringe im Wasser, die entstehen, wenn wir einen Stein hineinwerfen, breitet die Liebe sich aus. Wir integrieren dabei immer mehr Bereiche, im Innen wie im Außen, in das „Ich-BIN". Das, was vorher noch „Nicht-ICH" war, wird zu einem untrennbaren Aspekt von mir, es wird Eins. Die Kraft, die diese Ausdehnung ermöglicht, ist die Liebe und das Mitfühlen.

Nach innen gewandt integrieren wir unsere Schattenseiten, das ins Unbewusste Verdrängte und all das, was wir von uns nicht wahrhaben wollen. Nach außen weiten wir uns aus und umschließen Beziehungen, das Fremde, aber auch unverarbeitete kollektive Vergangenheit und die Natur.

Zu der Auseinandersetzung mit den einzelnen Bereichen gibt es viele Informationen, Bücher und Seminare. Sie sind sehr hilfreich, schauen aber häufig zu eng auf ihr Spezialgebiet. Manche politisch Interessierten fordern die Aufarbeitung der Machtstrukturen in unserer Gesellschaft, sind aber an einer Integration des Unbewussten oder des Körpers nicht interessiert. In körperpsychotherapeutischen Selbsterfahrungsworkshops wird viel an der Integration der unbewussten körperlichen Seiten gearbeitet. Hier ist es aber nicht Usus, über gesellschaftliche Machtstrukturen zu reden oder zu arbeiten.

Die einzelnen Ansätze sind wichtig, bleiben aber in dem aufsplitternden Bewusstsein hängen, das je nach Interessenlage nur einen bestimmten Aspekt zu integrieren versucht.

Dieses Buch zielt auf die darunter liegende Ebene. Es beschäftigt sich nicht mit der Integration einzelner Bereiche, sondern beschreibt, dass die Aufspaltung an sich das Problem ist. Es zeigt auf, dass es einen Bewusstseinszustand gibt, der über das Aufspalten hinausgeht. Es ist der Sprung von der Logik zur A-Logik, vom Entweder-Oder zum Sowohl-als-Auch, vom ICH zum Eins.

Sicher ist dies ein sehr hohes Ziel, und dieses Buch wird an dem Zustand, in dem wir uns gesellschaftlich und psychisch befinden, nicht leicht und nicht schnell etwas verändern, aber vielleicht wirkt es ja auch wie ein Stein, den man in den See wirft, und zieht Kreise um Kreise. Und hoffentlich bewirken einzelne Kreise, dass sich eine tiefere Zufriedenheit ausbreiten kann.

Das Kreisen nach innen und außen

Wenn ich im „Ich-BIN" ankomme, kann ich gewahr werden, was alles in ihm umschlossen ist. Dann kann ich meine Aufmerksamkeit weiter werden lassen und mich den Bereichen zuwenden, die nicht im „Ich-BIN" enthalten sind. Kann ich den Zustand „Ich-BIN" halten, bleibt mein Körper weiter euton, bleibt die Atmung weiter ruhig und kraftvoll, ist weiter ein annehmendes Gefühl in mir, oder fange ich an, mich zu verspannen, halte ich den Atem an, werde ich kritisch? Diese Prozesse sind häufig sehr fein, die Veränderungen minimal, so dass es etwas Übung braucht, um sie wahrzunehmen. Immer wenn ich merke, dass der Körper, der Geist und die Gefühle aus der Mittelposition des „Ich-BIN" sich in Richtung Spannung oder Schlaffheit, Unruhe oder Langeweile, Kritik oder Beschwichtigung begeben, kann ich erkennen, dass ich mich mit einem Thema beschäftige, das ich noch nicht integriert habe.

Was bedeutet Integration in diesem Sinne? Integration bedeutet, mit etwas im Reinen zu sein. Ein Beispiel dazu aus meiner Geschichte. Ich war ein schlechter Schüler und hatte Lernhemmungen. Es konnte vorkommen, dass ich an einem Tag Vokabeln gelernt und sie gekonnt hatte, und am nächsten Tag hatte ich die meisten wieder vergessen. So bin ich im Gymnasium zweimal sitzen geblieben. Als Kind war mir das sehr peinlich. Alles, was mit Schule zu tun hatte, machte mir ein ungutes Gefühl, und ich schämte mich für meine Unfähigkeit und für das Sitzenbleiben. In der Klasse versteckte ich mich innerlich hinter der Maske des Coolen und äußerlich hinter dem Vordermann, um nicht drangenommen zu werden. Die Scham über das Sitzenbleiben ist ein Indiz, dass diese Tatsache noch nicht integriert war. Sie ist natürlich verständlich, ja man könnte sogar sagen: menschlich. Über die Jahre der Auseinandersetzung mit mir und durch Erfolgserlebnisse an der Universität hat sich meine Einstellung zur Schulzeit geändert. Heute kann ich sogar sehen, dass ich durch das Sitzenbleiben auf eine bestimmte Art gereift bin. Ich habe dabei gelernt, trotz Schwierigkeiten dranzubleiben. So fühle ich mich im Moment im Frieden mit diesem Abschnitt meiner Kindheit. Wenn ich daran denke, kann ich den Schmerz des kleinen Axel in mir noch spüren, aber ich kann ihn liebevoll in mir halten, und ich kann ruhig und kräftig mit ihm atmen. Weiterhin fällt es mir leicht, diese Tatsache auszusprechen, ohne mich dabei minderwertig zu fühlen.

Ein anderes Beispiel, bei dem mir die Integration noch nicht gelungen ist, ist mein kleiner Bauch. Ich glaube nicht, dass ich dick bin, aber wenn ich mich im Spiegel betrachte, dann fällt mein Blick sofort auf ihn, und in mir entstehen ein Unwohlsein und ein kritischer Gedanke, abnehmen zu sollen. Die meisten Menschen, denen ich begegne, mögen meinen Bauch und benutzen sogar schmeichelnde Bemerkungen, dass er gemütlich ist, sich schön anfühlt, aussieht wie ein Buddhabauch, und trotzdem zieht sich in mir etwas zusammen, und die Atmung wird in der Brust enger. In Gesprächen über mein Gewicht mache ich mich in der Regel 1 bis 2 Kilo leichter. Es ist mir meist nicht bewusst, sondern mir fällt es erst im Nachhinein auf, wenn ich es getan habe.

An diesen beiden Beispielen kann man sehen, dass Integration auch zwei Richtungen hat, das Innen und Außen. Im Innen geht es darum, sich die Dinge anzuschauen, wie sie sind, und so tief zu schauen, zu forschen und zu Ende zu fühlen, bis wir aus dem Gefühl des „Ich-BIN“ heraus diese Dinge halten können. Dieser Prozess dauert oftmals längere Zeit und bei bestimmten, besonders bedrohlichen Themen ist eine professionelle Unterstützung hilfreich und manchmal sogar notwendig. Der Schritt, mit diesen Themen nach außen zu gehen, kann dann noch einmal eine Hürde sein. Kann ich das Thema mitteilen, ohne Selbstvorwürfe und ohne Scham? Kann ich im Zustand „Ich-BIN“ bleiben, während ich es teile?

In einem Film über tibetische Medizin wird eine junge Nonne gezeigt, die von chinesischen Militärs brutal gefoltert wurde. Ihr wurden heiße Eisen in die Vagina und den Anus gesteckt, und sie hat andere qualvolle Torturen erlebt. Sie wurde gefoltert, weil sie für ihren Glauben demonstriert hatte. Sie erzählte es mit Schmerz, aber ohne Verbitterung und Hass. Sie strahlte die Gewissheit aus, weiter für ihren Glauben einzustehen, selbst wenn sie wieder die gleichen Torturen erleben müsste. Neben der grausamen Tatsache der Folterung hat mich am meisten berührt, dass diese junge Nonne nicht mit Leiden oder Jammern auf die schrecklichen Erfahrungen reagierte. Sie konnte alles, was passiert war, fühlen und empfinden, ohne darauf mit weiteren Gefühlen wie Schuldvorwürfen, Hass, Selbstmitleid zu reagieren. Dies ist für mich ein besonders klares Beispiel von Integration. Die Dinge werden so angenommen, wie sie sind, ohne darauf reagieren zu müssen. An diesem Punkt ist Integration gelungen. Wir halten die Wirklichkeit in der Liebe des „Ich-BIN“ umschlungen.

In den folgenden Kapiteln werde ich die Kreise vom Mittelpunkt „Ich-BIN“ nach innen und außen ausweiten. Da es um den Prozess der Ausweitung an sich geht, um die Entfaltung der Liebe über alles, könnte man auch andere Bereiche wählen und hinzufügen. Die Bereiche, die ich beschreibe, haben sich auf meinem persönlichen Weg als wichtig erwiesen.

Der Kreis nach innen
- der Körper
- unterdrückte und unterdrückende Gefühle
- Sexualität
- das Innere Kind
- Schmerz und Leid

Der Kreis nach außen
- Paarsein
- das Fremde
- die Welt

Wenn sich Innen und Außen treffen
- Spiritualität

Nützliches und Notwendiges für die Reise

Wenn wir eine Wanderung machen wollen, dann brauchen wir Klarheit über das Ziel und entsprechende Hilfsmittel. Wir brauchen Landkarten, gute Schuhe, richtige Kleidung, Ausdauer usw. Wenn wir uns auf eine innere Reise machen wollen, dann ist es genauso. Wir brauchen Hilfsmittel, die uns die Reise erleichtern oder sie überhaupt erst ermöglichen. Die Hilfsmittel hängen natürlich von den Zielen ab. Wenn wir nur ein wenig frische Luft schnappen wollen, dann brauchen wir so gut wie keine besonderen Gegenstände. Selbst mit unseren Schlappen können wir die Straße entlanggehen, aber eine Wanderung in abgelegenen Gebieten dieser Erde braucht viel mehr.

Mit einem Weg, der uns glücklicher und freier machen will, ist es ähnlich. Die Industrie verspricht uns schnelles Glück, wenn wir ein bestimmtes Eis essen, und sie bietet uns das Gefühl der Freiheit mittels einer bestimmten Zigarettenmarke an. Die Investition für diese „glücklichen Momente" ist nicht besonders hoch, aber die Wirkung ist ebenfalls, wenn es überhaupt eine solche gibt, sehr kurz.

Teilnehmer von Selbsterfahrungsworkshops fragen immer wieder, was sie tun können, damit die positive Wirkung im Alltag anhält. Sie merken, dass ihnen die Arbeit in einer Gruppe gut tut, aber im Alltag verfliegt die Wirkung häufig wieder. Wir sind gewohnt, dass Veränderungen entsprechend dem Tempo unseres Alltags schnell passieren sollen.

Der indische Guru Osho hat einmal gesagt, dass der westliche Geist einem Nescafégeist ähnle, der alles immer sofort haben will. Er will sich nicht mit dem langwierigen Aufbrühen von Kaffee beschäftigen, wenn er Kaffeedurst hat.

Der in diesem Buch beschriebene „Weg der Liebe" versucht Menschen an dem Punkt abzuholen, an dem sie gerade stehen. Damit sich etwas verändert, muss ich etwas tun. Wie viel ich verändern möchte, sollte im richtigen Verhältnis zu meiner Entschlusskraft und meiner Disziplin stehen. Gleichzeitig ist es gut, diesen Weg mit einer kritischen Einstellung zu gehen, die auswählt, was mir hilft, und fallen lässt, was mich nicht weiterbringt. Wenn wir uns so damit auseinander setzen, kommen wir dem Ausspruch von Mahatma Gandhi: „Der Weg ist das Ziel" bestimmt ein Stück näher.

Vom förderlichen Umgang mit Widerständen und Hindernissen

Auf jedem Weg kommen wir immer wieder an Grenzen, an Barrieren und Widerstände. Diese erscheinen, von der Richtung aus gesehen, aus der wir kommen, als Hindernisse. Wenn wir sie aber von der anderen Seite aus betrachten, sehen sie häufig wie Schutzmauern aus. Um den richtigen Umgang mit diesen Widerständen zu finden, ist es ratsam, beide Aspekte im Auge zu behalten.

Ich verdeutliche den Umgang mit psychischen Widerständen gerne mit einem Bild einer verängstigten Königin in ihrer Burg, die befürchtet, von übermächtigen Feinden überfallen zu werden. Vielleicht ist sie in früheren Zeiten häufiger angegriffen und beraubt worden. Ihre Angst vor neuen Angriffen hat ihre Wurzeln in den alten Erfahrungen. Je stärker sie sich bedroht fühlte, desto höher und uneinnehmbarer mussten die Mauern gezogen werden, und die Königin zog sich bis in den hintersten Winkel ihrer Burg zurück. Vielleicht hat sich die äußere politische Situation dermaßen entspannt, dass es keine herumziehenden Banden mehr gibt, aber das heißt noch lange nicht, dass bei der Königin schon wieder Vertrauen eingezogen ist. Eventuell hat sie durch ihre Isolation noch gar nichts von den Veränderungen mitbekommen. Wenn ich es gut mit ihr meine und sie aus ihrer Zurückgezogenheit befreien will, dann ist es wenig hilfreich zu versuchen, die Mauern mit Gewalt einzureißen. Sicherlich sind diese Mauern nicht mehr notwendig, aber aus Angst könnte sich die Königin etwas antun. Sinnvoller sind vertrauensfördernde Maßnahmen, die es der Königin erlauben, in ihrem Tempo aus der hintersten Ecke der Burg wieder in die ungeschützte Weite jenseits der Mauern zu kommen.

Ähnlich verhält es sich mit psychischen Widerständen. Sie widerstehen einem äußeren Druck und äußeren Anforderungen und schützen dadurch gleichzeitig etwas Inneres, Verletzliches oder Überfordertes. Damit sich der Teil, der immer noch glaubt, sich schützen zu müssen, zeigen kann, braucht es Zeit, Geduld und die Bereitschaft dabeizubleiben. Und dies sind wieder die beiden Aspekte der Liebe. Der weibliche Aspekt, der Zeit und Geduld aufbringt und damit haltend umschließt, und der männliche Aspekt, der dabeibleibt und in Liebe nicht locker lässt.

Bei jedem Widerstand können wir drei Merkmale finden:

1. das zu Schützende, mit seiner Geschichte, seinen Erfahrungen und Gefühlen,
2. den Widerstand, mit seiner Unnachgiebigkeit, Härte, Geschicklichkeit und Kraft,

3. die Sehnsucht nach Freiheit, Beweglichkeit und Offenheit.

Wenn wir alle drei Seiten gleichzeitig mit Respekt und Achtung anerkennen, besteht eine große Aussicht, dass Bewegung in das Festgefahrene kommt. Es heißt natürlich nicht, dass ich jeden Unwillen und jede Lustlosigkeit, die in mir aufsteigt, wenn ich eine Übung machen will, gleich als inneren Widerstand betrachten sollte, der besondere Aufmerksamkeit braucht. Einen „echten" inneren Widerstand erkenne ich leicht an körperlichen Zeichen. Wenn ich bei einer für mich herausfordernden Übung bemerke, dass meine Muskeln sich zum Durchhalten anspannen, oder wenn meine Atmung stockt wie beim Aushalten, dann ist es gut, einen Moment innezuhalten und zu untersuchen, was gerade in mir passiert.

Claire kam zu mir, weil sie Körperarbeit machen wollte. Sie hatte schon verschiedene Therapien ausprobiert und wollte jetzt direkt an ihrem Körper arbeiten. Wie selbstverständlich legte sie sich auf die Massagebank und forderte mich dadurch nonverbal auf anzufangen. Ganz direkt fragte sie mich auch, ob sie sich ausziehen solle. Nacktheit schien für sie kein Thema zu sein. Sie hatte bei mir schon einige Workshops gemacht, und so war ihr Vertrauen äußerlich verständlich. Obwohl sie bewusst ihr OK für die Arbeit gab, bemerkte ich, dass sie kaum noch atmete, seit sie auf der Bank lag. Ich machte sie darauf aufmerksam und bat sie genau zu spüren, wie es ihr in dieser Situation gerade ging. Nach einiger Zeit und mit etwas Unterstützung fand sie Unwohlsein, Angst und ein Gefühl von Ausgeliefertsein. Ich schlug vor, mich etwas weiter entfernt von ihr hinzusetzen, so dass ich sie gar nicht mehr berühren konnte. Zu ihrer Überraschung atmete sie tief durch, und ihr Körper entspannte sich. Ihr Körper gab auf die Frage nach Nähe und Berührung eine zu ihren Worten entgegengesetzte Antwort. Unsere Körperarbeit bestand im Folgenden darin, mit dem richtigen Abstand zu experimentieren.

Wenn ich mich nur auf das bewusste OK von Claire verlassen hätte, dann hätte sich ständig ein Anteil von ihr gegen die Arbeit schützen müssen, und Claire wäre nicht wirklich weitergekommen. An diesem Beispiel zeigt sich, dass Widerstände häufig unterhalb der Wahrnehmungsgrenze liegen. Der kluge und bewusste Umgang mit Barrieren und Widerständen ist eines der wichtigsten Hilfsmittel auf unserer Reise.

Bewusstsein, Achtsamkeit und andere wichtige Begriffe

Um in die konkrete Auseinandersetzung mit der Erweiterung des „Ich-BIN" über die Bereiche nach innen und außen einsteigen zu können, ist es notwendig, dass wir eine gemeinsame Sprache finden. Unsere Sprache ist sehr präzise, wenn es darum geht, materielle Phänomene zu beschreiben, aber im Umgang mit inneren Erfahrungen ist sie nicht so vielfältig. Vielleicht stellt sie alle sprachlichen Mittel bereit, aber wir sind nicht gewohnt, sie mit der gleichen Präzision zu benutzen, wie wir es in der dinglichen Welt tun. Dort ist es klar, dass ich mich präzise genug ausdrücken kann. Wenn ich ein Himbeereis will, werde ich es bekommen, und kein Zitroneneis. Aber was ist Bewusstsein und was Bewusstheit, wie unterscheidet sich Achtsamkeit von Aufmerksamkeit? Dies sind Wörter, die allzu häufig durcheinander purzeln. Da es sich um Begriffe der Innenwelt handelt, die wir nicht messen und nur schwer objektiv erfassen können, hängt die Präzision ihres Gebrauchs davon ab, wie genau wir uns in dieser Innenwelt auskennen. Wir im Westen müssen einfach eingestehen, dass wir in der Erforschung dieser Welt eher zu den Entwicklungsländern gehören. Im Unterschied zu Kulturen in Asien, die teilweise eine jahrtausendalte Tradition mit Meditation und Versenkung haben, hat sich unser Forscherdrang nach außen gewandt in die Erforschung der materiellen Welt.

Um Missverständnisse so gut wie möglich zu vermeiden, werde ich die mir wichtigsten Begriffe definieren. Ich möchte mich aber jetzt schon bei mir selber entschuldigen, falls ich in 10 oder 20 Jahren diese Definitionen wieder lesen sollte. Ich bin mir sehr bewusst, das das Verständnis der Innenwelt mit der Tiefe der eigenen Erfahrung präziser wird. In 10 oder 20 Jahren werde ich bestimmt eine viel größere Tiefe der Erfahrung besitzen, die mich klarer verstehen lässt, worum es hier geht. Aber vielleicht werde ich auch dann noch einen Funken Wahrheit in folgenden Definitionen finden.

Bewusstsein: Nach Ken Wilber setzen die meisten wichtigen Denker Bewusstsein mit Innerlichkeit gleich. Vielen Wissenschaftlern zufolge kommt das Bewusstsein nicht nur beim Menschen vor, sondern ist in weniger komplexer Form in allen Organismen vorhanden. Beim Menschen handelt es sich um alles, was mit Gedanken, Begriffen, Symbolen, Gefühlen, Emotionen, Empfindungen, Wahrnehmung und Impulsen zu tun hat. Die transpersonale Psychologie unterscheidet vier Ebenen:

1. Bewusstseinsobjekte: Empfindungen, Gefühle, innere Bilder, Gedanken.
2. Bewusstseinssubjekt: Innerer Beobachter, der Erfahrende, der innere Zeuge.

3. Vor- oder Unbewusstsein: Alles, was im Bewusstsein passiert, dessen man sich aber nicht bewusst ist.
4. Transpersonales oder kosmisches Bewusstsein: mystische und spirituelle Erfahrungen, die über die gewohnte Struktur des Bewusstseins hinausgehen.

Bewusstheit: Bewusstheit ist das Gewahrsein dessen, was im Bewusstsein passiert. Ich kann denken, aber durch die Bewusstheit kann ich gewahr werden, dass ich denke. Bewusstheit hat mit Wachheit zu tun. Im Unbewusstsein, im Traum und im Schlaf ist diese Bewusstheit nicht vorhanden. Es gibt fortgeschrittene Meditationspraktiken, die Bewusstheit auch auf die Träume ausweiten. Man ist sich dann bewusst, dass man träumt.

Bewusstseinsstruktur: Bewusstsein als Innerlichkeit ist grenzenlos und zeitlos. Genauso wie wir die Ausdehnung des Universums nicht ermessen können, so können wir auch die Weite und die Möglichkeiten der Innerlichkeit, des Bewusstseins, kaum ermessen. Wie die Erde mit ihren Bergen, Ozeanen, Bäumen, Tieren usw. nur eine von unzähligen Möglichkeiten des Universums darstellt, so stellt unsere Bewusstseinsstruktur nur eine von unzähligen Möglichkeiten der Innerlichkeit dar. Den Blickwinkel, den wir auf die Innerlichkeit haben, nenne ich Bewusstseinsstruktur. Es ist der Filter, durch den ich einen spezifischen Ausschnitt des Ganzen erhasche. Die Bewusstseinsstruktur determiniert, wie wir uns, die Welt und uns in der Welt erfahren und daran teilhaben.

Aufmerksamkeit: Aufmerksamkeit ist der Grad der Wachheit, mit der das Bewusstseinssubjekt bei einem Objekt verweilt.

Konzentration: Konzentration ist die Fähigkeit, die Aufmerksamkeit auf ein Objekt längere Zeit zu halten.

Achtsamkeit: Achtsamkeit ist das ruhige Verweilen der Bewusstheit in dem, was im Moment gerade ist. Wenn mein Fuß den Boden berührt, dann bin ich gewahr, dass der Fuß den Boden berührt. Wenn der Fuß auf dem Boden abrollt, dann bin ich gewahr, dass der Fuß auf dem Boden abrollt. Wenn ein Gefühl kommt, dann bin ich gewahr, dass ein Gefühl kommt.

Präsenz: Präsenz ist das wache Einssein mit dem, was gerade ist. Wenn mein Fuß den Boden berührt, dann berühre ich als Fuß den Boden. Wenn der Fuß auf dem Boden abrollt, dann rolle ich als Fuß auf dem Boden ab. Wenn ein Gefühl kommt, dann bin ich das Gefühl.

Das Werkzeug: Achtsamkeit

Achtsamkeit ist wohl das hauptsächliche Werkzeug für diesen Weg der Entfaltung. Achtsamkeit ist die Fähigkeit wahrzunehmen, wie die Dinge sind. So gesehen scheint sie das Natürlichste der Welt zu sein, da wir ja ständig wahrnehmen. Das stimmt aber nur zu einem kleinen Teil. Denn meistens nehmen wir nicht nur einfach wahr, sondern wir bewerten innerlich unsere Wahrnehmung und nutzen sie zur Bestätigung fester und vorgefertigter Überzeugungen. Dies passiert so schnell, dass wir es nicht mitbekommen.

> ***Übung: Atembeobachtung***
> *Setzen Sie sich bequem aufrecht hin und lenken Sie Ihre Aufmerksamkeit auf Ihren Atem. Beobachten Sie für einige Momente jeden einzelnen Atemzug vom Anfang bis zum Ende.*

Viele Menschen berichten nach dieser Übung, dass sie in dem Moment, wo sie bemerkten, dass sie flach atmeten, den Atem tiefer machten; wenn der Atem ungleichmäßig war, haben sie ihn gleichmäßiger gemacht. Aus der Sicht der Bewusstheit ist Folgendes innerlich passiert. Für einen Moment hat ihre Aufmerksamkeit registriert, wie sie atmen, dann wurde diese Information innerlich verglichen mit dem Wissen, wie man richtig atmet. Einen Bruchteil eines Momentes später kam es zu einer Entscheidung, den Atem zu verändern, und diese wurde in die Tat umgesetzt. Die Aufmerksamkeit verweilte von da an auf dem modifizierten Atem. Da diese Prozesse so schnell ablaufen, haben viele Menschen keine Bewusstheit darüber. Achtsamkeit versucht Langsamkeit hineinzubringen.

Beim willentlichen Beruhigen oder Vertiefen des Atems wirkt nicht mehr die Achtsamkeit. Achtsamkeit ist das Wahrnehmen des flachen oder unregelmäßigen Atems, so wie er ursprünglich war, und gleichzeitig das Wahrnehmen des Impulses, diesen ursprünglichen Atem verändern zu wollen. Achtsamkeit ist immer etwas distanziert außerhalb des Geschehens und trotzdem ganz dabei.

Achtsamkeit hat folgende Qualitäten: Sie nimmt wahr und ist wachsam für das, was passiert, ohne verändern zu wollen und ohne zu bewerten. Sie ist wach, interessiert und neugierig, ohne Erwartungen zu hegen. Sie ist flexibel, sie kann sehr weit sein oder sich auf einen Punkt fokussieren. Sie hat die gleiche Gelassenheit, wenn etwas passiert, wie wenn nichts passiert. Diese Achtsamkeit ist immer da, nur fällt es unserem Geist schwer, in ihr zu verweilen.

Übung: Atemachtsamkeit

Setzen Sie sich in aufrechter Haltung hin und gehen Sie mit Ihrer Aufmerksamkeit zu der Spitze Ihrer Nase, an der Sie eine Empfindung von jedem Atemzug haben. Vielleicht spüren Sie das Strömen der Luft, die Temperatur des Einatems und die Temperatur des Ausatems, oder Sie merken eine andere Empfindung, die mit dem Atemstrom zusammenhängt. Falls die Empfindung an der Nasenspitze zu subtil für Ihre Aufmerksamkeit ist, können Sie auch eine andere Körperempfindung nehmen wie das Heben und Senken des Bauches oder der Brust beim Atmen. Die Übung besteht jetzt darin, fünf Minuten Ihre Aufmerksamkeit bei dieser Körperempfindung ruhen zu lassen.

Diese Übung ist vom Gesichtspunkt der Einfachheit fast nicht mehr zu überbieten, und gleichzeitig merken wir, dass es uns unmöglich ist, auch nur fünf Minuten bei den Empfindungen an der Nasenspitze oder an der Bauchdecke zu bleiben. Meistens sind wir nur einen Bruchteil der Zeit bei der eigentlichen Erfahrung. Den Rest der Zeit werden wir von unterschiedlichen Begebenheiten im Körper, in den Gedanken und den Gefühlen weggetragen. Diese inneren Ereignisse scheinen eine so starke Anziehungskraft zu haben, dass sie uns mit Leichtigkeit in ihre Welt ziehen können. Von der Freiheit einer selbstgewählten Entscheidung, diese Übung für fünf Minuten zu machen, bleibt nicht mehr viel übrig.

Meditationslehrer vergleichen manchmal den Geist mit einer Herde wilder Pferde, die ständig in Bewegung sind. Ein Dilemma unseres ICH ist, dass es sich mit diesen Pferden identifiziert. Steigt ein „Pferd" in Form des Gefühls Wut auf, glaubt das ICH „Ich bin wütend", steigt eine kritische Stimmung auf, dann glaubt das ICH „Hier stimmt etwas nicht".

Das Werkzeug: Konzentration

Konzentration ist die Fähigkeit, die Aufmerksamkeit auf einem Objekt längere Zeit zu halten. Wir können leider nicht davon ausgehen, dass wir Konzentration einfach haben, sondern es ist etwas, das wir erlernen und vertiefen müssen. Die Aufgabe, fünf Minuten nur beim Atem zu bleiben und sich nicht von anderen Inhalten des Inneren davontragen zu lassen, ist auch für fortgeschrittene Meditierende manchmal nicht leicht. Zu stark sind die Kräfte der Herde wilder Pferde. Aus diesem Grund muss die Konzentration immer wieder und wieder geübt werden.

Die Pferde sind immer da, solange wir lebendig sind. Die Herausforderung besteht nicht darin sie zu verscheuchen oder sie zu transzendieren, sondern sie als Phänomene des Geistes wahrzunehmen, ohne von ihnen davongetragen zu werden. Wir nehmen ihr Erscheinen und Verschwinden wahr, während wir bei den Empfindungen des Atems bleiben. Diese Fähigkeit nennen wir Konzentration.

Übung: Das Bewusstsein ausdehnen

Setzen Sie sich in aufrechter Haltung hin und gehen Sie mit Ihrer Aufmerksamkeit zu der Empfindung, die von der Atmung ausgelöst wird. Wie bei der letzten Übung, entweder an der Nasenspitze oder im Bauch oder in der Brust. Lassen Sie die Aufmerksamkeit dann weit werden, so dass Sie sowohl diese Empfindungen der Atems wahrnehmen als auch Gedanken, Körperempfindungen oder Gefühle, die auftauchen und wieder vergehen. Konzentrieren Sie sich für fünf Minuten auf diesen ausgedehnten Bewusstseinsraum.

Aufmerksamkeit kann auf jedes äußere und innere Objekt gerichtet werden und mittels der Konzentration darauf gebunden sein. Mit der Fähigkeit der Aufmerksamkeit, sich zu fokussieren oder zu weiten, ist es möglich, sie auf die feinsten Empfindungen der Atembewegung zu richten und immer tiefer in diese einzudringen. Wenn wir die Aufmerksamkeit auf den großen Raum des Bewusstseins konzentrieren, in dem alles entsteht, für einen Moment da ist und dann wieder vergeht, dann entsteht Achtsamkeit. Wir verweilen bei der Atmung und nehmen alle anderen Phänomene im Innen und im Außen wahr.

Im weiteren Verlauf des Buches werden wir Aufmerksamkeit, Konzentration und Achtsamkeit immer wieder auf schwierige Seiten unseres Selbst richten. Auf die Aspekte, die wir bisher noch nicht ins „Ich-BIN" integrieren konnten. Um das Geheimnis, das in ihnen steckt, zu erkennen, ist es wichtig, einen ruhenden Pol in uns zu haben. Aufmerksamkeit, Konzentration und Achtsamkeit werden uns helfen, uns den Schattenseiten zu stellen, ohne von ihnen weggeschwemmt zu werden.

Präsenz – Der Mut einfach zu sein

Wenn das Vertrauen in die Liebe und das Sein groß genug ist, kann ich den Schritt wagen, in die Präsenz zu tauchen. In der Präsenz fällt die

Mauer, die den achtsamen inneren Beobachter von den Erfahrungen trennt. In der Präsenz werden wir eins mit dem, was gerade ist. Jede Zelle, jeder Muskel, jeder Gedanke, jeder Atemzug ist dabei.

Fred kam in die Sitzung mit dem Erlebnis, dass eine Äußerung seiner Frau ihn verletzt hatte. Er richtete seine Aufmerksamkeit auf diese Empfindung und spürte hinter der Verletzung Ärger und Wut. Er konnte seine Körperempfindungen zu dem Ärger genau beschreiben und hatte Bilder, in denen er wütend um sich schlug. Sein innerer Beobachter war von der Wut etwas getrennt. Im weiteren Verlauf schlug die Stimmung um, seine Stimme wurde wütender, und er fing an, seine Frau zu beschimpfen, und machte ihr Vorwürfe. Seine Frau war nicht im Raum, sondern er ließ Dampf ab. Beinahe der ganze Körper war an diesem Ausdruck beteiligt. Seit es zu diesem wütenden explosiven Ausdruck kam, hatte Fred mich aber nicht mehr direkt anschauen können. Er war in einem wütenden Ausdruck gefangen, ohne damit präsent zu sein. Ich bat ihn, die Wut sich durch seine Augen ausdrücken zu lassen und mich damit direkt anzuschauen. Es war für ihn sehr ungewohnt und er brauchte einige Zeit. Als es klappte, wurde der äußere Ausdruck schwächer, aber die Wut war präsent. Sie war in der Begegnung zu spüren und erfasste jede Zelle seines Körpers. Diese Wut brauchte keinen äußeren Ausdruck, um zu beeindrucken.

In der Präsenz erwachen wir in die Erfahrung hinein. Das Spektrum reicht von einer stillen und feinen Erfahrung bis zu einer aufwühlenden und explosiven. Es ist der Moment, in dem das Bewusstseinssubjekt mit dem Bewusstseinsobjekt in Bewusstheit eins wird.

Die wirkliche Welt und die Welt der Erfahrung

Womit beschäftigen wir uns, wenn wir achtsam werden, wenn wir uns konzentrieren oder präsent sind? Wir beschäftigen uns nicht mit der Welt kognitiven Verstehens, mit der Schicht der Begriffe, sondern mit Erfahrungen und damit mit der Wirklichkeit. Buddha hat einmal gesagt, nur wenn wir etwas zum allerersten Mal wahrnehmen, nehmen wir es wahr, wie es wirklich ist. Danach sehen wir es durch die Schablone des Wiedererkennens, als Abdruck des Eigentlichen. Jiddu Krishnamurti hat das Gleiche gemeint, als er fragte, ob wir, wenn wir den Baum sehen, wirklich den Baum sehen oder nur die Projektion unseres Geistes. Wie schnell findet sich in unserem Geist die Formulierung: „Oh, ein Baum" oder „Das ist aber ein schöner Baum“ oder andere Reaktionen. Den Baum mit allen Sinnen, mit dem ganzen Sein zu erfahren, ist etwas ganz anderes, als ihn mit der Begrifflichkeit zu abstrahieren und ihn dadurch sterben zu lassen.

Damit Veränderung passieren kann, müssen wir wieder lernen, in die Ebene von Erfahrung einzutauchen. Es geht nicht um das Wissen dessen, was ist, sondern um die Erfahrung dessen, was ist. Diese Erfahrung ist immer an unterschiedliche Wahrnehmungskanäle gebunden. Es gibt die Wahrnehmungsorgane wie die Augen für das Sehen, die Nase für das Riechen, die Geschmacksknospen für das Schmecken, die Ohren für das Hören, die Haut für das Tasten und das Propriozeptive für das Wahrnehmen der Körperempfindungen. Wenn ein Mensch etwas erlebt, dann erlebt er es durch diese Sinne. Erfahrung ist immer konkret sinnlich.

Erfahrung nennen wir das direkte sinnliche Geschehen, sowohl als äußeres sinnliches Erleben, wie zum Beispiel das Schmecken einer Erdbeere, oder das innere Erleben des Erinnerns des Geschmacks, bevor der Verstand dieses auf Worte beschränkt. Um bei Erfahrungen zu bleiben, braucht es Aufmerksamkeit, Achtsamkeit und Konzentration.

In unseren Gruppen machen wir manchmal das Ritual zur Erweckung der Sinne. Bei diesem Ritual hat die Hälfte der Teilnehmer die Augen verbunden und macht sinnliche Erfahrungen. Sie bekommen zum Beispiel etwas Essbares liebevoll in den Mund gesteckt. Sie sollen sich so ganz der Erfahrung des Schmeckens hingeben können. Häufig passiert aber etwas anderes. Wenn ein Teilnehmer zum Beispiel eine Traube in den Mund gelegt bekommt, beschäftigt er sich nur kurze Zeit mit dem sinnlichen Erfassen der Traube und fängt dann augenblicklich an zu denken. Eine Traube gibt nicht sofort ihr Geheimnis preis. Dieser Moment des Nichtwissens lässt den Teilnehmer ins Grübeln kommen. Er bleibt nicht bei der Erfahrung, sondern versucht das Geschehen intellektuell zu erfassen, es zu benennen. Erst dann entspannt er sich und fängt an zu schmecken.

Unsere Kultur ist dermaßen stark darauf fixiert, alles zu verstehen, dass sie verlernt hat, zu erfahren und zu genießen. Das Denken ist wie eine Schicht Hornhaut, die uns vor der direkten Erfahrung schützt. Im Denken ist die Welt überschaubar, planbar und vorhersagbar. Sich für die Erfahrung wieder zu öffnen bedeutet sich zu öffnen für das Unvorhersagbare. Dazu braucht es Mut. Jeder Weg der Entfaltung ist nichts für Ängstliche, die ihr Leben gerne bis zum Ende geplant haben wollen.

Wahrnehmung

Wenn wir etwas verändern oder es sich in Bewusstheit entfalten lassen wollen, brauchen wir natürlich eine klare Wahrnehmung davon. Achtsamkeit, wie wir sie im letzten Kapitel eingeführt haben, hängt eng mit der Wahrnehmung zusammen.

Wahrnehmung ist abhängig von vier Faktoren. Es sind

1. die Intensität des Signals,
2. die Empfindsamkeit der Wahrnehmungsorgane,
3. das Hintergrundrauschen, das heißt die Intensität übriger Signale, und
4. die Aufmerksamkeit.

Lassen Sie mich dies am Hören verdeutlichen. Stellen Sie sich vor, Sie sind zu Hause und lassen auf ihrer Stereoanlage ein leises Stück laufen. Sie können dieses Stück sehr gut hören, da Sie ein gutes Gehör haben. Wenn Ihre Großmutter hereinkommt, die leicht schwerhörig ist, wird sie vielleicht etwas wie Musik wahrnehmen, wenn sie sich darauf konzentriert, aber nicht erkennen können, um welches Stück es sich handelt. Das Signal ist für ihre Wahrnehmungsfähigkeit zu schwach. Plötzlich fängt vor Ihrem geöffneten Fenster eine Straßenbaufirma an, mit Presslufthämmern Ihre Straße aufzureißen. Von der Musik werden Sie nur noch wenig wahrnehmen. Ihr Gehör stellt sich auf das Hintergrundgeräusch ein, und die leiseren Klänge der Musik werden vernachlässigt. Ihre Großmutter wird die Musik gar nicht mehr wahrnehmen können. Aber zum Glück wurden gerade neue Superschallschluckfenster eingebaut. Sie schließen diese, und die Geräusche der Presslufthämmer bleiben draußen. Jetzt können Sie die Musik wieder wie vorher hören. Ihre Großmutter war gekommen, um Sie nach der Telefonnummer von Tante Adele zu bitten. Nach 5 Minuten intensiven Suchens haben Sie diese gefunden. Sie geben sie Ihrer Großmutter, die wieder geht. Erst jetzt bemerken Sie, dass Ihr Lieblingsstück auf der CD beendet ist. Obwohl Sie gerade dieses hören wollten, haben Sie es nicht wahrgenommen, während Sie suchten. Also lassen Sie es von vorne laufen und hören wieder glücklich zu.

Wie oben erwähnt, spielen für die Wahrnehmung verschiedene Faktoren eine Rolle. Wir brauchen ein klares Signal (Musik). Dieses muss sich vom Hintergrund (Presslufthämmer) abheben, indem es lauter ist als das Hintergrundrauschen (Lautstärke hoch), oder indem wir das Hintergrundgeräusch minimieren (Fenster zu). Dann brauchen wir gut funktionierende Wahrnehmungsorgane (gutes Gehör vs. schlechtes Gehör). Und als

Letztes ist noch die Aufmerksamkeit bzw. Konzentration nötig, um das zu registrieren, was wir wahrnehmen (Suchen vs. Musik hören).

Wahrnehmung und Sensibilität

Sensibilität bezeichnet die Offenheit, Durchlässigkeit und Berührbarkeit für die Geschehnisse der inneren Abläufe und für die Wahrnehmung über meine Sinne. Je sensibler ich bin, desto mehr kann ich wahrnehmen, und desto geringer muss die Stärke des Reizes sein, damit ich ihn wahrnehmen kann.

In den folgenden Kapiteln stelle ich Übungen vor, die auf eine Sensibilisierung des Körpers und der Gefühle abzielen. Einer der genussvollsten Wege, die Sensibilität zu steigern, ist das Erwecken der Sinne.

Übung: Erwecken der Sinne

Stellen Sie sich für diese Übung verschiedene schmackhafte Leckereien zusammen. Nehmen Sie sich dann sehr viel Zeit, diese nacheinander zu schmecken. Wie schmeckt eine Weintraube, wie schmeckt ein Stück Käse, wie schmeckt ein Stück Schokolade? Während Sie die einzelnen Dinge kosten, versuchen Sie nur beim Schmecken zu sein.

Sie werden feststellen, dass dies gar nicht so einfach ist. Vielleicht gibt der Geist immer wieder seinen Kommentar ab über das, was Sie schmecken, oder über die Übung, oder Sie denken an ganz andere Dinge. Vielleicht werden Sie unruhig oder es wird Ihnen langweilig, oder der Körper will seine Position wechseln. Erinnern Sie sich an das Bild des Geistes als einer Herde wilder Pferde? Der Geist mag nicht gezügelt werden, das heißt bei einer Sache bleiben. Und hier wird Konzentration wichtig.

Sie können die gleiche Übung auch mit den anderen Sinnen machen. Wie fühlt sich ein Stein an, wie Holz, wie ein Eiswürfel? Wie ist es, einfach mal nur zu lauschen, ganz Ohr zu werden? Der Triller eines Vogels, das Rauschen des Windes in den Bäumen, eine Lieblingsmusik, das Geräusch einer Kreissäge. Versuchen Sie in das Lauschen immer tiefer einzudringen, immer mehr mit ihm eins zu werden. Das Gleiche gilt ebenfalls für die anderen Sinne.

In einer weiteren Stufe geht es dann um das Wahrnehmen innerer Objekte. Welche Körperempfindungen, Gefühle, inneren Bilder kann ich wahrnehmen? Dazu ist es oft sehr hilfreich, wahrnehmbare Unterschiede zwischen den beiden Körperseiten zu erkennen. Ist mein linker Fuß genauso warm wie der rechte? Ist die linke Wade genauso angespannt wie die rechte?

Ein anderer guter Pfad, zur Welt der Körperempfindung zu gelangen, ist die Atmung. Wo spüre ich Atembewegungen? In der Brust, im Bauchraum? Spüre ich, wie sich mein Rücken ausdehnt und wieder zusammenzieht mit jedem Atemzug? Kann ich Atembewegung in den Flanken wahrnehmen? Sie werden mit der Zeit fasziniert sein, wo Sie überall Atembewegungen spüren können. Sie können Veränderungen in den Füßen wahrnehmen mit jedem Atemzug.

Eine weitere Quelle sind die Gefühle. Was fühle ich gerade, welche Stimmung ist gerade im Vordergrund? Was ist das Charakteristische an Freude, an Trauer, an Wut, an Lust? Machen Sie Ihre Gefühle zu einem Forschungsobjekt. Auf der Ebene der Wahrnehmung gibt es keine guten und schlechten Gefühle. Lassen Sie sich überraschen, wie vielfältig und wie fein Ihr Gefühlssystem ist. Und probieren Sie auch mit den anderen inneren Repräsentanten der Sinne. Können Sie ein beliebte Melodie hören nur mit Ihrem inneren Gehör, können Sie sich das Bild Ihres Geliebten, Ihres Kindes, Ihrer Mutter, Ihrer Frau vor das innere Auge holen? Und wie riecht eine Rose oder Ihr Lieblingsduft? Wahrscheinlich werden Sie feststellen, dass es mit einigen inneren Sinnen leichter geht als mit anderen; das ist ganz normal, da alle Menschen Vorlieben haben – sowohl bei den Sinnen als auch bei den inneren Repräsentanten der Sinne.

Wenn Sie nach einiger Zeit damit vertraut sind, können Sie zu den komplexeren Zusammenhängen gehen. Verknüpfen Sie einzelne äußere Sinne oder innere Wahrnehmungsobjekte mit anderen inneren Wahrnehmungsobjekten. Welche Gefühle oder Stimmungen entstehen, wenn Sie ein bestimmtes Musikstück hören, welche Bilder kommen Ihnen, und wo in Ihrem Körper berührt Sie dieses Musikstück? Sie können alles miteinander kombinieren. Manches wird leichter sein als anderes.

Dieser Prozess der Verknüpfung verschiedener Wahrnehmungskanäle spielt sich bei jeder Form der Wahrnehmung ab. Wir nehmen die Welt nicht nur mit einem Sinn wahr, sondern mit verschiedenen Sinnen gleichzeitig. Und so sind Erinnerungen auch über unterschiedliche Sinne abgespeichert. Wenn wir etwas erleben oder erfahren, sei es über eine Erinnerung, einen Tagtraum, einen Gedankenfluss oder momentan durch die Sinne, dann sind immer verschiedene Wahrnehmungskanäle davon angesprochen. Unser Geist hat die Tendenz, mit den Inhalten dieser Erfahrung mitzufließen. Er identifiziert sich mit den Inhalten und lässt sich davontragen. Damit dies nicht im Unbewussten passiert, ist es hilfreich, einen Inneren Beobachter zu entwickeln. Dieser Innere Beobachter ist vom eigentlichen Geschehen distanziert. Mit etwas Übung können wir in ihm ruhen, selbst wenn die inneren Erfahrungen recht turbulent sind. Aus dieser Ruhe heraus können wir die Erfahrungen betrachten, ohne von ihnen davongetragen zu werden.

Übung: Innere Achtsamkeit

Setzen Sie sich bequem hin und schließen Sie die Augen, um das Hintergrundrauschen des Schauens zu minimieren. Um das innere Hintergrundrauschen weiter zu verkleinern, atmen Sie einige Atemzüge ganz entspannt ein und aus. Suchen Sie in Ihrem Körper einen Ort auf, in dem Sie sich wohlfühlen und von dem aus Sie beobachten können, was in Ihnen passiert. Von dort lassen Sie Ihre Aufmerksamkeit weit werden und eine Körperstelle ins Bewusstsein kommen, die Sie untersuchen wollen. Wenn Sie diese gefunden haben, konzentrieren Sie Ihre Aufmerksamkeit darauf. Durch welche Körperempfindungen zeichnet sich diese Stelle aus? Ist sie eher warm oder kalt, lebendig oder leblos, verspannt oder entspannt? Wenn Sie ein klares Empfinden von ihr haben, dann wechseln Sie den inneren Wahrnehmungskanal. Welche Gefühle hängen mit diesen Empfindungen zusammen, vielleicht Wut oder Trauer oder Freude oder Lust oder Angst? Wenn Sie genügend Informationen zu den Gefühlen haben, wechseln Sie wieder den Wahrnehmungskanal. Welche Bilder kommen Ihnen bei den Gefühlen, die mit dieser Stelle verbunden sind? Untersuchen Sie dann diese Bilder. Danach können Sie die Stelle reden lassen. Wenn diese Stelle eine Botschaft für Sie hat, was sagt sie zu Ihnen? Zum Schluss fragen Sie sich noch, ob es Erinnerungen gibt, die mit dieser Stelle verbunden sind.

Durch diese innere Reise kommen Sie in Kontakt mit dem Erfahrungswissen Ihres Körpers. Alles, was wir erlebt und erfahren haben, ist in unserem Körper gespeichert, und zwar innerhalb der Sinneseindrücke, die wir damals erlebt hatten. Den Zugang dazu bekommen wir wieder über die inneren Wahrnehmungskanäle. Sie können als Einstieg auch ein Gefühl, ein inneres Bild, einen Gedanken oder einen Traum nehmen. Wichtig ist, dass Sie sich genügend Zeit nehmen, sich einen ruhigen Platz suchen, um nicht abgelenkt zu werden, und immer wieder die inneren Wahrnehmungskanäle wechseln. Mit der Zeit wird sich die Fähigkeit der Wahrnehmung immer mehr verfeinern. Sie werden immer feinere Nuancen wahrnehmen, und es wird Ihnen leichter fallen, sich auf das innere Geschehen zu konzentrieren. Diese Reisen nach innen sind spannender als manche Filme, da sie vom wirklichen Leben handeln.

Wir Menschen haben unterschiedliche Stärken in den einzelnen Wahrnehmungskanälen. Manche sehen sehr klare und bunte innere Bilder, für andere ist die innere Leinwand eher grau. Manche Menschen haben klare Körperempfindungen, andere ein sehr feines inneres Gehör. Es gibt Menschen, die lebendige Erinnerungen haben, die bis in ihre früheste Kindheit reichen, und andere erinnern sich nur an das, was ihnen später erzählt worden ist. Das eine ist nicht besser als das andere. Wichtig ist, dass jeder gemäß seinen Fähigkeiten sich auf seine Reise macht, um mehr über sich selber zu erfahren. Wir beginnen dort, wo wir stehen, und es gibt genug für den Rest unseres Lebens zu erforschen. Lassen Sie uns mit dem Körper beginnen.

2. Teil

Das Kreisen nach innen

Der Körper

Wie stehen Sie zu Ihrem Körper? Zeigt sich das Göttliche im Körper als Körper? Ist der Körper der Tempel der Seele? Benutzen Sie den Körper als eine Art schönes Aushängeschild, das Ihnen durch Fitness, Bodybuilding und Styling Anerkennung bringen soll? Muss der Körper gut funktionieren, damit Sie Ihre Ziele erreichen können?

Die wenigsten Menschen haben ein Verhältnis zu ihrem Körper und ein Verständnis von ihm, die seinen vielfältigen Möglichkeiten und seinem tiefem Wissen gerecht werden. Wenn Sie beginnen, Ihren Körper in Liebe in den Zustand von „Ich-BIN“ zu integrieren, werden Sie dreierlei lernen:

- Sie werden mit Ihrem Körper Frieden schließen, obwohl er wie alles andere auch vergänglich ist und häufig nicht unseren künstlichen Idealen entspricht.
- Sie werden erfahren, wie der Körper an allen Aspekten Ihres Seins beteiligt ist. Er ist Ausdruck Ihrer Geschichte und Quelle Ihres Erlebens. Mit jedem Symptom macht Sie Ihr Körper auf etwas aufmerksam. Er ist das feinste Instrument, auf dem das Leben spielt.
- Der Körper hat in seinem Repertoire Möglichkeiten, die über die, welche Sie kennen, weit hinausgehen. Es gibt als Potential im Körper Wahrnehmungs- und Erfahrungsräume, von denen die meisten Menschen nicht einmal träumen.

Lassen Sie uns mit einer Übung beginnen, die ich „Den Körper mit Kinderaugen malen“ nenne. Kinder malen in erster Linie nicht das, was sie sehen, sondern das, was sie fühlen. Ein Adventskranz am 1. Advent wird eine große leuchtende Kerze haben und drei kleine Kerzen und einen kleinen Kranz. Die brennende Kerze fasziniert die Kinderaugen und wird dadurch hervorgehoben. Diese Bilder sagen also viel mehr über das Kind aus als über den Adventskranz. Mit Kinderaugen malen heißt, aus dem innerem Erleben zu malen. Sie brauchen für diese Übung Buntstifte, ein großes Blatt und einen Platz, auf dem Sie sich hinlegen können.

Übung: Den Körper mit Kinderaugen malen

Legen Sie sich entspannt auf den Rücken, das Papier und die Buntstifte neben sich und nehmen Sie sich etwas Zeit, sich zu entspannen. Danach spüren Sie einige Augenblicke auf Ihren Atem, ohne ihn zu verändern. Wo atmen Sie, mehr in die Brust oder in den Bauch hinein? Können Sie Atembewegungen im

Rücken wahrnehmen? Ist der Einatem genauso lang und intensiv wie der Ausatem?

Gehen Sie dann mit Ihrer Aufmerksamkeit von den Füßen aufwärts durch die Beine, Becken, Geschlecht, Bauch, Brust, Arme, Hände, Hals und Kopf. An jeder Stelle fühlen Sie, wie sie sich anfühlt, wie groß sie ist, wie schwer, wie fest, wie lebendig, wie angenehm usw. Vielleicht auch, welche Farbe diese Stelle hat.

Wenn Sie so durch den Körper gegangen sind, wenden Sie sich Ihrem Blatt zu und malen Sie Ihren Körper so, wie Sie ihn empfunden haben, nicht wie Sie ihn sehen. Sie können dafür unterschiedliche Farben nehmen und zwischendurch immer wieder in einzelne Körperbereiche nachspüren.

Wenn Sie das Bild fertig gemalt haben, setzen Sie sich auf, schließen einen Moment die Augen, das Bild liegt vor Ihnen. Dann öffnen Sie für ca. 1 Sekunde die Augen und schauen das Bild an. Schließen Sie die Augen wieder. (Es sollte wirklich nur ein kurzes Blinzeln sein, da dadurch die rechte Gehirnhälfte, die ganzheitlich wahrnimmt, aktiviert ist.) Welcher Titel kommt Ihnen für das Bild?

Vielleicht bemerken Sie, wie unterschiedlich Sie Ihren Körper wahrnehmen. In manchen Bereichen fühlen Sie sich wohl, diese sind häufig lebendig, entspannt und kräftig, und in anderen, die sich unangenehm und verspannt anfühlen, halten Sie sich nicht gerne auf. Vielleicht gibt es Bereiche, die Sie ablehnen, die in Ihnen starke Gefühle auslösen oder die sich leblos anfühlen.

Sie können im Körper oft leicht eine Spaltung von ICH und Nicht-ICH erkennen. Das ICH hängt an seinem Bild vom richtigen Körper und lehnt alles ab, was nicht in dieses Bild hineinpasst. Dabei geht es nicht nur um die bewusste Ablehnung des dicken Bauches, der zu kleinen oder zu großen Brüste, der schiefen Nase, der zu klobigen Beine usw. Sondern es geht auch um die Bereiche, von denen wir nur eine vage Empfindung haben und die wir kaum spüren können. Bei denen kann sich die Ablehnung so manifestiert haben, dass wir sie aus unserem Körperbild ausschließen.

Bei der Integration des ganzen Körpers in das „Ich-BIN“ geht es darum, sich zuerst in den Bereichen zu verankern, in denen wir uns wohl fühlen. Hier ist es leicht zu sein. Was passiert dann aber im nächsten Schritt, wenn wir dieses Sein, das „Ich-BIN“, zu den schwierigen Bereichen unseres Körpers ausdehnen?

Um diesen Prozess zu unterstützen, ist es hilfreich, ein tieferes Verständnis zu entwickeln, wie es dazu kommt, dass wir als Erwachsene unseren Körper oder einzelne Körperbereiche ablehnen oder nicht wahrnehmen. Als kleine Kinder haben wir noch in Unschuld in und mit unserem Körper gelebt. Die Ursachen, die zu unserem heutigen Umgang mit unserer Körperlichkeit führten, sind vielfältig.

Häufig spiegelt unser Umgang mit unserem Körper den Umgang wider, wie unsere primären Bezugspersonen, meist unsere Eltern, mit unserer Körperlichkeit umgegangen sind. Sind wir als Kinder gestillt und liebevoll gehalten worden, so dass ein tiefes Vertrauen in unsere Körperlichkeit entstehen konnte? Oder sind wir als kleine Kinder vernachlässigt oder gar misshandelt worden? Dies kann dazu führen, dass Menschen sich in ihrem Körper gar nicht mehr richtig aufhalten. Sie haben ihn, da er nur eine Quelle für Schmerz war, „verlassen“ und Zuflucht in der Welt der Ideen und Gedanken gesucht.

Außerdem ist es hilfreich zu verstehen, dass wir in einer Kultur aufgewachsen sind, die der Körperlichkeit einen hinteren Platz in der Hierarchie des Seins einräumt. „Cogito ergo sum.“ – „Ich denke, also bin ich.“ Dieser Ausspruch des Philosophen Descartes hat unser westliches Verständnis vom Sein maßgeblich geprägt. Das Denken, der Verstand wird als die Krone des Seins angesehen. Wenn wir sehen, dass in der Schule 2–3 Unterrichtsstunden für Sport vorgesehen sind, dann können wir erahnen, welche Bedeutungslosigkeit erlebte Körperlichkeit hat. Als Gegenpol können wir aber die fast schon neurotische Körperverliebtheit der Freizeitgesellschaft sehen. Dieser Gegenpol ist nur scheinbar ein Widerspruch zu der Körperlosigkeit unserer Gesellschaft. In der „Kultur“ der Körperverliebtheit geht es auch nicht um die erlebte Körperlichkeit, um Innerlichkeit, sondern um Äußerlichkeit, um Aussehen. Der Körper wird trainiert, damit er einem äußeren Ideal von Schönheit entspricht. Es geht nicht um Wohlfühlen, das seine Grundlage in der Körperlichkeit hat, sondern um ein Wohlfühlen aus der Anerkennung, einen schöneren Körper zu haben. Diese Art von Körperkultur führt nicht zu mehr echter Zufriedenheit, sondern vergrößert die Spaltung zwischen dem ICH, das nach Anerkennung sucht, und dem zu trainierenden Körper, der durch sein Wohlgeformtsein dem ICH Anerkennung bringt.

Die in unserer Kultur verankerte Spaltung zwischen dem ICH, welches mit dem Denken gleichgesetzt wird, und dem Körper prägt so also unsere Einstellung zum Körper. Solange der Körper gesund und jung ist, wird er als angemessenes Fahrzeug für das ICH gesehen. Wenn wir den Körper in das „Ich-BIN“ integrieren wollen, müssen wir diese kulturelle Spaltung überwinden.

Die westliche Körperpsychotherapie hat herausgefunden, dass die Art und Weise, wie wir die Erfahrungen unserer Kindheit verarbeitet haben, nicht nur unsere Grundeinstellungen und Grundgefühle prägt, sondern auch unsere Körperstruktur. Das Wort „Haltung“ drückt diese Doppelfunktion aus. Jeder intellektuellen und gefühlsmäßigen Haltung entspricht auch eine körperliche Haltung. Ein Mensch mit eingefallener Brust und hängendem Kopf wird viele resignierende Stimmungen haben, und sein Denken wird sich oft um das ihm zugefügte Leid drehen. Er lebt in der Welt eines Opfers.

Übung: Körperhaltung und innere Haltung

Setzen Sie sich entspannt und aufrecht hin. Lassen Sie mit der Zeit Ihren Geist zur Ruhe kommen und werden Sie achtsam. Lassen Sie diese Achtsamkeit sich ausdehnen auf die innere Stimmung, die in Ihnen in dieser Körperhaltung entsteht. Ist Ihr Bewusstsein wach und klar wie eine Quelle im Gebirge oder ist es eher zäh und klebrig wie Honig? Ist Ihre Stimmung gelassen und heiter oder eher schwer und besorgt? Ist das Denken eher fließend und verspielt oder angestrengt und fest? Ist Ihr Körper eher durchlässig und kraftvoll oder gehalten und schlapp? Vielleicht findet sich Ihr innerer Zustand nicht in diesen Beschreibungen wieder. Versuchen Sie einfach Ihren Zustand zu registrieren. Wenn Sie ein klares Empfinden davon haben, dann bringen Sie Ihren Körper ins Alignment. Das heißt: Gehen Sie zu den einzelnen Gelenken und bringen Sie jedes Gelenk durch kleine Bewegungen in die gespürte optimale Ausrichtung. (Die Alignmentübung ist auf Seite 47 genau beschrieben.) Nehmen Sie sich so viel Zeit dafür, bis Sie in Kontakt kommen mit der inneren Kraft, die Sie aufrichtet. Und jetzt untersuchen Sie noch einmal die innere Haltung, in die Sie durch das Alignment kommen. Wie ist Ihr Bewusstsein, welche Stimmung ist da, wie ist das Denken und wie fühlt sich der Körper an? Wenn Sie auch hier ein klares Empfinden haben, wechseln Sie noch einmal zu Ihrer gewohnten Körperhaltung und nehmen Sie wieder die Veränderungen wahr.

Wahrscheinlich werden Sie Unterschiede wahrnehmen können, die durch die unterschiedlichen Haltungen entstehen. Nicht nur unsere Alltagsgefühle werden durch unsere Körperhaltung bestimmt, sondern auch unsere Meditationserfahrungen. In frühen Jahren meiner Meditationspraxis bin ich häufiger in einen Zustand gekommen, in dem keine Gedanken waren. Ich wähnte mich damals schon als erfahrenen Meditierenden, da in den Beschreibungen über fortgeschrittene Meditation ein Geisteszustand beschrieben wird, in dem die Gedanken aufhören. Leider war es nur eine Illusion, verursacht durch eine zu hohe Spannung in meinem Körper, die auch Gedanken unterdrücken kann.

Ausgehend von der Alignmentübung im Sitzen können Sie sich auch im Stehen, Liegen und Gehen immer wieder ins Alignment bringen und diesen Zustand dann vergleichen mit Ihrem gewohnten Stehen, Liegen und Gehen. Dies ist eine spielerische Forschungsreise über den Einfluss von äußerer Haltung auf Ihre innere Welt.

Jeder Bereich des Körpers, der sich nicht ins „Ich-BIN" einschließen lässt, hat noch verborgene Erfahrungen gespeichert, die ich in ihrem Sosein noch nicht annehmen kann. Damit sie ihre verborgenen Botschaften entfalten können, braucht es die beiden Aspekte der Liebe. Den weiblichen Aspekt, der die verborgenen und meist schmerzhaften Erfahrungen, die sich in diese Körperregionen zurückgezogen haben, umschließt und Zeit und Raum gibt. Den männlichen Aspekt, die fokussierte Bewusstheit, durch den Sie im Kontakt mit dieser Stelle bleiben können. Durch das Umschließen und das fokussierte Dabeisein kommt es mit der Zeit zu einem Transformationsprozess, der in der ersten Phase verborgenes Wissen hervorbringt. Durch dieses tiefere Verstehen wird in der zweiten Phase ein größeres Mitgefühl mit den in der Körperstelle verborgenen Erfahrungen entstehen. Dieses Mitfühlen führt in der dritten Phase zu Integration und Annehmen.

Übung: Körpererfahrungen

Gehen Sie wieder ins „Ich-BIN" und wenden Sie sich einer Körperstelle zu, die Sie noch nicht in den Zustand von „Ich-BIN" integriert haben. Suchen Sie den Inneren Beobachter auf und richten Sie Ihre Aufmerksamkeit auf diese Stelle. Durch welche Körperempfindungen zeichnet sie sich aus? Wenn Sie ein klares Empfinden von ihr haben, dann wechseln Sie den Wahrnehmungskanal. Welche Gefühle hängen mit diesen Empfindungen zusammen? Untersuchen Sie diese Gefühle. Wenn Sie genügend Informationen zu den Gefühlen haben, wechseln Sie wieder den Wahrnehmungskanal. Welche Bilder kommen Ihnen bei den Gefühlen, die mit dieser Stelle verbunden sind? Danach wechseln Sie wieder den Kanal. Wenn diese Stelle eine Botschaft für Sie hat, was sagt sie zu Ihnen? Zum Schluss fragen Sie sich noch, ob es Erinnerungen gibt, die mit dieser Stelle verbunden sind. Alles, was Sie erfahren, gilt es zu spüren und gleichzeitig damit entspannt zu sein. So kann Veränderung passieren.

Eine friedliche Revolution

Wenn wir es ernst meinen mit dem Weg der Liebe und damit, den Zustand von „Ich-BIN" über den Körper auszudehnen, dann kommt dies einer friedlichen Revolution gleich. Bis jetzt sind die Machtverhältnisse klar. Das ICH ist der Chef und es braucht den Körper als Mittel, um sich in der Welt zu bewegen und sich auszudrücken. Mit etwas Glück bekommt das ICH sogar Anerkennung über den Körper, aber nur solange er jung ist und den gültigen Schönheitsidealen der Zeit entspricht. Rubens' üppige Frauen waren zu seiner Zeit attraktiv, heute würden Frauen mit diesem Äußeren im Westen keine Anerkennung mehr bekommen. Unser Bild der schönen Frau wird an Claudia Schiffer und das Bild des schönen Mannes an Richard Gere gemessen.

Bei dieser friedlichen Revolution muss das ICH seine Vormachtstellung aufgeben. Die Hierarchie zwischen ICH und Körper hebt sich im „Ich-BIN" auf. Die Informationen des Körpers werden genauso ernst genommen wie die Informationen des Willens, des ICH.

Als junger Mann habe ich intensiv Karate praktiziert. Wir machten Waldläufe und Liegestütze auf den Fäusten. Karate lädt dazu ein, hart mit sich zu sein und mittels des Willens über körperliche Grenzen zu gehen. Ein Bekannter von mir hat bei einem Waldlauf auf dem Waldweg, der mit Split bedeckt war, Liegestütze auf den Fäusten gemacht. Ich weiß nicht mehr, wie viele er geschafft hat, aber es waren so viele, dass hinterher all seine Knöchel blutig waren. Dies passt in das Bild eines willensstarken Karateka. Das Bild des starken Mannes trägt häufig Verletzungen als Anerkennung nach außen, wie zum Beispiel die Blessuren in den schlagenden Verbindungen. In diesen Kreisen klingt es absurd, mehr auf den Körper zu hören. Oft fehlt auch die Fähigkeit, die körperlichen Signale wahrzunehmen. In einer Zeitung habe ich vor Jahren gelesen, dass ein Institut für rationelle Psychologie eine Langzeituntersuchung durchgeführt hat. Es wurde herausgefunden, dass in den letzten Jahrzehnten die Fähigkeit von Probanden, einen Reiz als Reiz wahrzunehmen, zurückgegangen ist. Das heißt, dass die Stärke und Intensität eines Reizes höher sein muss, um von einem heutigen ICH wahrgenommen zu werden, als vor einigen Jahrzehnten. Dazu passt für mich, dass die Brutalität in den Krimis der letzten Jahre stark zugenommen hat. In meiner Jugend waren die Filme von Francis Durbridge sogenannte Straßenfeger. Die ganze Nation war von der Spannung gefesselt. Diese Filme lösen heutzutage nur noch ein mildes Lächeln aus. Eine Gänsehaut bekommen wir eher in hektischen Actionfilmen, in denen ein Mord nach dem anderen gezeigt wird. Auch in anderen Bereichen können wir feststellen, dass wir nach immer stärkeren Reizen suchen. Selbst das Bungeespringen ist schon wieder überboten worden, und in der Sexualität sind Sado-Maso-Praktiken und Swingerclubs zur Normalität in der urbanen Kultur geworden.

Von einem Tai-Chi-Meister wird die Geschichte erzählt, dass er eine so starke Sensibilität und eine so feine Körperkoordination besaß, dass er einen Schmetterling, der auf seiner Hand gelandet war, daran hindern konnte abzufliegen, indem er immer dann mit seiner Hand nachgab, wenn der Schmetterling sich zum Abfliegen abstoßen wollte. Unwichtig ist, ob diese Geschichte wahr ist oder nicht, sie zeigt jedoch, dass es Kulturen gibt, in denen die Entwicklung feiner Wahrnehmung und präziser Gebrauch des Körpers erstrebenswerte Ziele sind.

Sensibilität zu üben, Körperbewusstsein zu schulen, die Weisheit des Körpers anzuerkennen sind in unserer erfolgsbestimmten Welt Ansätze wie von einem anderen Stern.

Den Körper als gleichwertigen Anteil in das „Ich-BIN“ zu integrieren heißt als Erstes, sensibel für seine Informationen zu werden. Wie sitze ich gerade, wie atme ich, welche Empfindungen kann ich wahrnehmen? Viele Menschen haben in sich ein sehr reduziertes Wahrnehmungssystem von körperlichem Erleben. Entweder der Körper schmerzt oder er schmerzt nicht. Schmerz wird als Kriterium angesehen, um etwas zu spüren.

Erich kam zu mir in Therapie, weil er glaubte etwas für sich machen zu sollen. Er war häufig lustlos und antriebslos, wenn er alleine war, und hockte dann stundenlang vor dem Fernseher. Mit seiner jetzigen Freundin war er nicht ganz glücklich, aber trennen wollte er sich auch nicht. Er hatte noch ein Auge auf eine andere Frau geworfen, wusste aber nicht, ob er sich darauf einlassen sollte. Er machte sich viele Gedanken darüber, warum sein Leben so war, wie es war, fand aber keine wirklich befriedigende Erklärung. Es entwickelte sich dann folgender Dialog.

Th: Das hört sich alles ziemlich deprimierend an.

Erich: Ach, so schlimm ist es auch wieder nicht.

Th: Hmm. Und wie geht es dir gerade, wenn du es erzählst?

Erich: Och, ganz gut.

Th: Was heißt „gut" für dich? Woran merkst du, dass es dir gut geht?
Erich: Naja, es könnte ja noch viel schlechter sein.
Th: Bestimmt. Aber lass uns noch einmal dabei bleiben, dass es dir ganz gut geht. Gibt es dafür Empfindungen im Körper oder Gefühle, die dir zeigen, dass es dir ganz gut geht?
Erich (wirkt etwas irritiert): Weiß ich nicht. Aber ich bin nicht mehr so deprimiert wie gestern.

Es war für Erich nicht möglich, eine klare Empfindung zu erhalten, wie es ihm im Moment in seinem Körper ging. Der Körper hatte aus seiner Sicht keine Bedeutung, solange dieser nicht krank war und nicht schmerzte.

Das heißt: Ein weiteres Zeichen für die Eingeschränktheit unserer Körperwahrnehmung ist der Mangel an Worten, die wir für Körperempfindungen haben. Empfindungen können sein: heiß, warm, kalt, fest, weich, locker, angespannt, fließend, strömend, prickelnd, schwer, leicht, stechend, stumpf, leblos, lebendig, ziehend, dumpf, pulsierend usw.

Übung: Körperempfindungen wahrnehmen

Legen Sie sich für diese Übung hin. Wie in der Körpermalübung (S. 71) gehen Sie mit Ihrer Aufmerksamkeit durch den Körper und nehmen die Körperempfindungen in den unterschiedlichen Körperteilen wahr. Hilfreich ist es, wenn Sie Vergleiche zwischen Körperteilen anstellen, die paarweise vorhanden sind. Fühlt sich der linke Fuß genau so entspannt an wie der rechte usw?

Bevor wir uns mit den Informationen im Körper beschäftigen, lassen Sie uns die erste „Liebesübung" machen.

Übung: Den Körper in Liebe umarmen

Setzen Sie sich aufrecht und entspannt hin und machen Sie eine der „Ich-BIN"-Übungen. Erinnern Sie sich an eine Situation, in der Sie sich von sich selber oder von einem anderen Menschen geliebt gefühlt haben. Lassen Sie das Gefühl in sich wach werden. Welche Empfindungen gehen damit einher? Wie ist Ihre Atmung, wenn Sie in Kontakt mit der Liebe sind?

Nun lassen Sie diese Empfindungen sich ausdehnen. So entsteht ein umschließendes, annehmendes Feld. Lassen Sie dieses Feld sich zu den unterschiedlichen Körperpartien ausdehnen. Welche Erfahrungen machen Sie? Wird der Körper angespannter und die Atmung enger, wenn Sie zu Ihren „heiklen" Körperstellen gehen? Oder ist es Ihnen möglich, den ganzen Körper in dieses Feld der Liebe einzuschließen?

Der Körper – Ausdruck unserer Geschichte und Ursprung unserer Erfahrung

Unser Körper in seiner Haltung, in seiner Struktur ist Fleisch gewordene Geschichte. Frühe Erfahrungen haben ihn sich formen lassen. Und da er mit Geist und Seele eine Einheit bildet, reproduziert er immer wieder unsere Erfahrungen aufs Neue. Solange dieser Prozess im Unbewussten bleibt, fehlt uns Freiheit im Fühlen und Tun. Diese im Körper gespeicherten Informationen bewusst zu machen ist ein Schritt zur Veränderung.

Übung: Assoziation zum Körper
Mit diesem Wissen im Hintergrund schauen Sie sich noch einmal Ihr gemaltes Körperbild an. Bringen Sie sich in den Zustand von „Ich-BIN". Wenn Sie jetzt mit einem wohlwollenden Blick auf das Körperbild schauen, wohin wird Ihre Aufmerksamkeit gezogen? Lassen Sie Assoziationen zu der Körperstelle aufsteigen, von der Sie angezogen werden. Was fällt Ihnen zu dieser Stelle ein, woran erinnert Sie diese?

Sich in dieser Weise dem Körper zu nähern, kann uns helfen, Informationen ins Bewusstsein zu bringen, die in den Körperstellen und in der Körperhaltung gebunden sind. Wichtig ist dabei wahrzunehmen, ob sich diese Informationen als Körperempfinden, Gefühle und Erinnerungen zeigen können, ohne dass Sie aus dem Zustand des „Ich-BIN" herausfallen. Dies ist meist beim „einfachen" meditativen Assoziieren recht leicht. Je stärker das Vertrauen in den Zustand des „Ich-BIN" und in den Weg der Liebe ist, und je tiefer die Fähigkeit ist, achtsam bei einer Stelle zu verweilen, desto grundsätzlichere Informationen können sich zeigen.

Manche Informationen, die im Körper gespeichert sind, entfalten sich nur langsam, wenn wir sie mit präsenter Achtsamkeit halten. Dabei ist es dann hilfreich, zur Achtsamkeit unterstützende Werkzeuge wie Atmung, Bewegung und Berührung hinzuzunehmen.

Als Claire in ihren Körper spürte, wurde ihre Aufmerksamkeit in einen Bereich des Beckens gezogen, etwa 2 cm oberhalb der rechten Leiste und ungefähr 1 cm unter der Haut. Sie wusste nicht warum, aber wir beide vertrauten diesem Prozess. Die Stelle war etwa so groß wie eine Erbse, die in der Größe eines Tischtennisballs ausstrahlte. Das Körperempfinden war leicht zusammengezogen, aber es war mehr, als wenn sich Energie zusammenzieht, als wenn Muskeln kontrahieren und diese Stelle pulsiert. Wenn Claire dahin spürte, merkte sie, dass sie unruhig und kribbelig wurde. Nach einiger Zeit des achtsamen Verweilens kamen keine neuen Informationen mehr. Der Prozess ging so nicht weiter. Ich ermunterte Claire, mittels Atmung und Bewegung zu versuchen, den Prozess weiter zu vertiefen. Atmung: Sie konzentrierte sich ganz auf die Stelle und nahm dabei wahr, wie sich die Atmung veränderte, sie wurde gepresster und schneller. Diese Atmung intensivierte sie jetzt ein wenig. Dabei veränderte Claire die Atmung nicht in ihrer Art, sondern nur in der Intensität. Nach einigen Atemzügen entstand ein Impuls zu treten. Dieser Bewegung erlaubten wir, sich in ihrem eigenen Tempo auszudrücken, während Claire weiter achtsam der Atmung folgte. Es baute sich in Claire eine innere Ladung auf, als wenn sie vor Wut und Kraft platzen könnte, dazu mischte sich eine traurige Hilflosigkeit. Claire spürte eines ihrer alten Grundprobleme. Die traurige Hilflosigkeit führte sie meist in die Geborgenheit eines tröstenden Armes. Aber der Preis war, dass sie ihre Lebendigkeit und Kraft dabei verlor. In diesem Moment entstand in ihr ein Erinnerungsbild, wie sie bei ihrer Mutter im Arm liegt, traurig und äußerlich ruhig, aber innerlich wütend. Andere Erinnerungen fügten sich zur ersten. Immer, wenn sie trotzig und jähzornig war, wurde sie alleine gelassen, bis sie sich wieder beruhigt hatte. Wenn sie aber bedürftig und hilflos war, dann bekam sie Trost. Dieser Teil ihrer Geschichte war also mit dieser kleinen Stelle im Becken verbunden.

Im weiteren Verlauf ging es immer wieder darum, aus dem Zustand des „Ich-BIN“ heraus zu dieser Stelle zu spüren und die Energie, die Kraft, die Wut sich immer mehr ausdehnen zu lassen und sie mittels Bewegung und Stimme auszudrücken. Ziel der Arbeit war es nicht, die Wut in einer kathartischen Weise zu entladen, sozusagen zu explodieren. Wichtig war, nur der Menge an Wut Raum zu geben, die der Körper in Präsenz noch halten konnte. Gleichzeitig war es in der Arbeit mit Claire wichtig, die Angst, verlassen zu werden, wenn sie aus ihrer Kraft und Wut heraus agierte, ernst zu nehmen. Wir hielten im „Ich-BIN“ also beide Seiten gleichzeitig: die Kraft und Wut und die Hilflosigkeit und Angst, allein gelassen zu werden. Erst als beide Seiten sich sicher und angenommen fühlten, konnte es zu einer tiefen Entspannung in Claires Körper kommen, und ihre Lebendigkeit, die hinter diesem Konflikt lag, bahnte sich einen Weg.

Übung: Erfahrungen des Körpers vertiefen

- *Werden Sie achtsam und schauen Sie auf Ihr gemaltes Körperbild. Wohin wird Ihre Aufmerksamkeit gezogen?*
- *Konzentrieren Sie Ihre Aufmerksamkeit auf diese Stelle.*
- *Welche Empfindungen haben Sie an dieser Stelle? Wechseln Sie den Wahrnehmungskanal immer wieder (Körper, Gefühle, Bilder, eventuell andere Sinne, Erinnerungen). Welche Gefühle haben Sie an dieser Stelle? Welche inneren Bilder kommen Ihnen?*
- *Versuchen Sie mit der Aufmerksamkeit ganz in diese Stelle einzutauchen.*
- *Wie ist der Atem, wenn Sie ganz zu dieser Stelle werden?*
- *Intensivieren Sie dieses Atemmuster.*
- *Wechseln Sie wieder die Wahrnehmungskanäle (Körper, Gefühle, Bilder, eventuell andere Sinne, Erinnerungen). Welche Körperempfindungen, Gefühle, Gedanken und inneren Bilder werden durch die intensivere Atmung ausgelöst?*
- *Um weitere Informationen zu bekommen, können Sie nach Bewegungsimpulsen spüren und diese sich bewusst ausdrücken lassen.*
- *Wieder wechseln Sie den Wahrnehmungskanal (Körper, Gefühle, Bilder, eventuell andere Sinne, Erinnerungen) .Welche Körperempfindungen, Gefühle, Gedanken und inneren Bilder werden durch die Bewegung ausgelöst?*
- *Sie können so lange damit fortfahren, bis Sie genügend Informationen haben. Bis die Stelle Ihnen Ihre verborgenen Erfahrungen offenbart hat.*
- *Schließen Sie diese Übung ab, indem Sie aus dem Zustand „Ich-BIN" heraus die neuen, wieder entdeckten Erfahrungen umschließend halten.*

Nach einer solchen Übung ist es hilfreich, sich im Laufe eines Tages immer mal wieder daran zu erinnern, wie es sich angefühlt hat, als Sie diese wieder entdeckten alten Aspekte in Liebe umarmt haben. Und es ist häufig auch notwendig, diese Übung mit dieser Körperstelle mehrmals zu wiederholen, da Sie so mit immer tieferen Informationen in Kontakt kommen können.

Die Frage nach dem Brauchen

Eine der wichtigsten Spuren, die wir verfolgen können, um abgespaltene Aspekte von uns zu integrieren, ist die Frage: Was braucht dieser Aspekt? Diese so einfache Frage stellen wir viel zu selten. Fragen nach dem, was getan werden muss, was gemacht werden soll, was man will, werden in der Regel viel häufiger gestellt als die Frage, was man braucht. Wann haben Sie das letzte Mal Ihrem Körper diese Frage gestellt? Was brauchst du, Körper? Brauchst du Ruhe, brauchst du Bewegung, brauchst du Berührung? Meistens ist es so, dass wir diese Fragen nicht unseren Körper beantworten lassen, sondern das ICH entscheidet. Bewegung ist gesund, also gehen wir joggen. Wir überlegen uns die Strecke und Distanz und versuchen sie in einem Stück zu laufen. Sicher, hinterher fühlen wir uns oft körperlich wohl. Unser Entschluss scheint dem Körper gut getan zu haben. Nur haben wir wieder aus der gewohnten Spaltung vom wissendem ICH und unwissendem Körper agiert. Tief in uns ist häufig die Überzeugung, dass, wenn wir nicht diese Disziplin aufbrächten, nicht den inneren Schweinehund überwänden, unser Körper schlapp auf dem Sofa läge und Kartoffelchips päckchenweise verschlänge. Diese Überzeugung stimmt insofern, als wir in unserer Kultur so wenig Wert auf die freien Impulse des Körper gelegt haben bzw. diese unterdrückt haben. Als Reaktion auf diese Unterdrückung entsteht im Körper Resignation, Lethargie und die Lust auf Kartoffelchips.

Der Panther

Sein Blick ist vom Vorübergehn der Stäbe
So müd geworden, dass er nichts mehr hält.
Ihm ist, als ob es tausend Stäbe gäbe
Und hinter tausend Stäben keine Welt.

Der weiche Gang geschmeidig starker Schritte,
der sich im allerkleinsten Kreise dreht,
ist wie ein Tanz von Kraft um eine Mitte,
in der betäubt ein großer Wille steht.

Nur manchmal schiebt der Vorhang der Pupille
sich lautlos auf –. Dann geht ein Bild hinein,
geht durch der Glieder Stille –
und hört im Herzen auf zu sein.

R. M. Rilke

Wenn Sie in der Natur freie Tiere beobachten, dann können Sie sehen, dass diese sich aus eigenen Impulsen heraus immer wieder bewegen. Sie scheinen an Bewegung Freude zu haben. Wenn wir ein solches Tier für lange Zeit in einen Käfig sperren, der dem Bewegungsbedürfnis des Tieres nicht gerecht wird, dann reagiert dieses wie der Panther. Wenn wir dieses Tier lange in Gefangenschaft halten, dann wird es, selbst wenn wir es freiließen, mit diesem Bewegungsfreiraum nichts mehr anfangen können. Obwohl die äußeren Gitter gefallen sind, hätte es diese Gitter weiterhin verinnerlicht.

Uns Menschen geht es ähnlich. Einer meiner Professoren hat einmal gesagt, dass ein enormer Dressurakt nötig wäre, wollte man Tiere dazu abrichten, acht Stunden am Tag an einem Schreibtisch zu sitzen oder immer wieder die gleiche Handbewegung zu machen, wie an einem Fließband. Wenn wir es dennoch täten, würde dies viele Proteststürme von Tierschutzverbänden entfachen.

Sicher ist es richtig, dass der Mensch Fähigkeiten besitzt, die über den Fähigkeiten der Tiere liegen, und wir können sogar aus dieser Freiheit heraus uns in ein Meditationsretreat begeben und den ganzen Tag körperlich reglos sitzen. Etwas, das dem Bewegungsdrang des Körpers total entgegensteht.

Im Äußeren scheint es zwischen dem in Meditation still Sitzenden und dem am Computer still Sitzenden keinen Unterschied zu geben. Innerlich ist der Unterschied riesig. Der Meditierende sitzt in Entspannung und mit Bewusstheit, während der Zweite häufig verspannt sitzt und sich seines Körpers nicht bewusst ist.

Den Bewegungsimpulsen vertrauen

Was geschieht in einem Körper, der in seinen Bewegungsimpulsen blockiert ist? Zur Veranschaulichung lassen Sie uns ein Kind nehmen, das sich in der Zeit vor der Schule lebendig und selbstinduziert bewegt. Es gibt kaum Momente im Wachzustand eines Kindes, in denen es nicht in Bewegung ist. Durch Kindergarten und Schule bekommt diese Zeit ein

Ende. Der Bewegungsdrang muss unterbunden werden. Dieser Prozess des Unterbindens ist ein körperlicher, obwohl dem Kind immer wieder auch Einsicht abverlangt wird. „Man kann doch nicht einfach im Unterricht rumlaufen.“ – Warum eigentlich nicht? Die Muskelimpulse, die Bewegung wollen, müssen gebremst werden. Wie schon einmal weiter oben erwähnt, passiert im Körper das Gleiche, wie wenn jemand im Auto Gas gibt und gleichzeitig auf die Bremse tritt. Je mehr Bewegungsdrang, desto mehr Halten ist notwendig. Viel Energie wird durch diese gegenseitigen Kräfte verbraucht, und so kommen die Kinder nach 4 Stunden Schule häufig total erschöpft nach Hause. Sie sind erschöpfter, als wenn sie den ganzen Tag getobt hätten. Das heißt: Der Körper muss, um sich zu bremsen, eine Gegenspannung aufbauen, die es ihm ermöglicht, ruhig zu sitzen. Dies ist aber kein wirkliches Zur-Ruhe-Kommen, sondern ein Ruhigstellen, was sehr anstrengend ist. Wenn wir dieses lange genug praktiziert haben, dann wird dieser Zustand des Ruhigstellens zur Normalität.

Wenn wir an diesem Punkt anfangen, den Körper zu fragen, was er will, dann bekommen wir nur Antworten aus der obersten Schicht, aus dem Halten. Und hier sind wir meist erschöpft und wollen Ruhe und Kartoffelchips. Erst wenn wir durch diese Schicht hindurch kommen, dann kommen wir wieder zu den authentischen Bewegungsimpulsen des Körpers. Dieser Körper will sich immer noch bewegen, wie der Körper der Kinder. So erleben wir, dass wir uns besser fühlen, wenn wir uns trotz der Lust auf Kartoffelchips aufraffen und uns bewegen, als wenn wir uns auf die Couch gelegt hätten.

Es ist ein tief verwurzelter Irrglaube, dass wir uns antreiben müssen, um über unseren inneren Schweinehund hinauszukommen. Der innere Schweinehund ist nur der Ausdruck der Erschöpfung, innere Bewegungsimpulse zurückhalten zu müssen. Wenn wir also auch noch gegen ihn angehen, dann schaffen wir nur noch eine weitere Schicht von Kampf. Erst kämpfen wir gegen die natürlichen Bewegungsimpulse an und halten sie zurück, und dann kämpfen wir gegen den zurückhaltenden Schweinehund, der die Bewegungsimpulse bewacht. Wir haben ein weiteres Gefängnis um das erste gebaut.

Wenn ich an die Polarität freier Bewegungsimpulse versus gemachter Bewegung denke, fällt mir das Bild des Läufers Harald Schmidt ein. Harald Schmidt war in den 80er Jahren einer der weltbesten 400-m-Hürdenläufer. Die 400 m als Zwischengröße zwischen den Sprints und den Langläufen gilt als eine der anstrengendsten Disziplinen. Man versucht hier wie beim Sprint mit höchster Schnelligkeit zu laufen, die Distanz ist aber eigentlich zu groß, um dies durchzuhalten. Und so sah man immer das schmerzverzerrte Gesicht von Harald Schmidt, wenn er in die Zielgerade kam. Er holte das Letzte aus seinem Körper heraus. Dies war in der Leichtathletik auch die Zeit, in der die afrikanischen „Laufwunder" das internationale Laufparkett eroberten. Ich sehe immer noch vor mir, wie ein schwarzafrikanischer Läufer in der Zielgerade den mit verkrampftem Gesicht laufenden Harald Schmidt überholte. Das Erstaunliche dabei war, mit welcher Leichtigkeit er lief – kein angespannter Körper, kein verkrampftes Gesicht. Er lief einfach an Schmidt vorbei, als ob es das Selbstverständlichste der Welt wäre. Mit meinem heutigen Wissen deute ich es so, dass der afrikanische Läufer aus seinen natürlichen Bewegungsimpulsen lief. Für viele dieser Läufer bedeutete Laufen in der Kindheit Fortbewegung. Sie liefen, um von einem Dorf in ein anderes zu kommen, und sie hatten nicht die westliche Sozialisation der Unterdrückung der Körper- und Bewegungsimpulse durchlebt. Harald Schmidt versuchte mit seinem starken Willen seinen Körper ins Ziel zu bringen. Dieser Verlust der Leichtigkeit ist ein Preis, den wir für die Dominanz des Intellekts und des Willens bezahlen müssen.

Wir haben jetzt also ein Modell von Körperlichkeit, das besagt, dass der Körper ureigene Impulse zu Bewegung und Ausdruck hat, die durch die Sozialisation unserer verstandes- und zielorientierten Gesellschaft unterbunden werden. An die Stelle des Vertrauens in diesen natürlichen Fluss von Körperlichkeit setzen wir die Kräfte von Verstand und Willen und sperren gleichzeitig unsere Körper ein.

„Liebe als Weg" bedeutet die Integration des Körpers mit all seinen Impulsen und dem in ihm gespeicherten Wissen in das „Ich-BIN".

Sollen wir dem Körper trauen oder dem Verstand, oder gibt es noch etwas Drittes?

Wenn wir unseren Körper in das „Ich-BIN" integrieren, wird die Welt nicht unbedingt einfacher. Vorher hat der Verstand bestimmt. Jetzt haben wir zwei Möglichkeiten. Entweder wir hören auf den Körper oder auf den Verstand. Wir haben eine zusätzliche Informationsquelle hinzubekommen. Moshe Feldenkrais, ein bekannter Körpertherapeut, hat einmal Folgendes gesagt: „Wenn es nur eine Möglichkeit gibt, bedeutet dies Tod, wenn es zwei Möglichkeiten gibt, entspricht es einer Maschine, die man aus- und einstellen kann. Erst ab drei Möglichkeiten beginnt die Freiheit der Wahl und damit das Menschsein." Die Bewegungsimpulse zu unterdrücken bedeutet den Tod der ursprünglichen Bewegung des Kindes. Wenn wir sie wieder in unser Repertoire integrieren, können wir ihnen nachgeben oder sie unterdrücken und damit abstellen. Wir haben zwei Möglichkeiten.

Was ist die dritte Möglichkeit, die uns Freiheit gibt?

Dazu möchte ich Sie gerne wieder zu einer kleinen Übung einladen, die Sie tiefer in das Geheimnis der Bewegungsimpulse hineinführt. Denn es ist gut, wenn Sie den Unterschied von „sich bewegen" zu „sich bewegen lassen" körperlich kennen. Wenn Menschen tanzen, dann sieht man bei manchen, dass sie die Bewegung „machen". Vor der Bewegung gibt es die Idee vom guten Tanz. Häufig tun sie es um zu gefallen, oder aus Unsicherheit. Es gibt aber auch andere Tänzer und Tänzerinnen, bei denen scheint die Bewegung durch die Musik induziert zu sein. Musik und Bewegung sind eins.

Übung: Sich bewegen lassen

Legen Sie eine Musik auf, nach der Sie sich gut bewegen lassen können. In unseren Workshops beginnen wir meistens mit sehr langsamer Musik. Gehen Sie mit Ihrer Aufmerksamkeit tief in Ihren Körper hinein und erspüren Sie, welche Körperstelle durch die Musik einen Impuls erhält. Dieser Impuls ist anfangs häufig so klein, dass man ihn äußerlich gar nicht sehen kann. Es geht im Folgenden darum, diesen Impuls langsam größer werden zu lassen, bis er vielleicht sogar den ganzen Körper bewegt. In diesem Sinne lassen Sie sich von Ihrer Musik bewegen, still am Anfang und größer und heftiger, wenn es entstehen will.

Diese Übung kann Sie mit der Zeit wieder in Kontakt bringen mit den ureigenen Impulsen, die im Körper leben. Körperlichkeit ist Beweglichkeit, und Starrheit bedeutet Tod. Erst wenn wir dem Körper wieder erlauben, sich aus sich heraus zu bewegen, befreien wir gleichzeitig sein inneres Wissen, seine Weisheit.

Mit der Zeit, wenn unsere Wahrnehmung immer sensibler und feiner wird, werden wir in der Bewegung des Körpers eine grundlegende Unterscheidung vornehmen können. Es gibt die Bewegung und es gibt die Energie, die diese Bewegung ermöglicht. Für jede Bewegung braucht es Energie. Ohne Benzin läuft kein Auto, ohne Strom fährt kein Zug. Ohne Energie, die im Körper durch den Stoffwechsel den Muskeln zur Verfügung gestellt wird, gibt es keinen Waldlauf. Was passiert, wenn wir diese Energie von ihrer Bewegungsfunktion befreien? Vielleicht probieren Sie es aus.

Übung: Energie von der Bewegung trennen

Benutzen Sie die vorherige Übung, um sich über Musik in das „Bewegen-Lassen" zu bringen. Benutzen Sie anfänglich ruhige Musik und dann dynamischere, so dass die Bewegung intensiver werden kann. Nach einiger Zeit, wenn die Bewegung sehr intensiv ist und bevor die Musik zu Ende ist, lassen Sie die Bewegung kleiner werden, ohne dass Sie die Energie der Bewegungsimpulse kleiner werden lassen. In Ihnen bleibt die gleiche Lebendigkeit, nur drückt sie sich nicht mehr durch die äußere Bewegung aus. Lassen Sie diese Energie sich weiter bewegen, während der Körper äußerlich still wird. Setzen Sie sich in meditativer Haltung hin und halten Sie die Energie mit Ihrer Achtsamkeit umschlossen und ruhen Sie in dieser Lebendigkeit.

Es kann sein, dass Sie diese Übung mehrere Male machen müssen, um ein Empfinden für das zu bekommen, was ich mit Energie meine. Es geht dabei nicht um etwas Theoretisches, sondern um eine Erfahrung von Energie.

Wenn Sie dieses energetische Phänomen gespürt haben, begriffen haben, dann haben Sie einen großen Schritt in Richtung körperlicher Freiheit getan. Um aus dem Dilemma herauszukommen, Bewegen und Bewegung anzuhalten, sind wir tiefer in das Phänomen Bewegung eingedrungen. Sie haben unterscheiden gelernt, dass es eine Kraft gibt, die wir Energie nennen und die der Bewegung zugrunde liegt. Die Energie ist körperlich erfahrbar.

Die dritte Möglichkeit, die uns Menschen zu eigen ist, ist die, den Bewegungsimpuls und die Energie, die hinter dem Impuls liegt, wahrnehmen zu können und sich bewegen zu lassen, ohne dass der Körper seine äußere Form verändert.

An diesem Punkt haben wir die Erklärung, was den still am Computer sitzenden Menschen von dem still sitzenden Meditierenden unterscheidet. Unabhängig vom Faktor Arbeit, die ermüdend oder faszinierend sein kann, sind beide in einer unbewegten Körperhaltung. Der Erste hält seine Impulse zurück, indem er auf die körperliche Bremse tritt, und dies ist natürlich äußerst erschöpfend. Der Meditierende hält die Energie, die den Körper bewegen will, liebevoll umschlungen und lässt sie sich innerlich bewegen oder lenkt sie willentlich. Während der Erste sich für sein Tun anspannen muss, funktioniert das bewusste Halten von Energie nur unter Entspannung. Aus diesem Grund fühlt man sich nach einem Tag der

Meditation meist sehr wach und frisch, und wenn man mehrere Tage meditiert, merkt man, dass man weniger Schlaf braucht. Im Organismus ist mehr Energie vorhanden. Wenn man die gleiche Zeit still am Computer sitzt, wird man meist sehr müde.

Der Weg des Körpers kennt kein Ende

Ich habe auf der körperlichen Ebene verschiedene Ansätze aufgezeigt, wie wir authentischer im Körper sein können bzw. die Informationen, die in der Einheit von Körper, Geist und Seele vorhanden sind, zugänglich machen können. Mit etwas Neugierde wird Sie diese innere Reise zu immer weiteren und tieferen Bereichen führen. Das Experimentieren und das Erforschen kennt keine Grenzen. Mit Hilfe der Frage: „Was passiert in mir, wenn...", gepaart mit Achtsamkeit, können wir innere Erfahrung tiefer und tiefer erforschen. Wir können die Erfahrungswelten der inneren Organe zugänglich machen, wir können die Wirkung von Klängen beobachten, wir können herausfinden, wie Mantren wirken usw. Je weiter wir auf diesem Weg vorangehen, desto schwächere Impulse benötigen wir, um in die Vielfältigkeit innerer Erfahrung einzutauchen. Achtsamkeit kann sich so weit verfeinern, dass wir unterschiedliches Empfinden auf den Ebenen von Knochen, Muskeln, Haut, Nerven, Organen, ja bis zur Zellebene, bekommen können. Wir wissen nicht nur, dass wir eine linke Niere haben, sondern wir können sie erspüren und herausfinden, wie es ihr geht. Dadurch werden natürlich die Einflüsse immer klarer, die bestimmte Gewohnheiten haben. Wir merken vielleicht schon die Wirkung von einem Glas Wein oder Bier auf unser Körperempfinden, und mit der Zeit können uns diese Informationen helfen, einen Lebensstil zu verwirklichen, der unserer inneren Weisheit entspricht.

Gefühle

Gefühle sind die Liebeserklärungen des Bewusstseins, der Innerlichkeit, an die Welt, die Äußerlichkeit. Über die Gefühle erlebt das Innen das Außen und teilt sich mit. Ohne Gefühle wäre das Erfahren der Welt grau und leer, es hätte die gleiche Qualität, mit der ein Computer oder ein Roboter die Welt erfährt. Gerade Gefühle machen das Leben lebenswert oder aber auch zur Hölle. Nicht die Welt an sich ist dafür ausschlaggebend, sondern wie wir sie gefühlsmäßig erleben. Um uns entfalten und verändern zu können, ist deshalb die Auseinandersetzung mit der eigenen Gefühlswelt so wichtig.

Wenn wir diese Welt der Gefühle aus dem „Ich-BIN" mit Liebe umschließen, werden wir erfahren, dass sie vielfältiger ist, als wir sie bis jetzt erlebt haben. Es gibt immer noch etwas Neues zu entdecken. Je vielfältiger wir fühlen, desto lebendiger wird unser Sein werden. Aber es braucht auch Mut, wenn wir diese Welt erforschen, da nicht alle Gefühle strahlende Gesichter haben, sondern teilweise mit erschreckenden Masken vor uns erscheinen. Wenn wir die Kraft haben, ihnen zu begegnen, der Konfrontation mit ihnen standzuhalten, dann werden wir ihr wahres Gesicht hinter der Maske erkennen können. Das, was wir sehen, ist nicht unbedingt schön, aber wahr. Und Wahrheit ist es, die letztlich auch Heilung bringt. Viele psychische Krisen und viele psychosomatische Krankheiten entstehen, weil wir die Gefühle mit den schrecklichen Masken nicht wahrhaben wollen. Die Kraft, auch diese in Liebe zu umarmen, schafft Heilung, Freiheit und Lebendigkeit.

Den „Gefühlsbrei" strukturieren

Also ist der nächste Bereich, den wir untersuchen und in den Zustand von „Ich-BIN" integrieren wollen, die Welt unserer Gefühle. Gewöhnlich unterscheiden wir zwischen positiven und negativen Gefühlen. Freude, Glück, Lust gelten als positiv; Trauer, Wut, Neid als negativ. Schon bei dieser unzureichenden Aufzählung wird es Menschen geben, die vielleicht aus persönlichen oder religiösen Gründen darauf entgegnen, dass Lust aller Laster Anfang und deshalb kein positives, sondern ein negatives Gefühl sei. Das wird sofort den Widerspruch vieler Menschen hervorrufen, die gerade frisch verliebt sind und sich in der Lust auf den Partner sehr lebendig fühlen. Menschen, die Erfahrungen mit kathartischexpressiven Selbsterfahrungsrichtungen haben, sagen, dass Wut gut sei und ausgedrückt werden müsse, während andere in der Wut die Tendenz zu Verletzung und Zerstörung sehen. Das heißt: Wir Menschen haben die Tendenz, Gefühle in positive und negative aufzuspalten. Diese Kategorien füllen wir unterschiedlich an. Was für den einen in die eine Kategorie fällt, gehört für den nächsten in die andere.

> ***Übung: Positive und negative Gefühle***
> *Nehmen Sie sich einen Moment Zeit, für sich diese Kategorisierung aufzustellen. Welches Gefühl betrachten Sie als positiv, welches als negativ? Es ist gut, diese Übung zu machen, ohne dabei viel nachzudenken. Mit viel Nachdenken oder Philosophieren kann man an jedem Gefühl etwas Positives oder Negatives finden. Normalerweise haben wir aber im alltäglichen Umgang damit eine klare Einteilung.*

Obwohl die Bewertungsebene „gut oder schlecht“ an sich jenseits der Gefühlsebene liegt, wird sie von vielen Menschen als die einzige „Gefühlsebene“ angesehen, um die es geht. Fragt man zum Beispiel Menschen, die man trifft: „Wie geht es dir?“, so bekommt man oft als Antwort: „Gut.“ Diese Antwort bekomme ich auch häufig, wenn ich dieselbe Frage einem Klienten in einer Therapiesitzung stelle. Ich hake dann oft nach und bitte ihn: „Beschreibe doch einmal, wie dieses ‚gut‘ sich anfühlt.“ Eine typische Antwort lautet: „Ja, mir geht es nicht mehr so schlecht wie letzte Woche.“ Nach einigem Nachfragen bekomme ich dann häufiger differenziertere Informationen, wobei die meisten Menschen mehr über das Sich-schlecht-Fühlen aussagen können als über das Sich-gut-Fühlen.

Die Einteilung in „gute“ und „schlechte“ Gefühle reduziert uns auf eine Zweiteilung. Sie macht uns arm in Bezug auf Differenzierung. Ferner schafft sie innerlich Zwietracht, da wir immer dann, wenn in uns die „schlechten“ Gefühle auftauchen, anfangen, etwas gegen sie zu tun: Langeweile wird durch Aktivität bekämpft, Traurigkeit durch Sich-Aufmuntern usw. Dieses innere Hadern verbraucht viel Energie. Extreme Züge nimmt dieser Umgang mit Gefühlen an, wenn wir mit chemischen „Waffen“ kämpfen, zum Beispiel Beruhigungsmitteln und stimmungsverändernden Drogen.

> ***Übung: Welche Gefühle haben Sie?***
> *Nehmen Sie sich wieder einen Moment Zeit, und schreiben Sie die Gefühle auf, die Sie gewöhnlich empfinden.*

Wie viele Gefühle wir in uns kennen, wie viele wir unterscheiden, erleben und ausdrücken können, ist ein Hinweis auf unseren inneren Reichtum. Wenn wir nur eine beschränkte Anzahl von Gefühlsnuancen besitzen, dann erleben wir natürlich auch nur eine beschränkte Welt. Wenn unser Erleben auf „gut“ und „schlecht“ eingeschränkt ist, wird die Welt auch nur in Kategorien von „gut“ und „schlecht“ existieren. Ich möchte im Folgenden eine Liste von Gefühlen aufführen, die der Schweizer Psychiater Samuel Widmer „unterdrückende Gefühle“ nennt. Bei diesen unterdrückenden Gefühlen handelt es sich um Gefühle, die in der einen oder anderen Art und Weise bestimmte andere Gefühle und Impulse, die sich ausdrücken wollen, zurückhalten. Widmer unterscheidet Gefühle also nicht nach den Kategorien „positiv“ und „negativ“, sondern nach „unterdrückenden“ und „unterdrückten“ Gefühlen. Die unterdrückenden Gefühle stellen sich dabei wie eine Mauer um die unterdrückten Gefühle. Da die unterdrückten Gefühle meistens als spontaner Ausdruck des Selbst auf ein Erlebnis oder auf eine Erfahrung an sich entstehen, sind sie dem Zustand des „Ich-BIN“ sehr nah. Das heißt, dass jedes zurückhaltende und unterdrückende Gefühl uns von diesem „Ich-BIN“ entfernt.

Liste der unterdrückenden Gefühle:

Neid, Hass, Eifersucht, Borniertheit, Sturheit, Dummheit, Langeweile, Gewohnheit, Nachlässigkeit, Oberflächlichkeit, Bequemlichkeit, Faulheit, Trägheit, Lustlosigkeit, Interesselosigkeit, Verlegenheit, Gehemmtheit, Beschönigung, Rechtfertigung, Einbildung, Illusion, Verantwortungsgefühl, Pflichtgefühl, Ehrbarkeit, Ehrgefühl, Moral, Selbstgefälligkeit, Gewichtigkeit, Frömmigkeit, Rechtschaffenheit, Taktgefühl, Disziplin, Strenge, Gradlinigkeit, Gerechtigkeit, Lauheit, Hinterhältigkeit, Verrat, Stolz, Hochmut, Überheblichkeit, Verachtung, Gerissenheit, Schlauheit, Falschheit, Berechnung, Betrügen, List, Hinterlist, Niedertracht, Trotz, Herrschsucht, Wut, Zorn, Zerstörung, Rohheit, Gewalt, Grobheit, Bosheit, Destruktivität, Unverschämtheit, Gier, Unersättlichkeit, Habgier, Geilheit, Ressentiment, Hartnäckigkeit, Misstrauen, Begeisterung, Angst, Sarkasmus, Zynismus, Ironie, Bosheit, Sehnsucht, Einsamkeit, Ehrlichkeit, Verliebtsein. (Samuel Widmer, 1989, S. 113 ff.)

Ich weiß, dass es bei einigen Gefühlen schwer fällt, sie als Gefühle zu verstehen oder ihre unterdrückende Qualität sofort zu erkennen. Für mich ist diese Auflistung deshalb so interessant, weil sie den Facettenreichtum unseres Gefühlslebens verdeutlicht. Und, wie schon gesagt, es handelt sich „nur“ um die Kategorie der unterdrückenden Gefühle. Man könnte eine ähnliche Liste mit den unterdrückten Gefühlen aufstellen.

Alle Gefühle sind wichtig und richtig

Die Unterteilung in unterdrückende und unterdrückte Gefühle ist für den Weg der Integration der Gefühlswelt sehr viel hilfreicher als die Einteilung in die Kategorien der positiven und negativen Gefühle. Denn sowohl sogenannte positive als auch sogenannte negative Gefühle können die Qualität von unterdrückenden Gefühlen haben. So ist zum Beispiel für die meisten Menschen das Gefühl von Verliebtsein ein sehr positives Gefühl. Die Form eines unterdrückenden Gefühls nimmt das Verliebtsein dann an, wenn damit die Auseinandersetzung mit einer tiefen Einsamkeit vermieden wird. Es gibt Menschen, die das Gefühl, einsam zu sein, nicht aushalten können, und sie unternehmen viel, um dieses Gefühl nicht zu spüren – zum Beispiel verlieben sie sich. In dem Thriller „Der Spekulant" beschreibt Michael Ridpath einen Broker, der sich ständig zu Frauen hingezogen fühlt, die er noch nicht erobert hat. Er lebt ständig in der Anspannung des Sich-verliebt-Fühlens und unternimmt alles, um die Frau seiner vermeintlichen Liebe zu erobern. Dabei lebt er mehr in einer Scheinwelt der Gefühle, da er Zeichen der Ablehnung seitens der Frauen weder akzeptiert noch ernst nimmt. Er scheint süchtig nach dem Gefühl des verliebten Wollens und Begehrens zu sein. Und jedes Mal, wenn er eine neue Angehimmelte hat, erlebt er es so, als ob sie die einzig Wahre sei. Er schafft aber nie den Schritt in eine feste Beziehung. Es wird nicht klar, was mit diesem Verliebtsein vermieden wird, aber es wird sehr deutlich, dass es sich um eine „neurotische Struktur" handelt.

Der erste und wichtigste Schritt bei der Integration der Gefühle in das „Ich-BIN" besteht darin, die Gefühle, die in mir auftauchen, mit einer annehmenden Einstellung wahrzunehmen. Sie sind gut und richtig allein durch die Tatsache, dass sie da sind. Dieses Annehmen ist wichtig, um aus unserem unbewussten Umgang mit Gefühlen heraustreten und die Welt der Gefühle untersuchen und klären zu können. Um diesen ersten Schritt durchführen zu können, müssen wir erst einmal einsehen, dass das Verbannen und Unterdrücken von unangenehmen Gefühlen zwar zeitweilig eine Lösung verspricht, aber langfristig nichts verändert.

Wahres Glück beginnt mit Gelassenheit

Wahres Glück beginnt mit der Kraft und Gelassenheit, unsere Gefühle so anzunehmen, wie sie sind. Durch unseren erlernten Umgang mit Gefühlen geschieht dies leider selten von alleine. Um dies erreichen zu können, ist es notwendig zu lernen, den Zustand des Annehmens in uns wahrzunehmen. Wie fühlt es sich an und welche Empfindungen gibt es in meinem Körper, wenn ich ein Gefühl annehme, und was passiert, wenn ich ein Gefühl ablehne?

Übung: Wie fühlt sich Annehmen an?

Setzen Sie sich aufrecht hin, und legen Sie zwei Häufchen mit Kissen oder anderen Gegenständen, die als Symbol für Gefühle stehen können, vor sich. Der eine Haufen steht für Ihre „guten" Gefühle und der andere für Ihre „schlechten". Legen Sie sie so nah oder so weit weg, wie es für Sie stimmt. Es ist sehr wahrscheinlich, dass Sie ein klares Empfinden für die Richtung haben, in die Sie die beiden Haufen platzieren wollen. Jedes einzelne Kissen, jeder Gegenstand repräsentiert jeweils ein Gefühl. Nun richten Sie Ihre Aufmerksamkeit auf den Haufen mit den „guten" Gefühlen, auf die Gefühle, die Sie akzeptieren können. Achten Sie in erster Linie nicht auf den Inhalt der Gefühle, sondern auf die Empfindungen, die mit der Akzeptanz einhergehen. Meistens ist Akzeptanz verbunden mit freierem Atem, entspannterem Muskeltonus, größerer Wachheit und einer tieferen Zufriedenheit. In diesem inneren Raum von Akzeptanz bewegen sich dann die Gefühle, die ich akzeptieren kann. Untersuchen Sie genau, was in Ihnen passiert, wenn Sie ein Gefühl so akzeptieren, wie es ist.

Dann wechseln Sie mit Ihrer Aufmerksamkeit zu dem zweiten Haufen. Wenn Sie sich den „negativen" Gefühlen zuwenden, werden Sie merken, dass sich Ihr Körperempfinden ändert. Auch Nicht-Akzeptieren ist von einem bestimmten Muster an Körperempfindungen, Atemrhythmus und -tiefe, inneren Bildern und Gefühlen begleitet. Mit dem Muster des Akzeptierens werden Sie sich wahrscheinlich wohl fühlen, während Sie sich mit dem Nichtakzeptanzmuster eher unwohl fühlen werden.

Wir können also zwei Ebenen von Erleben mit unseren Gefühlen erkennen: Die erste Ebene ist das Gefühl an sich, und die zweite ist die Akzeptanz bzw. die Nichtakzeptanz des Gefühls, die wiederum mit Empfindungen und Gefühlen verbunden ist. Diese zweite Ebene ist es, die uns handeln oder zufrieden sein lässt, wenn Gefühle entstehen.

Nachdem Sie Ihre Reaktionsweisen auf die unterschiedlichen Gefühle untersucht haben, geht es beim nächsten Schritt um ein bewusstes

Ausweiten des inneren Raumes von Akzeptanz. Die folgende Übung ist bestimmt auch eine Lebensaufgabe.

Übung: Das Annehmen ausdehnen

Setzen Sie sich wieder vor die beiden Kissenhaufen, und richten Sie Ihre Aufmerksamkeit auf die Kissen, die für die Gefühle stehen, die Sie akzeptieren können. Lassen Sie den Zustand der Akzeptanz in sich klar und eindeutig werden. Wie fühlt es sich an, und was empfinden Sie, wenn Sie akzeptieren? Dann nehmen Sie ein Kissen aus dem zweiten Haufen von Gefühlen, vielleicht eines, das für ein Gefühl steht, mit dem Sie nur wenig Schwierigkeiten haben. Bewegen Sie es zu dem Kreis der Gefühle, die Sie akzeptieren können. Es geht darum, den inneren Zustand der Akzeptanz zu halten, während Sie sich bewusst diesem Gefühl zuwenden. Wenn es möglich ist, legen Sie es dann in den Kreis. Mit der Zeit können Sie so mit den anderen nicht akzeptierten Gefühlen umgehen. Wie schon erwähnt, kann es sein, dass Sie diese Übung häufig wiederholen müssen, um Ihre Reaktion auf Gefühle von den Gefühlen selbst zu trennen und entspannt und akzeptierend mit unterschiedlichen Gefühlen sein zu können.

Anfänglich ist dies eine Trockenübung, aber wenn Sie sie häufiger machen, werden Sie merken, dass sich die Fähigkeit des Gleichmutes, der Gleich-Gültigkeit, auf unterschiedliche Gefühle ausdehnen lässt, selbst in den Momenten, in denen die Gefühle von alleine kommen und gehen.

Gleichmut oder Gleich-Gültigkeit ist ein wesentliches Merkmal für den Zustand des „Ich-BIN“ und für den weiblichen Aspekt der Liebe. Wenn Sie also in Gleichmut ruhen und schwierige Gefühle in das „Ich-BIN“ integrieren, entsteht Heilung aus Liebe heraus. Der erste Funke des männlichen Aspektes der Liebe bei diesem Prozess liegt in der gerichteten Bewusstheit auf das zu integrierende Gefühl. Er zeigt sich aber noch deutlicher im Umgang mit Gefühlen, die sich nicht so einfach integrieren lassen. Diesen Prozess beschreibe ich später im Abschnitt: „Die sukzessive Klärung“.

Es gibt eine alte buddhistische Weisheitsgeschichte, die diesen Gleichmut wiedergibt: „Im fernsten Ostgebiet von Kham (Tibet) lebte einst ein alter Mann, den alle nur den Manimann nannten, weil er seine kleine Gebetsmühle tagein, tagaus in der Hand drehte. Die Mühle enthielt das große Mantra der Nächstenliebe, Om Mani Padme Hum, und der Alte hatte sie eigenhändig konstruiert.

Die Ehefrau des Manimannes war nach einem langen, ehrenwerten Leben gestorben und in einem seligeren Seinsbereich wiedergeboren worden. Seither lebte der Manimann allein in einer kleinen Steinhütte mit seinem einzigen Sohn, den er über alles liebte, und einem prächtigen Hengst, den der Sohn mehr als alles auf der Welt liebte.

Eines Tages jedoch verschwand der junge Hengst von dem kärglichen Weideland, wo er täglich gegrast hatte, und war weit und breit nicht mehr aufzufinden. Viele hilfsbereite Nachbarn hatten tagelang bei der Suche geholfen, aber nun begannen sie, das grausame Schicksal des armen Manimannes zu beklagen. Nur der Alte selbst blieb ungerührt. Er drehte seine Gebetsmühle in der Hand und rezitierte die Worte: „Om Mani Padme Hum", wie die Tibeter das Mantra des grenzenlosen Mitgefühls der Buddhas mit allen Wesen aussprechen. Zu den wehklagenden Nachbarn sagte der Manimann: „Nun grämt euch doch nicht so, ihr lieben Leut'. Wisst ihr was? Ich bin dankbar für alles, ob es kommt oder geht. Wartet nur ab. Wir werden es schon sehen."

Ein paar Tage später kehrte der Hengst wie durch ein Wunder auf seine Weide zurück. Und mit ihm waren zwei herrliche wilde Mustangs gekommen, die der Alte und sein Sohn sogleich zum Reiten abrichteten. Die Nachbarn kamen freudestrahlend herbeigelaufen, um dem Alten gratulierend auf die Schulter zu klopfen. Der Manimann drehte seine Mühle um und um und sagte: „Ich bin sehr dankbar für dieses Glück. Aber wer weiß, hm? Wartet's ab. Wir werden es sehen."

Wenige Wochen später stürzte der Sohn vom Rücken eines der wilden Mustangs und brach sich das Beckenbein. Die Nachbarn trugen ihn heim, schreiend und wehklagend ob des grausamen Missgeschicks, denn nun konnte der Sohn nicht länger arbeiten. Nur der Alte saß still vor sich hinmurmelnd am Lager seines Sohnes und wollte sich nicht über sein Schicksal beklagen. „Dem Buddha Chenrezig sei Dank", meinte er, „dass mein Sohn überhaupt noch bei mir ist. Wartet's ab, wir werden schon sehen."

Kaum ein Mondumlauf verging, da kamen Armeesoldaten in das Dorf geritten, um jeden wehrtüchtigen Jungen zum Kampf mit dem benachbarten Königreich einzuziehen. Nur der bettlägerige Sohn des Manimannes blieb vom Kriegsdienst verschont. Die Nachbarn gratulierten dem Alten und sagten, dass er ein hervorragendes Karma haben müsse, denn er war der Einzige im Dorf, der seinen Sohn noch bei sich hatte. Der Manimann lächelte, legte seine faltige Hand auf das zerschmetterte Beckenbein seines Sohnes und blickte hinaus auf die Weide, wo die drei prächtigen Pferde grasten. Dann begann er ein Lied für seinen Sohn zu singen. (Surya Das, 1997, S. 23 ff)

Auch wenn's schwierig wird: locker bleiben

Wenn Sie die oben beschriebene Übung „Das Annehmen ausdehnen" einige Male gemacht haben, werden Sie merken, dass es Ihnen immer leichter fallen wird, selbst dann entspannt zu bleiben, wenn Sie in schwierigen Situationen sind. Mein Lehrer Drukchen Rinpoche sagt, dass es schwierig sei, mit unangenehmen Hindernissen umzugehen. Aber viel schwieriger sei es, mit angenehmen Hindernissen umzugehen. In der buddhistischen Geschichte wurde deutlich, dass der alte Mann auch Gleichmut bewahren konnte, wenn er eine gute Nachricht bekam.

Wenden Sie sich noch einmal den angenehmen Gefühlen zu, die Sie von Anfang an akzeptieren konnten. Wenn Sie Ihre Reaktion auf die unterschiedlichen Gefühle untersuchen, dann werden Sie eventuell feststellen, dass Sie bei einigen sehr freudig entspannt sein können, während andere Gefühle bei Ihnen einen sehnsüchtigen Spannungszustand des Haben-Wollens auslösen. Das Gefühl, erfolgreich zu sein, ist leicht zu akzeptieren: Wir bleiben entspannt und freudig. Erfolgreich sein zu wollen oder erfolgreich bleiben zu wollen kann uns hingegen leicht eng und angespannt werden lassen. Diese Anspannung entsteht, weil wir etwas festhalten wollen (und nicht, weil wir etwas nicht haben wollen). Wir strengen uns an, in der Hoffnung, die Geschehnisse davon abzuhalten, sich zu verändern.

Ein Bekannter von mir leitet eine Abteilung einer Bank, die verschiedene Aktienfonds verwaltet. Im März 1998 gab es schon seit Monaten einen unfassbaren Run auf die Aktien, der Dax durchbrach ständig neue Rekordmarken. Die Abteilung meines Bekannten hatte in den ersten drei Monaten des Jahres ihr Soll für das ganze Jahr schon überschritten. Obwohl alles für die Abteilung optimal lief, erzählte mir mein Bekannter, dass seine Mitarbeiter gereizt wären und die Stimmung in der Abteilung sehr schlecht sei. Auf die Frage, warum das so sei, antwortete er mit einem einzigen Wort: „Gier." Diese Broker hatten im Moment alles, von dem sie sonst nur träumen können, sie verdienten Unsummen an Geld, aber sie wollten mehr, mehr und mehr.

Ein solches fixiertes Wollen hat eine ähnliche Tendenz wie das Nicht-Akzeptieren. Es lässt uns eng werden und nicht das wahrnehmen, was ist.

Übung: Entspanntsein im Haben-Wollen

Setzen Sie sich noch einmal den Kissen gegenüber, welche die Gefühle repräsentieren, die Sie akzeptieren, und schauen Sie, ob es darin Gefühle gibt, die Sie intensiver wollen, wie zum Beispiel Erfolg, Glück, Macht, Verliebtsein usw. Dann nehmen Sie ein Kissen, das für ein solches Gefühl steht, aus dem Haufen und legen es weg, lassen Sie es gehen. Können Sie trotzdem in dem Zustand des akzeptierten Entspanntseins bleiben? Oder werden Sie fest und trotzig?

Freiheit entsteht dann, wenn ich alle schwierigen Gefühle zulassen und alle schönen Gefühle vergehen lassen kann, ohne mich gegen die einen zu wehren oder die anderen festhalten zu wollen.

Diese Art von Freiheit lässt mich Gefühle in ihrer Fülle schmecken und leben. Es geht nicht darum, im Gleichmut zu leben und alle Gefühle wie durch eine Milchglasscheibe zu betrachten. Es geht darum, Gefühle in Freiheit zu leben, das heißt nicht-reagierend. Gefühle sind für uns dasselbe wie die Wellen für einen Surfer. Als Anfänger vermeide ich die hohen Wellen und klammere mich fest, um bei starken Turbulenzen nicht vom Brett zu fallen. Ich bin fixiert auf den Zustand, mit dem ich umgehen kann, um zu vermeiden, dass ich vom Brett falle. Der erfahrene Surfer vermeidet es nicht, vom Brett zu fallen, er kann auch mit den unterschiedlichsten Wellen und Winden spielen, er hat Freude an Schwierigem wie an Leichtem. Ins Wasser zu fallen gehört für ihn zum Surfen dazu, und er kommt ganz schnell wieder aufs Brett hinauf. Für ihn ist alles eine Art Spiel.

Gefühle sind die Würze des Lebens. Es ist gut, sich an ihnen zu erfreuen, sie zu leben und auf sie zu hören. Wenn wir gleichzeitig im Bewusstsein halten können, wie flüchtig sie sind, wie schnell sie sich ständig verändern, können wir gelassener mit ihnen sein.

Gefühle und ICH sind nicht identisch

Gewöhnlich erleben wir Gefühle ohne Distanz zwischen uns und dem Gefühl. Ich bin das Gefühl, das Gefühl bewegt mich oder schwemmt mich mit. Wenn ich mich durch etwas verletzt fühle, was meine Frau zu mir sagt, dann erlebe ich häufig das Verletztsein in der Art, dass es keinen Abstand zwischen mir und dem Verletztsein gibt. Aus dieser Dichte entstehen dann weitere Gefühle und Reaktionsmuster, die sich über das

Verletztsein schieben. Ich werde wütend oder trotzig. Ein ganzer Rattenschwanz von sekundären Gefühlen lagert sich über das ursprüngliche Gefühl. Ohne die Fähigkeit der Distanz zu meinen Gefühlen werde ich immer wieder von diesen Gefühlen fortgeschwemmt werden. Ich habe keine Freiheit, aus dem Strudel aufzutauchen, wenn er mich gepackt hat. Die Distanz, die durch das Akzeptieren entsteht, ist die erste kleine Lücke, die sich zwischen mich und das Gefühl schiebt. Ich bin nicht mehr automatisch und unwillkürlich diesem Ablauf unterworfen.

Wenn wir diese Fähigkeit der Distanzierung erweitern, sind wir in der Lage, das Wesen unserer Gefühle zu untersuchen. Dabei können wir vier unterschiedliche Kategorien von Gefühlen unterscheiden:

1. Das Grundgefühl des freien Geistes: Freude, Lebendigkeit, Mitgefühl, Präsenz, Liebe;
2. Gefühle als Kontakt der Psyche mit der Welt;
3. Gespeicherte, unausgedrückte Gefühle der Vergangenheit;
4. Persönlichkeitsgefühle.

Diese Unterscheidung ist sehr hilfreich, wenn ich erkennen will, was in meiner Gefühlswelt passiert, um dann einen angemessenen Umgang mit diesen Gefühlen zu finden. Unser Fokus ist dabei, immer mehr und vielfältigere Aspekte unserer Gefühlswelt in unseren „Ich-BIN"-Zustand zu integrieren. Dieser Prozess der Integration bedeutet automatisch eine Klärung und Transformation der Gefühle. Wenn wir anfangen, uns unserer Gefühlswelt bewusst zu werden, dann erscheint sie uns häufig wie ein Gefühlsbrei. Gefühle der vier Kategorien sind anscheinend untrennbar miteinander vermischt. Mal wachen wir morgens mit einem leichten, freudigen Gefühl auf, am nächsten Morgen kommen wir, griesgrämig und schlecht gelaunt, kaum aus den Federn. Es hat den Anschein, dass die Gefühle ihr Spiel mit uns treiben.

Im Folgenden möchte ich die vier Kategorien der Gefühle erklären.

Vier Arten von Gefühlen

1. Grundgefühl des freien Geistes

In einer intensiven Meditationspraxis lässt man den Geist häufig auf einem Meditationsobjekt – einem Mantra, einer Visualisierung, dem Atem oder dem Raumbewusstsein – ruhen. Man entspannt sich vollkommen in dieses Objekt hinein. Während man dies tut, arbeitet der gewöhnliche Geist weiter. Gedanken kommen und gehen, Gefühle steigen auf und wieder ab, Körperempfindungen entstehen und vergehen. Anfangs ziehen diese Geschehnisse den Geist, der auf dem Meditationsobjekt ruht, in das Geschehen des Denkens, Fühlens und Empfindens hinein. Wir vergessen in diesen Momenten sozusagen, dass wir eigentlich auf den Atem achten wollten. Nach einiger Zeit fällt es uns wieder ein, und wir gehen zurück zu unserem Meditationsobjekt. Durch kontinuierliches Üben kommen wir an einen Punkt, wo wir bewusst in unserem Meditationsobjekt ruhen, obwohl die Gedanken, Gefühle und Empfindungen auftauchen und sich im Raum des Bewusstseins wieder auflösen. Wir registrieren sie, ohne an sie gebunden zu sein. Da wir in der Fähigkeit der Konzentration nichts mit ihnen tun, außer sie zu registrieren, geschieht eine Art Klärung in unserem Gefühlskörper. All die alten gespeicherten und unbewussten Gefühle lösen sich auf und zurück bleibt der geklärte Geist. Dies ist natürlich ein langer Prozess. Wie bei einer Destillation bleibt die Essenz übrig. Diese Essenz an sich ist nicht gefühllos, obwohl sie frei ist von jeder gefühlsmäßigen Reaktion auf Stimuli. Essenz hat ein eigenes Grundgefühl von Freude, Lebendigkeit, Mitgefühl, Präsenz, Leichtigkeit und Liebe. Und dies ist unser Wesenskern, der sich zeigt, wenn wir den Geist ruhen lassen in dem, was ist.

Die hohe Kunst der Meditation besteht darin, mit diesem Kerngefühl in die Welt zu treten, in ihr zu leben und zu handeln, ohne es zu verlieren. Sicher fallen wir immer wieder von dem Surfbrett „Kerngefühl“ herunter, aber wir kommen immer schneller wieder darauf.

2. Gefühle als Kontakt der Psyche mit der Welt

Aber was passiert in dem Moment, in dem wir mit der Welt in Kontakt treten? Wir nehmen die Welt immer sinnlich wahr, das heißt, wir kommen durch Sehen, Riechen, Hören, Tasten, Schmecken und Denken mit der Welt in Kontakt. Als Neugeborene – oder in besonderen Momenten – haben wir die Fähigkeit, den Kontakt mit der Welt auf dieser Ebene des Sinnlichen zu belassen. Aber meistens löst der sinnliche Kontakt mit der Welt Gedanken oder Gefühle aus. Wir stecken eine Erdbeere in den Mund, und fast im gleichen Moment, in dem wir sie schmecken, denken wir: „Oh, eine Erdbeere!“, oder: „Lecker!“, und fast zur gleichen Zeit kann in uns Freude oder Wonne auftauchen. Ein paar andere Beispiele:

Sie sehen, wie jemand ungerechtfertigt geschlagen wird, und Sie spüren Wut und Entrüstung.

Sie gewinnen in der Lotterie, und Sie freuen sich überschwänglich.

Sie verlieren einen Menschen, der Ihnen nahe steht, und Sie trauern.

All dies sind Momente, in denen sich unsere Psyche von der Welt oder von Ereignissen berühren lässt. Berührung heißt für die Psyche „Gefühle haben“, wie Berührung für den Körper „Empfindung“ heißt. Wie jede Empfindung hält auch jedes Gefühl eine bestimmte Zeit. Die Wärmeempfindung, die entsteht, wenn ich in die warme Badewanne steige, dauert so lange an, wie ich im Wasser liege, plus einige Zeit danach. Dann hört das Wärmeempfinden auf. Das heißt so lange, bis die Wärmerezeptoren der Haut das Signal „Wärme“ nicht mehr registrieren. Auch das Gefühl der Angst bei einer akuten Bedrohung dauert so lange, wie die Bedrohung besteht, plus die Zeit des Abklingens.

Wir können also sagen, dass die Gefühle, die aus dem Kontakt der Psyche mit der Welt entstehen, eine direkte Reaktion auf diesen Kontakt sind und dass sie so lange anhalten, wie der Kontakt besteht, plus die Zeit des Abklingens. Die Dauer des Abklingens ist von der Intensität des Ereignisses abhängig. Das Schreckgefühl, das entsteht, wenn ich beinahe die teure Vase hätte fallen lassen, hält nicht sehr lange an, wogegen die Trauer über den Tod eines Freundes länger wirkt. Aber auch dieses Gefühl hat ein Ende.

Im Kontakt der Psyche mit der Welt ist es sekundär, ob es sich um die äußere Welt handelt oder die verinnerlichte Welt. Unsere Körper-Geist-Seele-Einheit hat über Erfahrungen mit der äußeren Welt ein inneres Bild dieser Welt aufgebaut. Wenn wir uns zum Beispiel nur vorstellen, dass wir unter Palmen am Strand liegen, dann entspannt sich der Körper in ähnlicher Weise, als wenn wir wirklich dort lägen. Diese Tatsache haben sich viele Entspannungstechniken, die mit Visualisierungen arbeiten, zunutze gemacht. Aber es funktioniert auch mit schwierigen Erfahrungen. Erinnern Sie sich einmal an das Bohren des Zahnarztes: Manche Menschen reagieren darauf mit einem ängstlichen Abwehrgefühl, so wie beim tatsächlichen Besuch des Zahnarztes. Das heißt: Gedanken, innere Bilder, Erinnerungen haben eine ähnliche Wirkung auf das Entstehen von Gefühlen wie der direkte Kontakt mit der Welt.

3. Gespeicherte, unausgedrückte Gefühle der Vergangenheit

Der normale, natürliche Fluss der Gefühle ist geprägt von einem zeitlichen Ablauf. Durch den Kontakt der Psyche mit etwas im Außen wird ein Gefühl wachgerufen. Nun erleben wir entweder das Gefühl in seinem ganzen Ausmaß oder wir handeln dem Gefühl entsprechend. Zum Beispiel laufen wir weg, wenn wir Angst haben, reagieren aggressiv bei Wut, weinen bei Trauer, strahlen bei Freude. Wenn das Gefühl angemessen ausgedrückt und/oder gefühlt wird, dann nimmt es mit der Zeit an Intensität ab, bis es sich wieder in der Psyche niederlässt. Nur zu häufig ist es aber so, dass wir diesen natürlichen Fluss unterbrechen. Wir sind wütend auf den Chef, aber aus Angst, die Stelle zu verlieren, drücken wir die Wut nicht aus. Wir sind traurig über etwas, aber halten die Tränen zurück, weil wir uns keine Blöße geben wollen. In diesem Moment kommt es in der Körper-Geist-Seele-Einheit zu einer Spannung. Die Psyche will in den Ausdruck gehen, der wird aber sofort gehemmt. Dafür baut die Körper-Geist-Seele-Einheit eine muskuläre Spannung auf und unterdrückt gleichzeitig mit überdeckenden Gedanken und Gefühlen. Der innere Druck der zurückgehaltenen Gefühle wird dadurch immer größer. Es ist wie mit einem Druckbehälter oder einem inneren Käfig: Wir müssen ständig auf der Hut sein, dass der Druckbehälter nicht explodiert oder das wilde Tier nicht entweicht. Je mehr wir in dieser Form zurückhalten, desto mehr Halteenergie brauchen wir. Dies kann, wenn wir Gefühle über Jahre so zurückhalten, zu körperlichen Beschwerden und Krankheiten führen. Aber vorher schon zeigen sich diese zurückgehaltenen Gefühle in Form von Stimmungsschwankungen. So wachen manche Menschen morgens nicht erholt und freudig auf, sondern erschöpft und wie gerädert. Eine mögliche Erklärung lautet: Wenn nachts die Kontrolle des Zurückhaltens sich lockert, entweicht etwas Druck aus dem Gefäß, und der Organismus wird in Stress gesetzt, da er ja auch im Schlaf diese freiwerdende Energie handhaben muss.

Es gibt noch eine andere Form, wie unterdrückte Gefühle uns in unserem täglichen Befinden beeinträchtigen. Wenn wir Ärger auf den Chef hatten und dies nicht zeigen konnten, dann kommen wir häufig gereizt nach Hause – und die schlechte Zensur unseres Kindes kann uns zu unangemessenen Wutausbrüchen bringen. Wenn wir entspannt wären, würden wir das Kind eher trösten oder eine stimmige Lösung für das Problem suchen. Etwas Ähnliches passiert auch dann, wenn wir noch nach Jahren unserem Partner sagen: „Und damals hast du auch schon ..." Wir sammeln sozusagen die schlechten Erinnerungen, um sie dann immer wieder hervorzukramen, wenn wir uns ähnlich behandelt fühlen. Diese Ansammlung von unterdrückten Gefühlen ist wie eine tickende Zeitbombe, die immer mal wieder kleine Explosionen auslöst.

4. Persönlichkeitsgefühle

Die letzte große Kategorie sind die Persönlichkeits- oder Charaktergefühle. „Persönlichkeit" und „Charakter" wird anders als in der Umgangssprache verstanden als eine individuelle, unbewusste Struktur, die sich im Laufe des Lebens aus alten Erfahrungen gebildet hat. Dazu gehören auch die Erfahrungen, die aus den gesellschaftlichen und kulturellen Bedingungen resultieren. So sind viele Männer in unserer

Kultur durch Botschaften wie „Jungen weinen nicht“ oder: „Ein Indianer kennt keinen Schmerz,“ geprägt worden. Wenn Sie einmal durch eine Stadt gehen, dann sehen Sie sehr wenig direkten Gefühlsausdruck bei den Menschen. Weder Freude noch Trauer oder andere Gefühle werden in der Öffentlichkeit offen gezeigt, so als wenn es sich nicht gehört. Wenn wir gesellschaftliche Normen und Werte verinnerlichen, dann integrieren wir diese in unsere Persönlichkeits- oder Charakterstruktur. Diese Struktur ist wie eine Schablone, die Gefühlsausdruck formt. Neben diesem Anteil der Persönlichkeit, den wir direkt als Abbild unserer Kultur übernehmen, prägen uns viele individuelle Erfahrungen. Wenn wir als Babys oft die Erfahrung gemacht haben, dass wir nicht genug Nahrung, nicht genug körperliche Zuwendung und emotionale Geborgenheit bekamen, oder nicht zu der Zeit, zu der wir sie brauchten, dann reift unsere Persönlichkeit auf der Grundlage eines existentiellen Mangels heran. Das Gefühl, nicht genug zu bekommen, ist tief in uns gespeichert. Selbst später, wenn wir uns alles kaufen können, begegnen wir der Welt und den Menschen mit dem Misstrauen, nicht satt zu werden. Jeder Mangel, und selbst wenn es nur ein leerer Kühlschrank ist, erinnert uns unbewusst an unseren existentiellen Überlebenskampf. Wir reagieren nicht auf die Realität, sondern auf das innere Abbild einer vergangenen äußeren Welt. Durch diesen Prozess wird zum Beispiel das Grundgefühl des Mangels reaktiviert.

Neben der Thematik „Mangel versus Fülle“ gibt es in unserem Aufwachsen noch andere existentielle Themen, die wir durchleben und die die Grundlage für unsere Entwicklung bilden. Hier lernen wir Grundsätzliches über uns und die Welt.

„Ich bin auf der Welt sicher“ versus „Die Welt ist gefährlich.“

„Ich bekomme, was ich brauche“ versus „Es ist nicht genug da.“

„Ich kann mich zeigen“ versus „Sich zeigen führt zu Verletzung.“

„Mein Wollen wird gehört und akzeptiert“ versus „Mein Wollen wird bestraft.“

„Ich werde geliebt, so wie ich bin“ versus „Ich werde geliebt für das, was ich leiste.“

In unterschiedlichen Entwicklungsphasen werden diese Themen existentiell wichtig. Für ein kleines Baby haben Sicherheit und Nahrung absolute Priorität. Für ein Kind im Trotzalter ist die Entwicklung des eigenen Willens sehr wichtig. Wenn unsere Umwelt in diesen Phasen mit uns unangemessen umgeht, kann dies eine existentielle Bedrohung sein. Diese Bedrohung ist ihrerseits begleitet von Gefühlen wie Panik, Wut, Verwirrung, Bloßgestelltsein, Demütigung, Sich-abgelehnt-Fühlen usw.

Diese Gefühle sind die Hilfeschreie des Babys oder Kindes auf die existentielle Verunsicherung. Wenn das Kind für längere Zeit dieser Verunsicherung und diesen Gefühlen ausgeliefert ist, entwickelt es eine Strategie, sowohl mit der existentiellen Verunsicherung als auch mit den dadurch ausgelösten Gefühlen umzugehen. Dabei geht das Kind äußerst kreativ mit den wenigen Mitteln um, die ihm in seinem jeweiligen Alter zur Verfügung stehen. Diese Strategie wird Charakter- oder Persönlichkeitsstruktur genannt. Sie ist Abwehr und Schutz gegen Verunsicherung, gegen das eigene Erleben, die eigenen authentischen Gefühle und den eigenen Schmerz. Gleichzeitig ist sie ein Versuch, in einer schwierigen Umgebung so gut wie möglich zu überleben.

Zum Beispiel lernt ein Baby, wenn es sich in der Welt bedroht fühlt, sich so leise wie möglich zu verhalten. Es versucht, wie ein panisches Tier im Totstellreflex unsichtbar zu werden, indem es Gefühlsregungen und Bewegunsgimpulse einschränkt und sich mit seiner Aufmerksamkeit aus der äußeren Welt in die innere Welt zurückzieht. Es reagiert auf die bedrohliche Umwelt mit den einzigen Möglichkeiten, die ein Baby hat.

Die charakterliche Anpassung legt sich wie eine Schutzschicht über das ursprüngliche Erleben. Jemand, der sich gedemütigt fühlt, wenn er seine wahren Impulse und Wünsche äußert, lernt zum Beispiel, diesen Schmerz zu kaschieren, indem er überfreundlich auf die Umwelt reagiert und sich aufopfernd um jeden kümmert. Er hat ein Verhalten gefunden, bei dem er Anerkennung bekommt, ohne etwas von seinen eigenen Bedürfnissen zu zeigen. Mit der Zeit wird diese aus der Charakteranpassung geborene „zweite Haut" für ihn zur Selbstverständlichkeit. Er fühlt sich gut, wenn er gibt, und nimmt kaum eigene Impulse mehr wahr.

Diese unterschiedlichen Charakterstrukturen wirken im Unbewussten, das heißt im Hintergrund. Sie sind so in die Psyche eingearbeitet, dass sie nur schwer zu verändern sind.

Jede Charakterstruktur wirkt wie eine getönte Brille, an die ich mich gewöhnt und von der ich vergessen habe, dass ich sie einmal aufgesetzt habe. Durch eine gelbe Brille sieht die Welt gelb aus, durch eine rote rot. Von dieser Sichtweise – „gelb" oder „rot" – bin ich überzeugt, meine Identität hängt davon ab. Diese Brille abzunehmen und die Welt ohne sie wahrzunehmen kommt einem Identitätsverlust gleich, der mit immenser Unsicherheit verbunden ist. Also setze ich lieber wieder die Brille auf, als der Unsicherheit einer Realität ohne Brille ausgesetzt zu sein. Denn in meiner gewohnten Welt kenne ich mich aus.

Wir alle haben in unserer Entwicklung eine Persönlichkeitsstruktur entwickelt, die uns die Sicherheit eines überschaubaren Welt- und

Selbstbildes gibt. In unserer Entwicklung ist diese Struktur in unserer Körper-Geist-Seele-Einheit zu Form geworden.

Alle Gefühlskategorien durchleben/erfahren

Wenn wir all unsere Gefühle und Gefühlsabläufe in das „Ich-BIN" integrieren wollen, haben wir es mit sehr unterschiedlichen Kategorien zu tun, die in einer paradoxen Beziehung zueinander stehen. Jedes Gefühl, das wir in uns wahrnehmen, erhebt einen Wahrheitsanspruch. Für das eigene Erleben macht es keinen Unterschied, ob ich von einer neurotischen Angst befallen bin und Herzrasen bekomme, weil eine Spinne in meinem Zimmer ist, oder ob die Angst von einer giftigen Schlange ausgelöst wird. Auf der äußeren Ebene scheint die Spinnenphobie unbegründet zu sein. Sie scheint nicht wirklich etwas mit der Spinne zu tun zu haben, sondern mit etwas Verdrängtem. Die Angst vor der giftigen Schlange dagegen scheint begründet, da eine reale Gefahr von ihr ausgeht. Aber es gibt Menschen, die sich in einen Käfig voller Giftschlangen setzen, ohne Angst zu haben. Das heißt: Selbst bei den sogenannten realitätskonformen Gefühlen kann es mitunter sinnvoll sein, sie mit kritischem Blick zu beleuchten.

Integration von Gefühlen bedeutet als Erstes, alle Gefühle, ob neurotische oder „wirkliche", als meine anzuerkennen. Wie in der Übung mit den Kissen geht es darum, einen Raum der Akzeptanz zu schaffen, in dem all meine Gefühle Platz haben. Mit einiger Praxis können wir die Übung mit den Kissen zu einem inneren Prozess werden lassen: Die Position der Akzeptanz wird übernommen von dem Inneren Beobachter, der aus einer akzeptierenden Haltung die Gefühle wahrnimmt, so wie sie sind. Das heißt, er unterscheidet weder in „gute" und „schlechte", noch in neurotische und authentische Gefühle. Alles, was ist, ist richtig, allein durch die Tatsache, dass es ist. In dieser ersten Phase der Integration geht es also darum, einen inneren Raum der Akzeptanz für das Dasein jedweder Gefühle zu schaffen und gleichzeitig das Bewusstsein gewissermaßen von den Gefühlen zu distanzieren.

Diesen ersten Schritt zu meistern, bedarf es einiger Übung. Eine gute Übung dafür ist es, ins Kino zu gehen und sich einen Film anzuschauen, von dem Sie wissen, dass er viele Gefühle auslöst. Bei einem Film wissen wir, dass die Realität, in die wir eintauchen, nicht die Wirklichkeit ist, und trotzdem erleben wir sie so.

Übung: Gefühle wie im Kino

Während der Werbephase, die vor dem Hauptfilm läuft, stabilisieren Sie Ihren Inneren Beobachter, von dem aus Sie sich selbst offen, entspannt, achtsam und nichtwertend wahrnehmen können. Diese innere Haltung versuchen Sie beizubehalten, während Sie den Film anschauen. Während Ihr ICH dem Film folgt, schaut sich der Innere Beobachter den „Film der Gefühle" an. Es ist wie ein „Kino im Kino", und Sie müssen nur einmal Eintritt zahlen! Versuchen Sie, etwas über das Entstehen und Vergehen von Gefühlen zu erkennen, ihre Dauer, ihre Qualität, aber auch die Reaktionsweisen auf die Gefühle. Viele Menschen können zum Beispiel die Angst, die ein Gruselfilm in ihnen auslöst, nicht aushalten. Sie haben Angst vor der Angst.

Diese Übung kann sehr hilfreich sein, wenn Sie lernen wollen, die Distanz zu Gefühlen zu halten – und diese Übung kann auch viel Spaß machen. Sie ist nicht so trocken wie ein Meditationsretreat und billiger als eine therapeutische Einzelsitzung. Mit etwas Übung können Sie die Fähigkeiten auch bei Gefühlen anwenden, die im Alltäglichen passieren, die „wirklicher" erscheinen.

Aus dieser distanzierten Beobachterposition können wir häufig schon erkennen, aus welcher Kategorie das Gefühl stammt. Ist es ein altes, sich immer wiederholendes Gefühl, das ich in dieser Art schon seit meiner Kindheit kenne? Fühle ich mich immer auf die gleiche Art und Weise gedemütigt? Oder ist es ein abdeckendes Gefühl, unter dem noch ein tieferes verborgen liegt? Unter meinem Gefühl, mich einsam und zurückgezogen zu fühlen, liegt vielleicht noch die Wut über die verletzenden Worte meines Partners. Eventuell wäre es viel authentischer, diese Wut auszudrücken oder mein Verletztsein zu zeigen, aber aus Angst vor weiteren Verletzungen ziehe ich mich in mich zurück, und daraus entsteht Einsamkeit.

Und es gibt natürlich auch Gefühle, die durch den Kontakt mit der Welt entstehen. Wir sehen den ersten Sonnenstrahl und freuen uns. Natürlich kann es auch einer dieser Momente sein, in dem wir in Kontakt mit unserem Wesenskern sind, der freudig, lebendig, wach ist.

Bei vielen Gefühlen reicht es, sie in dem Prozess der Wandlung zu beobachten. Sie steigen auf und vergehen, während neue aufsteigen und ebenfalls vergehen. Es ist nichts weiter nötig, als an diesem Prozess Anteil zu nehmen, ohne ihm eine übergeordnete Bedeutung zu geben.

Aber uns werden immer wieder Gefühle der dritten und vierten Kategorie begegnen. Wir merken es häufig daran, dass diese immer wieder auftauchen, eine gewisse Zähigkeit haben, und wenn wir genau schauen, nicht wirklich zu der Situation zu passen scheinen, durch die sie angeblich auslöst wurden. Bei diesen Gefühlen können wir davon ausgehen, dass sie sowohl aus überdeckten als auch aus überdeckenden Gefühlen bestehen. Zwischen ihnen, das heißt zwischen den überdeckenden und den zu schützenden Gefühlen, sind all die dramatischen Erfahrungen enthalten, die uns veranlasst haben, uns in unserem authentischen Selbstausdruck zurückzunehmen.

Wie wir mit diesen Gefühlen im Prozess der Integration ins „Ich-BIN" umgehen, richtet sich nach der Intensität der früheren Verletzung und der Bedrohung, die von ihnen für das ICH ausgeht. Die meisten dieser Gefühle können wir alleine handhaben, bei manchen ist es jedoch hilfreich, professionelle Hilfe bei einem Psychotherapeuten oder Körpertherapeuten zu suchen.

Die sukzessive Klärung

Wenn wir mit diesen Gefühlsbündeln arbeiten wollen, werden wir unsere reine Beobachterposition verlassen und aktiver werden. Dies ist der Übergang vom weiblichen Aspekt der Liebe, die alles umschließend hält, zum männlichen Aspekt der Liebe. Der männliche Aspekt konfrontiert durch bewusstes Dabeibleiben.

Wir richten unsere Aufmerksamkeitsenergie auf das Gefühl, das gerade passiert, und werden mehr und mehr eins mit ihm. Wir werden vollkommen zu der ersten Schicht, beim oberen Beispiel zur Einsamkeit. Wir lassen diese Einsamkeit in ihrer Ganzheit zu. Nichts stellt sich ihr mehr in den Weg, nichts vermeidet sie. Wir sind pure Einsamkeit. Wir können genügend Grundvertrauen in das Leben haben, darin, dass alles seine innere Richtigkeit hat, und uns von diesem Strudel ziehen lassen, wohin er uns führt. Ob wir ertrinken oder in eine andere Welt eintauchen, wir lassen los und geben uns hin. Durch ein solches Lebendigwerden eines Gefühls kann es immer wieder auch zu Reaktionen im Körper kommen. Vielleicht frieren wir, es schüttelt uns usw. Wir gehen immer nur so weit, wie es sich richtig oder stimmig anfühlt.

Wenn eine Gefühlsschicht lange genug gefühlt wurde, dann kommt es zu einer Wandlung aus dem Inneren heraus. Wir kommen in einen inneren Raum von Weite und Entspannung. Hier fühlt es sich friedlich an, und wir können uns ausruhen, aber er ist nur ein Zwischenraum. Nach diesem Zwischenraum oder am Ende der ersten Gefühlsschicht treten wir in den nächsten Raum ein. Auch die Übergänge von der einen zur anderen Schicht können begleitet sein von Gefühlen, die gefühlt werden wollen. Dies ist das Prinzip: *Alles, was an Gefühl da ist, will gefühlt werden.* In unserem Beispiel wäre die nächste Schicht die Wut. Auch hier geht es darum, sich in diese Wut hineinzugeben, wie wir es mit der Einsamkeit gemacht haben. Wir werden zu der Wut und bleiben Wut, bis sie sich in das Verletztsein öffnet. Die einzelnen Stadien in diesem Prozess können immer wieder begleitet sein von inneren Bildern, Erinnerungen, Körperempfindungen und anderen Sensationen. Vielleicht erinnern wir uns an die unzähligen Male, in denen wir uns verletzt gefühlt haben und wütend waren. Wir bleiben auch hier einfach mit dem, was geschieht, und werden durch den Strudel des Verletztseins in einen Raum getragen, der hinter all diesen Gefühlen liegt. Dies ist der Raum der ersten Kategorie, unser Wesenskern. Hier entdecken wir, dass all die Verletzungen diesen Kern nicht berührt haben; von hier aus passieren Verzeihen und Stimmigkeit mit dem, was war. Wir alle sind Menschen und machen Fehler, und wir lernen aus unseren eigenen Fehlern und aus den Fehlern der anderen. Immer wieder verletzen sich unsere ICHs und versöhnen sich wieder, aber der Wesenskern, das Göttliche in uns, die Buddha-Natur, bleibt davon unberührt.

Gerade all die Gefühle, die mit diesen Gefühlsstrudeln zusammenhängen, weisen zu unserem Kern, denn wir haben diese Struktur gebildet, um unseren Kern vor allzu großen Verletzungen zu schützen. Dort, wo die meisten Schutzwälle gebaut werden, ist auch meistens der größte Schatz verborgen.

Das heißt nicht, dass wir zur Erfahrung unseres Wesenkerns nur kommen können, wenn wir immer wieder durch unseren Schmerz gehen. Nur werden wir unseren Wesenskern nicht wirklich berühren, wenn wir uns nicht der Realität stellen, wie sie ist. Und der erste Schritt besteht darin zu erkennen, wie viele bunte Brillen wir haben, die wir für die Realität halten. Das Göttliche, das Wesenhafte ist in jedem Moment vorhanden. Die Buddhisten sagen: Wir sind alle schon vollständige Buddhas, nur erkennen wir uns nicht darin.

Sexualität

Vor einiger Zeit wurde in einer Talkshow die Frage diskutiert, ob der Partner es merkt, wenn die Frau einen Orgasmus vortäuscht. Sicherlich können wir fast jeden täuschen, wenn wir gut im Täuschen und Lügen sind. Aber wen täuschen wir dabei wirklich? Den anderen oder nicht doch letztlich uns selber? Warum habe ich Sex, wenn es mir nicht um die Begegnung geht? Welche Armut an Begegnung drückt sich in dieser Frage aus? Zwei Menschen sind intim beisammen und spielen sich etwas vor, den guten Liebhaber oder die orgastisch-ekstatische Frau. Dass solche Fragen in der Öffentlichkeit diskutiert werden, spiegelt einen Teil des öffentlichen Verständnisses bezüglich der Sexualität wider.

Eine befreite Sexualität, und damit meine ich nicht, die Freiheit, mit vielen unterschiedlichen Menschen Sex haben zu können, schafft uns den Zugang zu einer Energie und Lebendigkeit, die weit über das hinausgeht, was wir gewöhnlich im Leben erfahren. Diese entfaltet sich dann, wenn ich die Freiheit in mir entwickle, für alle Aspekte meiner Sexualität offen zu sein. Dies bedeutet, meine Sexualität mit ihren offenen und ihren verborgenen Aspekten in den Zustand von „Ich-BIN" zu integrieren.

Als körperliche Wesen sind wir Menschen immer auch sexuelle und erotische Wesen. Jeder wache Moment der Begegnung und Berührung mit der Welt kann ein erotischer, ein sinnlicher, ein sexueller sein. Den warmen Sommerregen auf meiner Haut zu spüren oder den Duft einer Rose zu atmen kann ähnliche erotische, sinnliche Erfahrungen in mir auslösen wie die Liebkosung meiner Geliebten. Der Unterschied, den ich mache, passiert im Kopf. Nicht die Situation oder die Begegnung ist erotisch, sinnlich oder sexuell, sondern ich bin erotisch, sinnlich und sexuell. So kann ich sowohl der Natur erotisch begegnen als auch meinem Partner. Wenn ich dies verstanden habe, dann macht es keinen Sinn, einen Orgasmus vorzuspielen.

Wenn ich erfahren habe, dass es bei der Sexualität um mich als erotisches, sinnliches und sexuelles Wesen geht, dann kann Sexualität mich mit jeder Berührung, mit jeder Empfindung in das Mysterium des Seins eintauchen. Dieses Geheimnis entfaltet sich in der Sexualität in der ehrlichen und wahrhaftigen Auseinandersetzung mit dem Jetzt.

Wir haben alle eine persönliche sexuelle Sozialisation, die uns Sexualität in der Art und Weise erleben lässt, wie wir sie erleben. Aus diesem Erleben heraus geben wir der Sexualität unsere persönliche Bedeutung. Warum oder wofür haben wir Sex?

Übung: Warum haben Sie Sex?

Nehmen Sie sich etwas Zeit und erforschen Sie einmal, warum und wofür Sie Sexualität haben. Was suchen Sie in der Sexualität? Was würde Ihnen fehlen, wenn Sie keinen Sex mehr hätten?

Es ist erstaunlich, wie vielfältig die verborgenen Gründe sind, die hinter der Sexualität liegen. Manche Menschen suchen in der Sexualität Nähe, Anerkennung, Entspannung und Ablenkung. Manche haben Sex, um den Partner nicht zu enttäuschen oder zu verlieren. Manche fühlen sich bestätigt, wenn Sie mit vielen verschiedenen Partnern Sex haben, und für andere ist Sexualität mit einem Partner der Ausdruck für Zusammengehörigkeit. Manche haben Spaß bei der Sexualität, andere erdulden sie eher. Manchmal ist Sexualität ein Akt der Liebe und Ausdruck der Liebe, und manchmal wird Anonymität gesucht.

Wenn wir Sexualität in den Zustand von „Ich-BIN" integrieren wollen, dann geht es in erster Linie darum, sie genau anzuschauen und zu untersuchen. Wie lebe und erlebe ich Sexualität? Was sind meine Wünsche, die geheimen und offenen? Welche Ängste und Befürchtungen habe ich? Welche Vorurteile und Überzeugungen finde ich um die Themen Sexualität, Erotik, Männlichkeit und Weiblichkeit? Trotz all der äußerlichen Aufgeklärtheit finden wir gerade in der Sexualität viel Unwissenheit, Tabus und Vorurteile.

Um der Komplexität der Sexualität gerecht zu werden, ist es hilfreich, sie in einzelnen Aspekten zu untersuchen. Dafür stelle ich Ihnen das Modell „Phasen der Sexualität" vor, das wir am ki – Körpertherapeutischen Institut – entwickelt haben. Bei jeder sexuellen Interaktion werden 7 Phasen mehr oder weniger stark berührt. Um über den gewohnten Umgang mit Sexualität hinausgehen zu können um die Erlebnisfähigkeit innerhalb der eigenen Sexualität zu erhöhen oder um Schwierigkeiten innerhalb der Sexualität wie Lustlosigkeit, Orgasmusschwierigkeit, frühzeitige Ejakulation usw. zu beheben, ist es sehr hilfreich, die eigene Sexualität mit Hilfe dieses Modells zu untersuchen. Das Phasenmodell der Sexualität ist eine Art Landkarte, die uns beim Sammeln von Erfahrungen helfen kann. Und wie jede Landkarte ist sie nur eine unzureichende Vereinfachung der Realität, aber für unsere Reise sehr nützlich.

Phasen der Sexualität

Das Modell der Phasen der Sexualität ist aus der Verbindung und Erweiterung schon bekannter Modelle entstanden. Diese Modelle sind die Reich'sche Ladungskurve, auch Orgasmuskurve genannt, das 3-Phasen-Modell der Sexualität der Sexualtherapeutin Kaplan Singer und der Sensitivitätskreis von Ron Kurtz. Später haben wir herausgefunden, dass die Integrative Körperpsychotherapie (IBP) nach Rosenberg und Rand ein sehr ähnliches Modell benutzt. Diese Modelle haben meine Frau und ich mit unseren persönlichen Erfahrungen innerhalb der Sexualität und in der Arbeit mit Sexualität verbunden. Dabei entstand ein Modell, das sich in erster Linie an einer befriedigenden Sexualität innerhalb einer liebenden Partnerschaft orientiert und nicht an einem Krankheitsmodell oder an einem wissenschaftlich beobachtbaren Modell.

Die Phasen sind im Überblick:

1. *Kontakt* ist die Möglichkeit, sich seiner eigenen Gefühle, Stimmungen und Empfindungen bewusst zu sein.
2. *Lust auf die Lust* heißt, Zugang zu seinen sexuellen, erotischen Gefühlen und Phantasien zu haben, unabhängig von einer erotischen Situation.
3. *Intimität* beschreibt die Fähigkeit, mich mit meinen Gefühlen und Phantasien, meiner Lust auf die Lust, einem/r Partner/in zu zeigen und mich von seinen/ihren Gefühlen, Phantasien und seiner/ihrer Lust auf die Lust berühren zu lassen.
4. *Ladung* nenne ich die Phase, in der wir die Energie der anfänglichen Lust steigern. Es ist die Fähigkeit des Körpers, sich mit immer mehr Energie wohl zu fühlen und sich in immer höhere Ladungszustände hinein entspannen zu können. In dieser Phase lädt sich die männliche und weibliche Energie in ihrer Polarität auf.
5. *Loslassen* ist der Moment, in dem die aufgeladenen Energien der gegensätzlichen Polung sich vereinigen. Es ist der Orgasmus, der passiert, wenn wir uns erlauben, die Kontrolle aufzugeben und uns den unwillkürlichen Reaktionen des Körpers zu überlassen. Wenn die Ladung hoch genug war, ist dies das Tor zur Ekstase und Glückseligkeit.
6. *Befriedigung* erlaubt uns, in der Phase nach dem Orgasmus die Früchte des Orgasmus zu schmecken. Wir werden auf einer sehr tiefen Ebene genährt.
7. *Ruhe* entsteht im Entspanntsein nach der Befriedigung. Diese Phase ist begleitet von einem tiefen Gefühl von Frieden, Glück und Verbundenheit.

Das bewusste Einlassen auf Sexualität gleicht einer Spirale, durch die wir uns immer weiter bewegen, je tiefer wir uns auf die Sexualität einlassen. Dieses Phasenmodell kann uns helfen innerhalb dieser Spirale unseren Weg zu finden. Jeder Mensch hat aufgrund seiner früheren Erfahrungen, seiner Sozialisation, den sozio-kulturellen Zusammenhängen gelernt, sich in den unterschiedlichen Phasen auszudrücken oder dies zu vermeiden, sich in ihnen sicher oder unsicher zu fühlen.

Diese Phasen sind nicht nur in der Sexualität zu finden, sondern sie spiegeln sich in vielen anderen Bereichen unseres Lebens wieder. Dies bedeutet auch, dass wir uns in unserer Gesamtheit weiterentwickeln, wenn wir Sexualität in dieser Art und Weise erforschen und uns dabei verändern. Die Veränderung innerhalb der Phasen der Sexualität hat automatisch einen Einfluss auf andere Bereiche des Lebens.

1. Phase: Kontakt

Mit Kontakt meine ich nicht den Kontakt mit anderen, mit etwas Äußerem, sondern mit unserem Inneren. Kontakt zieht sich wie keine andere Phase durch sämtliche Ebenen meines Seins und damit auch durch alle Phasen der Sexualität. So gesehen ist es also nicht wirklich eine eigene Phase. Ohne Kontakt ist keine wirklich befriedigende Sexualität möglich.

Kontakt ist ohne Wahrnehmung nicht möglich. Alles, was ich in dem Kapitel über die Wahrnehmung geschrieben habe, lässt sich in der Sexualität auf die Kontaktphase übertragen. Hier geht es darum, mich in jedem Moment spüren zu können, Sexualität sinnlich zu erleben und meine inneren Impulse und Wünsche mitzubekommen. Ebenso können Sie vieles, was Sie den Kapiteln über den Körper und die Gefühle kennen gelernt haben, auf die Kontaktphase übertragen.

Die Möglichkeiten dessen, was ich in der Sexualität wahrnehmen kann, sind unermesslich. Ich kann Kontakt bekommen mit meiner eigenen Lust, meiner Geilheit, meiner Verspieltheit, meiner Scheu, Scham, Vorsicht, Neugierde, Zögerlichkeit. Ich kann in Kontakt treten mit meinen Phantasien, Wünschen und Träumen, mit meinen Impulsen für Zärtlichkeit oder Wollust. Ich kann zu meiner Partnerin oder meinem Partner über meine Sinnlichkeit Kontakt herstellen über das Lauschen, das Schauen, das Schmecken, das Spüren, das Riechen. Ich kann Kontakt haben mit meiner Körperlichkeit, dem Pulsieren, Fließen, Strömen und Beben in mir, mit dem Tanz der Bewegung vom feinen Schwingen über das verspielte

Toben bis zum animalischen Kämpfen. Der Körper kann schreien und stöhnen wollen oder sanfte Worte flüstern. Ich kann Kontakt haben mit dem Wunsch meiner Finger nach zärtlicher Berührung oder forderndem Greifen. Und ich kann Kontakt bekommen mit all den entsprechenden Empfindungen und Äußerungen meiner Partnerin, meines Partners.

Je mehr Sie sich erlauben können, die Vielfältigkeit Ihres inneren Erlebens zu spüren und auszudrücken, desto intensiver werden Sie die unterschiedlichen Zustände erfahren.

Aber es passiert gerade immer wieder in der Kontaktphase, dass wir den Kontakt zu uns und damit auch zum Partner und zu der sexuellen Situation verlieren. Gerade in der Sexualität lenken Vorstellungen vom guten Liebhaber uns von uns ab. Wir versuchen einem Ideal zu entsprechen und verlieren dabei uns selber. Ferner passiert es immer wieder, dass wir Sex haben, um den Partner nicht zu enttäuschen, obwohl wir in diesem Augenblick gerade keinen Sex haben wollen.

Edtih, 54 Jahre alt, berichtet, dass sie seit Jahren schon keine Lust mehr auf Sexualität hat. Trotzdem schläft sie regelmäßig mit ihrem Mann. Sie erklärt dies damit, dass sie lieber die 10 Minuten Sex über sich ergehen lässt als den Streit über Stunden erleben zu müssen, wenn sie sich mit ihrem Nichtwollen durchsetzt.

Auf einer oberflächlichen Ebene hat Erika Glück, dass sie den Kontakt mit sich selber wohl recht leicht abbrechen kann. Sie gibt sich ihrem Mann hin, ohne viel dabei zu spüren. Auf einer tieferen Ebene hat sie resigniert. Eine befriedigende Sexualität, in der es auch um ihre Bedürfnisse geht, scheint in der Ehe unerreichbar zu sein. Und zu der damit verbundenen Enttäuschung hat sie ebenfalls den Kontakt abgebrochen. Häufig dient das Nichtfühlen als Schutz vor tieferen Verletzungen. Damit wir Sexualität in seiner Fülle erleben können, ist es notwendig, uns diesen Verletzungen zuzuwenden. Je nach Grad der Verletzung kann uns das Vorgehen, wie ich es im Zusammenhang mit den Gefühlen beschrieben habe, helfen. Manchmal ist aber eine therapeutische Aufarbeitung nötig.

2. Phase: Lust auf die Lust

In dieser Phase geht es um den Kontakt mit meiner eigenen erotischen Natur, mit meiner Lust auf die Lust. Die Lust auf die Lust entspricht dem Appetit auf das Essen. Ohne Appetit wird aus Essen freudloses Fastfood, und es gilt nur den Hunger zu stillen. In der Sexualität ist es der Moment, wo ich mich schon auf das Zusammensein freuen kann, mir vielleicht ausmale, wo wir uns begegnen, wann wir uns begegnen und wie wir uns begegnen. Diese Phase ist schon ein Genuss für sich. Es ist eine angenehme und lebendig machende Vorfreude. In der Entwicklung der Lust auf die Lust erweitere ich die Möglichkeiten hin zu tieferem Kontakt zu meinen inneren sexuellen Impulsen und Wünschen.

Jeder Mensch ist in seinem Kern ein sexuelles Wesen, das sexuelle Lust, Begierde, erotische und sinnliche Gefühle, sexuelle Phantasien usw. hat. Dies existiert unabhängig vom Außen, unabhängig von einem Partner und von einer erotischen Situation. Um mit diesem Aspekt in Kontakt zu kommen, wird allerdings oft der Weg über das Außen gesucht. Von der Partnerin wird erwartet, dass sie die Initiative ergreift. Pornos und Wünsche nach ausgefallenen sexuellen Praktiken sollen zu mehr Stimulierung führen. Sicher sind dies auf jeden Fall Möglichkeiten, mit der eigenen Lust in Kontakt zu treten. Wenn dies jedoch die einzige Möglichkeit ist, führt es in eine Sackgasse. Wir machen uns dann abhängig von den stimulierenden Reizen des Außen. Wenn diese nicht richtig erfüllt werden, führt es häufig zu Lustlosigkeit, Enttäuschung und Vorwürfen. Dabei kommt es zu all den unnützen Streitereien, bei denen es darum geht, ob einer immer nur passiv ist und die Initiative immer vom selben ausgeht, ob sie richtig begehrlich berührt hat, ob er sie wirklich gemeint hat oder einfach nur Sex wollte. Jede Beziehung kennt ihre Streitpunkte, die sich um das Thema Sexualität entfachen. Wenn man ehrlich hinschaut, wird man meistens bemerken, dass aus der eigenen Sicht der Partner, die Partnerin sich verändern müsste, damit es nicht mehr zu diesen Schwierigkeiten kommt. Es sind all die Konflikte, bei denen die Erfüllung der eigenen Sexualität im Verhalten und Sein des Partners gesucht wird.

Natürlich hat es einen Einfluss auf mich, wie mein Partner oder meine Partnerin mit mir ist, wenn wir Sex haben. Wenn ich mechanisch gestreichelt werde, dann verschwindet meistens die eigene Lust, aber das heißt noch lange nicht, dass ich in Abhängigkeit von meinem Partner bin. Ich merke, dass ich unter diesen Bedingungen keine Lust auf Sex habe, sondern lieber ein Buch lese. Habe ich hier die Freiheit, den sexuellen Kontakt ohne Vorwürfe abzubrechen? Oder fange ich einen Streit an, um aus der mir unangenehmen Situation zu kommen, oder mache ich weiter, um meinen Partner, meine Partnerin nicht zu verletzen? Oder interessiert es mich, wieso mein/e Partner/in nicht im Kontakt mit sich und mit mir ist, was ihn oder sie abgelenkt sein lässt? Vielleicht ist diese Störung eine

Möglichkeit, wieder tiefere Intimität zwischen uns herzustellen. Wichtig bei allem ist, dass ich die Verantwortung für *meine* Lust auf die Lust übernehme und behalte.

Ich gehe davon aus, dass es für eine reife Sexualität notwendig ist, diesen eigenen Raum der Lust auf die Lust immer besser kennen zu lernen. Je mehr ich mir erlaube mich in diesem Raum aufzuhalten, die Tür nur anzulehnen oder gar offen stehen zu lassen, desto bereichernder wird es sich auf meine Sexualität auswirken. Aus diesem Raum kommen die Phantasien meiner sexuellen Welt. Meine privaten, ganz speziellen Wünsche, Impulse und Ausdrucksformen haben hier ihren Ursprung. Und wenn wir uns erst einmal, erlauben diesen Raum zu erforschen, dann werden wir mit der Zeit sehr überrascht sein, wie lebendig und facettenreich er ist.

Übung: Die Lust auf die Lust erforschen

Nehmen Sie sich eine halbe Stunde Zeit, diesen inneren erotischen Raum, diese Lust auf die Lust für sich zu erforschen. Spüren Sie nach, welche Musik für Sie erotisch ist, vielleicht welche Kleidung, welcher Duft usw. Dann erlauben Sie sich Ihre eigenen, persönlichen erotischen Szenarien und Geschichten zu erträumen, zu phantasieren. Erlauben Sie sich, in Ihren früheren schönen erotischen Begegnungen zu schwelgen? Was hat diese zu besonderen Begegnungen gemacht? Nehmen Sie sich die Freiheit, immer tiefer einzutauchen und sich auch auf die Suche zu machen nach den heimlichen Wünschen, die Sie vielleicht noch nie gelebt oder geäußert haben. Jetzt ist dafür Platz und Zeit. Wenn Sie nach einiger Zeit Kontakt mit dieser inneren Welt haben, dann richten Sie Ihre Aufmerksamkeit auf Ihren Körper mit seinen Empfindungen, seiner Atmung und den Veränderungen in Spannungszuständen. Es gibt immer eine körperliche Entsprechung zum eigenen erotischen Raum. Der Körper fühlt sich anders an, atmet anders. Vielleicht können Sie sich in diesem Körpergefühl einige Zeit aufhalten. Dann nehmen Sie auch einmal wahr, welche Stimmungen oder Gefühle mit diesem Raum der Lust auf die Lust zusammenhängen, vielleicht Freude, Lebendigkeit, Leichtigkeit, Lust, Geilheit, Liebe…?

Diese Übung ist sehr hilfreich, die eigenen sexuellen Impulse, Empfindungen, Wünsche, Phantasien und Träume kennen zu lernen und in die Einheit von Körper, Geist und Seele zu integrieren. Sie werden so zu einem Bestandteil des „Ich-BIN“.

Allein dadurch, dass Sie Ihr eigenes erotisches Wesen entfalten, können Sie viel Energie, Lebendigkeit und erotische Lust mit sich selber aufbauen – ohne Partner oder Partnerin. Diese Lebendigkeit steht Ihnen jederzeit zur Verfügung, Sie können diese an jedem Ort und zu jeder Zeit aufbauen und in Ihr Leben einfließen lasen.

3. Phase: Intimität

Intimität bedeutet Begegnung aus der Wahrheit heraus. Sie kann nie aus meinen gelernten Mustern entstehen, aus meiner Persönlichkeit und meiner Charakterstruktur. Ich kann Intimität nicht herstellen. Sie hat nichts mit körperlicher oder seelischer Nacktheit als solcher zu tun. Intimität hat damit zu tun, mich zu öffnen und zu zeigen und gleichzeitig verletzbar und berührbar zu sein.

Als Phase nach der Lust auf die Lust geht es in der Intimität darum, mich in meiner Lust auf die Lust zu zeigen, den Wünschen und Impulsen zu folgen, mich in der Lust auszudrücken und gleichzeitig offen zu sein für meinen Partner. Je klarer beide in ihrem eigenen erotischen Raum sich zu Hause fühlen, sich aus ihm heraus bewegen lassen und diesen für den Partner, die Partnerin transparent machen, desto intimer wird die Begegnung. Hier beginnt der gemeinsame Tanz der Intimität.

Diese Art der intimen Begegnung ist nur dann möglich, wenn ich in meinem Sein verwurzelt bin. Intimität entsteht an den Grenzen beider Partner und nicht im unbewussten Verschmelzen miteinander. Intimität lebt aus der Kraft der Eigenständigkeit. Ein Paar findet seine Kraft in der Sexualität in erster Linie nicht dann, wenn einer sich auf den anderen einstellt oder vom anderen erwartet, dass dieser seine Bedürfnisse erfüllt, sondern indem jeder Partner in Kontakt mit sich ist.

Ich erhöhe das in der Lust auf die Lust aufgebaute Energiepotential allein schon dadurch, dass ich mich offen zeige und meinen Partner in das Geschehen meines erotischen Raumes einlade. Intimität steigert so die Kurve der sexuellen Ladung.

Viele Menschen haben aber gelernt, sich eher zu verstecken als sich wirklich zu zeigen. Die Verletzung, die in einer Offenheit passieren kann, scheint zu gefährlich zu sein. Wenn ich in meiner Rolle, die ich spiele, verletzt werde, tut das weh, aber mehr an der Oberfläche. Wenn ich aber in meiner Wahrheit verletzt werde, werde ich in meinen tiefsten Schichten berührt. Das automatische Gleichsetzen von Sich-Öffnen und Verletzt-Werden deutet auf frühere Erfahrungen hin, in denen etwas Ähnliches passiert ist. Wenn zu meiner persönlichen Geschichte gehört hat, dass ich als Kind häufig verletzt wurde, wenn ich mich gezeigt habe, ist es wichtig, daran zu arbeiten, klare und sichere, aber gleichzeitig auch durchlässige Grenzen zu erlernen. Erst dann kann ich mich in einer intimen Begegnung wirklich zeigen und wirklich entfalten. Sich offen fühlen und sich offen zeigen fühlt sich viel lebendiger an als jede Form von Schauspielerei. Vor diesem Hintergrund erübrigt sich die Frage, ob ich einen Orgasmus vortäuschen soll oder kann und ob der Partner dies merkt.

Übung: Intimität teilen

Nehmen Sie sich Zeit und spüren noch einmal in den Raum der Lust auf die Lust hinein. Erinnern Sie sich an Ihre Wünsche, Phantasien und Impulse. Spüren Sie dann genau nach, was in Ihnen passiert, wenn Sie sich vorstellen, diese eigene Welt Ihrem Partner oder Partnerin zu zeigen. Wie geht es Ihnen, wenn Sie ihn oder sie daran teilhaben lassen, wenn Sie Ihre Wünsche, Impulse und Phantasien in das gemeinsame Spiel einfließen lassen? Vielleicht spüren Sie, dass es Ihnen leicht fällt, sich darin zu zeigen, sich dafür zu öffnen. Die neue Offenheit kann dazu führen, dass Sie sich noch lebendiger fühlen und die Ideen und Impulse aus der Lust auf die Lust noch vielfältiger werden.

Aber vielleicht merken Sie, dass Sie sich schämen, dass Sie Angst vor Verletzung oder Ablehnung haben oder dass Sie andere Widerstände haben, die es Ihnen schwer oder unmöglich machen, sich so zu zeigen. Es ist hilfreich, diese Widerstände zu untersuchen, ihre Geschichte zu erforschen und herauszufinden, ob Sie im Moment noch aktuell und notwendig sind. Was braucht es, dass Sie sich ein wenig mehr trauen können? Braucht es etwas in Ihnen oder etwas vom Partner?

Wenn ich untersucht habe, was ich in der Intimität ausdrücken will und was mich davor zurückschrecken lässt, ist es ferner wichtig zu spüren, wie ich auf die Wünsche und Impulse meines Partner reagiere. Überwiegen hierbei eher die Befürchtungen und Ängste in mir oder die Neugierde und Lust auf Bereicherung? Obwohl Intimität ein Tanz zweier Menschen miteinander ist, ist es anfänglich wichtig, bei sich zu schauen, die eigenen Schritte zu lernen und die Reaktionsweisen auf die Schritte des Partners zu kennen.

Übung: Sich von der Intimität des Partners berühren lassen
Stellen Sie sich eine intime Situation mit Ihrem Partner vor. Was passiert in Ihnen, wenn Ihr Partner sich vollständig aus seiner Lust auf die Lust zeigt? Gibt es in Ihnen bestimmte Ängste oder Befürchtungen, was auf Sie zukommen wird, oder überwiegt in Ihnen die freudige Erwartung?

4. Phase: Ladung

In der nächsten Phase geht es um die Wege, die ich beschreiten kann, um die Ladung, die Energie, die Lust und die Intensität bei der Sexualität zu steigern. Die erste und vielleicht paradox klingende Regel ist die, dass es wichtig ist, sich Pausen zu gönnen. Ladung steigt nicht gradlinig, sondern sie braucht Täler zum Sammeln, um dann von neuem weiter aufzusteigen.

Manche Menschen kommen in Stress, wenn in der Sexualität für Momente die Lust abflaut. Sie fangen dann an zu agieren, aus Angst, dass die Lust ganz verschwindet. Gerade aber in Pausen schaffen wir für die Energie der Lust eine Plattform, noch weiter aufzusteigen. Dazu ist es aber notwendig, den Fokus vom Orgasmus als Ziel wegzunehmen. Dieses Nicht-Anhaften ist für viele Menschen eine harte Übung. Wenn ich anstelle dessen im Kontakt bin mit dem, was im Moment wirklich passiert, dann werde ich erkennen, dass Ladung sich in Wellen auflädt. In den Tälern breitet sich die Energie aus und verteilt sich von den primären erogenen Zonen in den ganzen Körper hinein. Dies bewirkt natürlich für das Erleben von Ladung erstmals ein Abflachen. Wenn ich ein Glas mit Wasser fülle, dann ist es bald voll. Wenn ich dieses Wasser in einen Eimer entleere, dann erscheint dieselbe Menge in dem riesigen Behältnis unbedeutend wenig. Aber der Eimer hat ein viel größeres Potential, Wasser aufzunehmen.

An diesem Punkt stellt sich eine wichtige Frage. Wieviel Ladung kann mein Körper halten, bevor er in die Entladung geht? Dies ist nicht nur ein Aspekt, der auf die Sexualität beschränkt ist, sondern einer, der mit jeglichen energetischen Handlungen zusammenhängt. Bei der Sexualität führt diese Kapazitätsgrenze zur Entladung durch einen Orgasmus bzw. eine Ejakulation. Energetisch gesehen ist der Körper wie ein Gefäß, in das Ladung hineinpasst. Und Gefäße sind unterschiedlich groß. In ein Glas passt viel weniger hinein als in einen Eimer. Menschen haben unterschiedliche Kapazitätsgrenzen. Wenn wir an unsere Grenze stoßen, dann kommt es mehr oder weniger automatisch zu einer Entladung.

Da Atmung genauso wie die Sexualität auch einen energetischen Aspekt hat, können wir unsere energetische Kapazitätsgrenze leicht an der Atmung verdeutlichen.

Übung: Die Grenze der Ladung

Setzen Sie sich entspannt hin und atmen Sie 10-mal kräftig schnell durch den leicht geöffneten Mund ein und aus, und lassen Sie Ihren Blick während der ganzen Zeit auf etwas gerichtet, ohne ins Starren zu kommen. Spüren Sie dann, wie Sie sich fühlen.

Wenn Sie Zeichen von Schwindel, Unwohlsein, starkes Kribbeln in den Händen oder gar Taubheitsgefühle im Mund oder Händen haben, dann sind Sie an Ihrer Grenze angelangt oder haben sie schon überschritten. Aber auch, wenn Ihr Blick gewandert ist oder Sie gar nicht mehr richtig wahrgenommen haben, auf was Ihr Blick gerichtet war, haben Sie wahrscheinlich Ihre Kapazitätsgrenze schon erreicht. Wenn Sie sich aber einfach wacher, lebendiger und aufgeladener fühlen, sind Sie innerhalb Ihrer Grenze geblieben. Wenn Sie gar nichts spüren, kann man dazu im Moment keine Aussage machen, da die Gründe dafür zu vielfältig sein können.

Ungeübt können wir nur einige aufladende Atemzüge machen und gleichzeitig präsent sein. Um lebendiger, lustvoller und energetischer in Präsenz sein zu können, gilt es nun, dieses innere Gefäß für die Ladung langsam zu erweitern. Menschen, die ein sehr kleines Gefäß haben, in dem sie ihre Ladung halten können, kommen sehr schnell zu einem Orgasmus, weil das Gefäß sehr schnell voll ist.

Ein anderes Konzept im Umgang mit Ladung ist, dass Ladung sich verstärkt, wenn sie in Bewegung gebracht wird. Wir haben als Menschen ein sehr großes Reservoir an gebundener Ladung. Menschen können mehrere Tage lang fasten, sich dabei sportlich betätigen und fühlen sich lebendig und wohl. Aber unsere gebundene Energie will freigesetzt werden. Kennen Sie Folgendes? Sie kommen müde von der Arbeit und würden am liebsten nur noch schlafen, aber der Partner oder die Partnerin hat Lust auf Sex. Obwohl Sie eigentlich erschöpft waren, merken Sie, dass Sie umso wacher werden, je mehr Sie sich auf die Erotik einlassen. Und nach dem Sex fühlen Sie sich total fit. Das heißt: Energie vermehrt sich, wenn sie in Bewegung gebracht wird. Viele Paare stellen sich an solchem Punkt immer wieder die Frage: Warum haben wir eigentlich nicht öfter Sex, es tut einfach gut!

Langfristig können wir lernen, unsere energetische Kapazitätsgrenze zu erhöhen, immer mehr Ladung in Bewegung zu bringen und diese bewusst und entspannt zu halten. Dies kommt daher, dass wir immer so weit gehen, bis wir eine Grenze berühren und uns dann in die Ladung hinein entspannen. Wir erregen uns zum Beispiel bis kurz vor den Höhepunkt und entspannen uns, bevor es zur Entladung kommt. Entspannung an der Grenze ist das effektivste Verfahren, um eine kontinuierliche Erweiterung der Grenze zu erzielen.

Vier Schlüssel, um Ladung aufzubauen

Es gibt vier Schlüssel, mit denen Sie Ladung steigern können. Der erste ist sehr subtil, aber dafür äußerst effektiv. Es ist die *Aufmerksamkeit* – die gebündelte Form des Kontaktes. Alles, was ich mir aufmerksam anschaue, wird intensiver. Wenn ich einen Film im Fernsehen sehe und mich nebenbei mit etwas anderem beschäftige, dann wirkt der beste Krimi nicht spannend. Wenn ich aber voll dabei bin, kann er mich fesseln. Bezogen auf die Sexualität fällt mir dazu ein Interview mit einem amerikanischen Filmschauspieler ein, der als Frauenheld galt. Er prahlt in dem Interview, dass er die ganze Nacht mit Frauen Sex haben könnte. Auf die Frage, wie er das hinkriegt, antwortete er, dass er beim Zusammensein an irgendwelche Alltäglichkeiten denke, und dann könne er stundenlang sexuell aktiv sein. Recht hat der Mann. Wenn der Leistungsgedanke sein oberstes Ziel in der Sexualität ist, dann hat er den richtigen Weg gefunden. Zweifel habe ich, ob seine Partnerinnen eine befriedigende Sexualität mit ihm erleben. Er macht genau das Gegenteil von dem, was ich empfohlen habe, um Ladung aufzubauen, nämlich sich auf die Empfindung der Erregung zu konzentrieren. Das bedeutet, wenn Sie mehr und intensiver erleben wollen, dann richten Sie Ihre Aufmerksamkeit auf das, was Sie im Moment empfinden. Wenn Sie weniger erleben wollen und weniger intensiv, dann denken Sie beim Sex an Kochrezepte oder den nächsten Ölwechsel. Aber bitte verschonen Sie Ihren Partner, Ihre Partnerin hinterher mit den Fragen: „War ich gut? Hat es Spaß gemacht?"

Der zweite Schlüssel ist die *Atmung*. Atmung und Empfindung sind eng miteinander gekoppelt. Wenn Sie flach und wenig atmen, spüren Sie wenig. Wenn Sie tief und voll atmen, spüren Sie viel. Es ist wirklich so einfach. Aber auch hierbei gilt es zu bedenken, dass mehr nicht immer mehr ist. Es gilt das Mehr innerhalb der eigenen Grenzen zu finden. Das heißt: Spielen Sie mit dem Atem und spüren Sie, mit wie viel Atem Sie sich wohl und lebendig fühlen.

Der dritte Schlüssel ist *Bewegung*. Lebendigsein bedeutet in Bewegung sein. Lassen Sie Ihren Körper sich in der Lust bewegen. Bewegen Sie nicht nur das Becken vor und zurück, sondern den ganzen Körper. Lassen Sie Lust und Erregung Ihren Ausdruck in den Bewegungen Ihres Körper finden. Je starrer und gehaltener der Körper bleibt, desto weniger Raum ist für Aufladung vorhanden. Lassen Sie aus den sexuellen und erotischen Spielen einen Tanz des Körpers werden.

Der vierte Schlüssel liegt darin, *Töne, Laute und Geräusche* zu machen. Seien Sie nicht leise. Töne sind für viele Menschen sehr ambivalent. Wir trauen uns einfach nicht, uns hörbar zu machen. Kleine Kinder begleiten fast alle Aktivitäten mit Tönen. Sie glucksen und machen unterschiedliche Geräusche als Ausdruck ihres Fühlens, aber auch zur Steigerung dessen, was sie erleben. Wir als Erwachsene haben diese Fähigkeit aufgegeben. Aber wenn Sie sich wieder erlauben, Ihr Erleben mit Tönen zu begleiten, werden Sie merken, dass es das Empfinden beim Sex verstärkt. Am Anfang ist es manchmal ungewohnt, ja, für manche auch peinlich. Aber trotzdem ist es ein Schlüssel zur Intensivierung der Lust und zur Steigerung der Ladung im sexuellen Erleben.

Wenn wir die vier Schlüssel damit kombinieren, uns in hoher Ladung zu entspannen, dann können sich Intensität und Dauer des sexuellen Kontaktes steigern.

Zusammenfassend können wir die Phase der Ladung in drei Subphasen unterteilen.

1. Die Ladung mittels der vier Schlüssel Aufmerksamkeit, Atmung, Bewegung und Tönen aufbauen.
2. Die Ladung entspannt halten.
3. Die Ladung sich verteilen lassen.

Im Verlauf einer Ladungsphase können wir mehrmals durch die drei Subphasen hindurchgehen und damit den Ladungszustand im ganzen Körper erhöhen. Das hört sich vielleicht etwas technisch an, ist aber äußerst lustvoll.

Übung: Ladung aufbauen und verstärken

Einer der besten Wege, unsere Fähigkeit der Ladungssteigerung zu erforschen und zu erweitern, ist das Atmen, verbunden mit den anderen als Subphasen genannten Hilfsmitteln. Legen Sie sich entspannt auf den Rücken und stellen Sie die Beine auf. Die Knie zeigen gegen die Zimmerdecke. Werden Sie achtsam und spüren Sie Ihren Körper, so wie er ist. Dann richten Sie Ihre Aufmerksamkeit auf die Atmung und fangen Sie langsam an, dessen Intensität zu steigern. Atmen Sie ein wenig tiefer ein und aus und ein wenig schneller. Atmen Sie durch den leicht geöffneten Mund. Es geht nicht darum, Ihre Art der Atmung zu verändern, sondern darum, sie zu intensivieren. Machen Sie dies für ca. 10 Atemzüge. Entspannen Sie sich danach wieder und nehmen Sie wahr, ob sich etwas an Ihrer energetischen Ladung verändert hat. Wenn Sie in einzelnen Regionen des Körper mehr Ladung wahrnehmen als in anderen, dann lassen Sie diese sich im ganzen Körper verteilen. Machen Sie noch einmal 10 Atemzüge, und wenn es sich gut anfühlt, können Sie Töne und Bewegungen hinzunehmen, die sich aus Ihrer Stimmung entfalten wollen. Danach machen Sie wieder eine Pause. Anfangs sollten Sie nicht mehr als 3 solcher Durchgänge machen, also insgesamt 30 Atemzüge, aber mit der Zeit können Sie dies je nach Ihrer Kapazitätsgrenze erweitern.

Wenn Sie diese Atemübung direkt mit Ihrer Sexualität verbinden wollen, können Sie neben den Bewegungen und Tönen auch noch erotische Berührung hinzunehmen. Streicheln Sie sich am ganzen Körper, während Sie weiter atmen. Es ist gut, dies anfänglich mit sich selber zu üben, um es dann in der Begegnung mit dem Partner auszuprobieren.

5. Phase: Orgasmus – Loslassen

Das Erleben eines Orgasmus ist abhängig von der vorher aufgebauten Ladung. Wenn sie klein war, wird die Entladung, der Orgasmus weniger intensiv sein. War sie groß, wird der Orgasmus entsprechend sein.

Was passiert bei einem Orgasmus? Auf einer rein körperlichen Ebene kommt es zu unwillkürlichen wellenartigen Kontraktionen in der Muskelgruppe des Beckenbodens. Diese unwillkürlichen Kontraktionen werden begleitet von all den Gefühlen, Empfindungen und Zuständen, die von uns als so lustvoll und angenehm empfunden werden.

Wenn der Ursprung des orgastischen Erlebens eine unwillkürliche, also eine nicht vom Willen steuerbare Kontraktionswelle ist, dann ist es gut zu wissen, wie es zu diesen unwillkürlichen Wellen kommt.

Wilhelm Reich war der erste westliche Wissenschafter, der diesen unwillkürlichen Wellen eine starke Bedeutung für die psychische Gesundheit zumaß. Später hat Alexander Lowen diesen Ansatz weiterverfolgt. Aus ihren Schulen stammt der Begriff des Orgasmusreflexes. Dieser Reflex wird ausgelöst, wenn der Körper über einige Zeit in einem Spannungszustand gehalten wird. Der Orgasmusreflex ist nicht nur auf die Sexualität beschränkt und auf das Becken reduziert, sondern kann im ganzen Körper ausgelöst werden. Wenn der Körper durchlässig ist, können sich die Wellen durch den ganzen Körper ausbreiten.

Drei Punkte sind an dieser Stelle wichtig:

1. Der Reflex wird in einem Spannungszustand ausgelöst.
2. Der Reflex ist unwillkürlich.
3. Der Reflex kann sich auf den ganzen Körper ausbreiten.

Der Spannungszustand, der den Orgasmusreflex auslöst, entsteht an der Grenze meiner Kapazität, Ladung halten zu können. In dem Moment, in dem ich sexuell stimuliert bin, steigert sich in mir die Erregung. Anfänglich füllt diese Erregungsenergie nur einen Teil meiner körperlichen Kapazität aus. Wenn sie aber an die körperliche Grenzen stößt, das heißt, wenn das Gefäß voll ist, dann entsteht im Körper ein Spannungszustand. Der Körper kann die Energie kaum noch halten, und wir kommen zu dem „point of no return", dem Punkt in der Erregung, der, sobald er überschritten ist, nicht mehr angehalten werden kann. Ab hier passiert das Unwillkürliche. An diesem Punkt baut sich die Energie noch etwas mehr auf, um dann in eine explosionsartige Entladung zu münden. Die wellenförmigen Kontraktionen beginnen im Beckenboden und breiten sich entsprechend seiner Durchlässigkeit durch den ganzen Körper aus.

Die Intensität dieses Erlebens ist unter anderem von zwei Faktoren abhängig. Der erste ist die aufgebaute Ladung und der zweite ist meine Fähigkeit, mich den unwillkürlichen Reaktionen hinzugeben. Wenn wir lernen, unser Gefäß zu vergrößern, das heißt zum Beispiel den ganzen Körper aufzuladen und ihn sich in dem Orgasmusreflex hinzugeben, wird sich das Erleben der Intensität vervielfachen.

Wenn die Ladung nicht sehr hoch war, ist die Welle, die mich mitnimmt, auch nicht sehr stark. Dies hat jedoch nicht nur mit der Stärke der Welle zu tun, sondern auch mit meinem Vertrauen in die Welle und mit meiner Fähigkeit, Kontrolle aufzugeben. Ich spreche hier nicht von willentlicher Kontrolle, sondern von der im Körper gehaltenen Kontrolle. Ein Orgasmus ist der Moment, in dem etwas in uns passiert, das jenseits des ICHs liegt. Die Franzosen nennen den Orgasmus „den kleinen Tod". Für einen Moment muss das ICH sterben, um sich in einem anderen Seinszustand zu verlieren. Dies ist das Tor zum Größeren. Hier passiert der Übergang zu ekstatischen Bewusstseinsräumen, hier erleben Paare oder Einzelne immer wieder auch spirituelle Erlebnisse. Dies sind Geschenke, die wir erhalten, wenn wir loslassen und das ICH aufgeben.

Vielen Menschen, die keinen Orgasmus erleben, fehlt die Möglichkeit des Loslassens. Sie strengen sich an, sie arbeiten auf den Orgasmus hin. Aber der Orgasmus kommt von alleine, und je mehr sie tun, desto eher kommt er nicht. Andere Menschen erlauben sich den Orgasmus für einen kurzen Moment, bevor sie wieder die Kontrolle übernehmen.

Wenn der ganze Körper die Fähigkeit hat, sich in diesen unwillkürlichen Wellen wohlzufühlen, sich von ihnen wegschwemmen zu lassen, kann der Orgasmus ein ganzkörperliches Erleben werden, das sich immer mehr verlängert. Nicht die „normalen“ 6 oder 7 Kontraktionen des Beckenbodens, die aus medizinischer Sicht den Orgasmus begleiten, sind dann das Maß, sondern ähnlich einem Feuerwerk kommt es aus immer neuen Regionen des Körpers zu neuen Explosionen, die wieder den ganzen Körper erfassen können.

Ein Punkt bei der Betrachtung des Orgasmus ist aus männlicher Sicht noch wichtig. Orgasmus ist etwas anderes als Ejakulation. Obwohl die meisten Männer es gleichzeitig erleben, sind es zwei zu unterscheidende Abläufe. Der Orgasmusreflex beginnt meist mit den unwillkürlichen Muskelkontraktionen im Beckenboden. Diese Muskelkontraktionen haben physiologisch zwei Aufgaben. Erstens das Ejakulat aus der Prostata in die Harnröhre zu bringen und zweitens durch die Harnröhre aus dem Penis zu befördern. Seit der Kindheit haben Jungen diese Verbindung von orgastischen Muskelkontraktionen und Ejakulation eingeübt. Wenn wir aber lernen, dass die unwillkürlichen Muskelbewegungen sich nicht nur auf den Beckenboden beziehen, sondern wellenartig sich über den ganzen Körper ausbreiten, dann können wir den Orgasmus von der Ejakulation lösen. Wir Männer gewinnen dadurch die Möglichkeit, die Freuden und die Wonne des Orgasmus in seiner Fülle auszuschöpfen, ohne dass es zu einem Energieabfall, der nach jeder Ejakulation eintritt, kommt.

Wenn Sie beginnen, mit dem Trennen von Orgasmus und Ejakulation zu experimentieren, achten Sie darauf, nicht in einen Leistungsstress zu verfallen. Sex ohne Ejakulation ist nicht besser als mit. Entdecken Sie etwas Neues, das Ihren gewohnten Sex bereichert. Genießen Sie jede Ejakulation genauso wie jeden Orgasmus ohne Ejakulation.

Die unwillkürlichen Muskelkontraktionen entstehen, wenn wir unsere Kontrolle des Haltens aufgeben. Wenn der Körper sich in „Trockenübungen“ an die Durchlässigkeit für orgastisches Strömen gewöhnt hat, wird er automatisch auch beim Sex darauf zurückgreifen. Häufig ist es notwendig, sich und den Körper erst wieder an das Vibrieren und Schütteln zu gewöhnen. Als Kinder haben wir es sehr häufig einfach gemacht, um uns gut zu fühlen. Für Erwachsene sieht es ein bisschen lächerlich aus. Aber vielleicht erinnern Sie sich daran, wie Sie sich als Kind geschüttelt haben, und probieren Sie es noch einmal aus.

Übung: Schütteln
Stellen Sie sich etwa schulterbreit hin. Der Körper ist entspannt, die Knie leicht gebeugt. Nun fangen Sie an, Ihren ganzen Körper zu schütteln, Hände und Arme, den Kopf mit offenem Mund, den Oberkörper und die Beine, wobei die Füße auf dem Platz bleiben. Machen Sie dabei Töne und atmen Sie tief ein und aus. Nach einiger Zeit lassen Sie den Ausschlag des Schüttelns größer und dann wieder kleiner werden. Spielen Sie mit der Intensität. Zum Schluss lassen Sie das Schütteln so klein werden, dass man es von Außen kaum sehen kann und es nur noch innerlich spürbar ist.

Wenn in Ihnen unwillkürliche Kontraktionen und unwillkürliches Schütteln einsetzen, dann lassen Sie sich vollständig von ihnen erfassen. Vielleicht spielen Sie damit, dass Sie bewusst einige Körperteile in ähnlicher Weise schütteln, um sie an das Unwillkürliche heranzuführen. Mit etwas Übung wird Ihr ganzer Körper in dieses unwillkürliche Schütteln einsteigen, und es reicht dann schon aus, die Aufmerksamkeit auf Bereiche zu lenken, damit diese einsteigen. Wenn Sie diese Übungen häufig machen, werden Sie merken, dass das unwillkürliche Schütteln immer schneller passiert und Sie die Intensität mit Bewusstheit und Atem variieren können. Sie können das Schütteln feiner werden lassen, dass es mehr ein Vibrieren wird, das Sie dann in die Tiefen des Körpers lenken können. Mit der Zeit wird sich auch Ihr Erleben des Orgasmus verändern. Sie gewinnen mehr Freiheit sich hinzugeben und loszulassen, und gleichzeitig können Sie auf die inneren energetischen Abläufe über Bewusstheit Einfluss nehmen.

6. Phase: Befriedigung

Die Phase der Befriedigung ist eine sehr feine, nach innen gekehrte Phase am Ende der orgastischen Wellen. Während die ersten starken orgastischen Wellen den Geist in andere Seinszustände katapultieren können, kommt es am Ende zu immer kleineren Wellen, die letztlich nur noch als Energiewellen durch den Körper strömen. Diese feine Energiebewegung hat die Möglichkeit, durch den ganzen Körper und zu jeder

Zelle vorzudringen und diese zu nähren. Die Zellen des Körpers baden in dieser Energie, nehmen sie auf und werden von ihr gestärkt. Das, was in diesem Moment geschieht, sieht man Menschen mit einer lebendigen Sexualität leicht an. Sie wirken vital und strahlend.

Befriedigung ist wie der Moment nach der Anstrengung bei einer Wanderung auf einen Berggipfel. Der Aufstieg war beschwerlich, und in dem Moment, in dem Sie den Berggipfel mit seiner atemberaubenden Sicht erklommen haben, sind Sie überwältigt von den Eindrücken. Dies entspricht dem Orgasmus. Nach einiger Zeit werden Sie ruhiger, vielleicht setzen Sie sich hin, und es entsteht ein Moment tiefen Glücks und Dankbarkeit, an dieser Schönheit teilhaben zu dürfen. Dieser Moment hat nichts mehr mit der Explosivität des anfänglichen Ergriffenseins zu tun, sondern es ist die Stille des Genusses und die Freude an ihm. Dieser Moment ist sowohl nährend für den Körper als auch für die Seele.

Es braucht die Möglichkeit, in sich ruhen zu können, mit sich zufrieden sein zu können, um die lebendige Muße und die Ruhe dieser Momente halten zu können und sich dieser stillen Form der Ekstase hinzugeben. Wir haben diesen Zustand als Säuglinge in Momenten kennen gelernt, in denen wir liebevoll gehalten und vielleicht gerade gestillt waren. Wir waren satt von der Liebe, die uns umgab, es gab nichts außer glücklich zu sein in dieser Welt. In diesen Momenten wurden die Grundlagen geschaffen, uns in die nährende Fülle fallen lassen zu können, sie aufzunehmen und uns von ihr sättigen zu lassen. Die Welt erschien einfach voll von Liebe, Geborgenheit und zu jeder Zeit nährend. Der Moment der Befriedigung innerhalb der Sexualität kann die Tür zu diesem Urvertrauen wieder öffnen.

Wir stehen noch an der Schwelle des ekstatischen Raumes, den wir in der Phase des Orgasmus haben schauen oder betreten dürfen. Das Erleben dieses Raumes glich einem Feuerwerk an Empfindungen und Gefühlen. Wir sind noch nicht ganz draußen, aber es braucht nur eine kleine Bewegung, und wir verpassen diesen Zwischenraum, und die Tür geht zu. Es ist der zarte Moment der Verzückung, in dem wir von der Größe des Geschehenen verzaubert sind.

Diese Erfahrungen zu beschreiben ist schwer, da sie mit dem Sein und der Stille und nicht mit dem Tun zusammenhängen. Es sind Momente, die am ehesten durch ein Gedicht berührt würden.

Unser ICH aber lebt durch Tun, Verstehen und Kontrollieren, und deshalb hat das ICH wenig Vertrauen in diesen Zustand, da es dort seine Funktion, seine Aufgaben verliert. Das ICH ist in diesen Momenten in seiner Existenz bedroht. Und so macht es vielen Menschen Angst, sich auf dieser Ebene berühren zu lassen. Lieber schlafen wir ein, greifen zur Zigarette, schalten den Fernseher ein, stehen auf und gehen auf die Toilette oder fangen an zu reden.

Übung: In die Befriedigung eintauchen

Nehmen Sie sich etwas Zeit, um nachzuspüren, wie Sie mit dieser Phase nach dem Orgasmus umgehen. Fällt es Ihnen leicht, in das Feine dieser Stimmung einzutauchen, oder werden Sie aktiv?

Die Phase der Befriedigung finden wir in allen Lebensbereichen, und sie ist absolut notwendig, um etwas Begonnenes zu Ende zu bringen, ohne in der Hetze zum Nächsten zu eilen. Aber für diese Phase wie auch für die folgende, die Phase der Ruhe, haben wir in unserer hektischen Zeit keinen Raum. Immer wartet schon die nächste Aufgabe auf uns.

Übung: Befriedigung untersuchen

Wie gehen Sie mit dieser Phase grundsätzlich um? Erlauben Sie sich den Moment von Zufriedenheit und Stolz, wenn Sie etwas abgeschlossen haben? Lassen Sie sich gerne feiern, wenn Sie etwas Besonderes vollbracht haben? Genießen Sie den Moment nach dem guten Essen? Macht es für Sie Sinn, einen Tag mit einem guten Glas Wein genussvoll abzuschließen?

Diese Phase entspricht nicht unserer Kultur, sondern unserer Natur. Es handelt sich dabei um die natürlichen Rhythmen unseres Seins und unseres Körpers. Die regenerative Kraft der Befriedigung ist uns verloren gegangen. Und es ist anzunehmen, dass viele stressbedingte Krankheiten durch das Fehlen dieser regenerativen Phasen zugenommen haben.

7. Phase: Ruhe

Die Phase der Ruhe erwächst langsam aus der Phase der Befriedigung: Ich erlaube mir, mich noch weiter zu entspannen und mich innerlich von der Aktivität des Vergangenen zu lösen. Nicht Aktivität steht im Vordergrund, sondern Ruhen, Regenerieren und neue Kräfte sammeln. Während Befriedigung direkt mit der vorherigen Aktivität verbunden ist, ist Ruhe ein Zustand des Seins ohne Verbindung zum Tun. Im Zyklus der Sexualität lasse ich mich auf das gemeinsame Sein mit meinem oder meiner

Geliebten ein. Hier zeigt sich, ob der Sex getragen war durch Liebe. Viele Menschen, in der Mehrzahl Männer, können sich, von ihrer sexuellen Energie getragen, auf Sexualität mit unterschiedlichen Partnern/innen einlassen. Die Begierde ist der Motor für den Kontakt. In der Phase der Ruhe kommt dann das Erwachen. Kann ich mit diesem Menschen, mit dem ich gerade noch intim war, auch in liebevoller, ruhiger Umarmung entspannt zusammen liegen? Kann ich das Zusammensein genießen und eventuell gemeinsam einschlafen, oder versuche ich so schnell wie möglich aus dem Bett zu kommen, um der Peinlichkeit der Nähe zu entfliehen?

Die Phase der Ruhe kann unterschiedlich lang sein. Nach einem energetischen Quicky wird sie vielleicht nur Sekunden dauern, nach einem ausgedehnten Liebesspiel kann sie in das gemeinsame, ineinander verschlungene Einschlafen übergehen.

In dieser Ruhe wird eine neue, tiefe Ebene der Intimität berührt. Während es in der Phase „Intimität" darum ging, mich in meinen Empfindungen, meinen Gefühlen, meinen Wünschen und meinen Impulsen zeigen zu können, geht es hier darum, mich in meinem Sein in Ruhe hinzugeben. In diesem Augenblick kann die sexuelle Energie das Herz erreichen und all die Liebe freisetzen und ins Strömen bringen, die ich für meine/n Liebste/n empfinde. Vielleicht gibt es kleine liebevolle Worte und Berührungen, vielleicht auch nicht. Die Magie und Faszination ist nicht das Tun, sondern das Sein. Dieser Moment ermöglicht einen Blick in die Tiefe der Verbindung. Ungelöster Streit und Unstimmigkeiten können uns wieder auseinander bringen, oder aber sie lösen sich in dem Feuer der Liebe auf.

Ruhephasen haben notwendige Funktionen für den Körper. In ihnen lerne ich als Körper, was ich Neues erlebt habe, und regeneriere und erhole mich. Was ist es, was ich als Körper in diesen Momenten der Ruhe lerne? Es sind all die ekstatischen Zustände, das Glücklichsein, die Liebe und alle anderen Dinge, die ich beim Zusammensein erlebt, erfahren und ausprobiert habe. Und ich lerne, dass all diese Zustände zu meinem Wesen gehören. Sie sind sozusagen Grundzustände des Seins. Dazu brauche ich die Ruhe, in der ich als Körper in meinem eigenen Tempo und in meiner eigenen Art dieses Gelernte integriere. Das bedeutet, dass Ruhe nicht nur einfach ein passiver Zustand ist, sondern für das Lernen auf körperlicher Ebene eine notwendige Aktivität bedeutet. Da der Körper in diesem Moment nicht an die Erfordernisse äußerer Aktivität gebunden ist, kann er sich seinem inneren Geschehen zuwenden. Es entsteht eine sehr heilsame Atmosphäre, wenn dieses Lernen und Regenerieren zusammenfließt mit dem Eintauchen in das gemeinsame Erleben der verbindenden Liebe des Paares.

Dieses Nichtstun kann für viele Menschen, wie schon in der Phase der Befriedigung, eine schwierige Aufgabe sein. Während der Phase der Befriedigung handelt es sich um ein Nichttun im Genießen meiner eigenen Gefühle von ekstatischem Sein und Glück. Hier in der Phase der Ruhe handelt es sich um ein Nichttun in der Verbundenheit mit mir und dem/r Partner/in. Kann ich einfach so sein, wie ich bin, und mit dir zusammensein? Genüge ich so? Muss ich nicht etwas tun, um zu beweisen, dass ich dich liebe? Liebst du mich wirklich, wenn du nur so da bist? All die Unsicherheiten, die wir eventuell früh gelernt haben, wenn Liebe an Bedingungen gekoppelt wurde, entfernen uns aus diesem Ruhen in Liebe. Und die Unruhe, die mit diesen alten Erfahrungen zusammenhängt, treibt uns aus der Ruhe heraus in Aktivität, lange bevor unser natürlicher Rhythmus erfüllt ist.

Eigentlich sind alle Formen von Seinszuständen schwer zu üben, da wir nichts wirklich dafür tun können, sondern wir fallen in das Sein hinein. Aber wir können uns immer mehr der Kräfte in uns gewahr werden, die dieses Fallenlassen fördern oder behindern. Wenn wir gleichzeitig anfangen, die Seinszustände als heilsame, natürliche Möglichkeiten zu erahnen, und ihre Existenz im Bewusstsein halten, werden wir immer häufiger und gewohnheitsmäßig in sie hineinfallen.

Übung: Ruhephase untersuchen und üben

Wie in der Übung zur Befriedigung werden Sie sich im ersten Schritt bewusst, wie Sie mit der Ruhephase sowohl während der Sexualität als auch bei anderen Aktivitäten umgehen. Wenn es Ihnen nicht so leicht fällt, in der Ruhe zu sein, dann untersuchen Sie, welche inneren Kräfte in Form von Gedanken, inneren Stimmen, Gefühlen und Empfindungen Sie aus der Ruhe bringen. Als dritten Schritt experimentieren Sie für einige Tage bewusst damit, sich Ruhephasen zu schaffen. Im Alltag und beim Sex. Lassen Sie Ihren Körper sich daran gewöhnen.

Der Umgang mit den Phasen

Das oben beschriebene Phasenmodell sollte nicht so verstanden werden, dass jedes sexuelle Zusammenkommen diese Phasen durchlaufen muss, um vollständig zu sein. Es sollte auch nicht in irgendeiner Form bewirken, die Vielfältigkeit sexuellen Ausdruckes einzuschränken. Das Ziel des Modells ist es, den komplexen Ablauf im sexuellen Zusammensein transparent zu machen. Das Modell ist ebenfalls sehr hilfreich, um Probleme in der Sexualität differenzierter wahrzunehmen und sie damit leichter verändern zu können. Denn ich kann nur das verändern, was ich kenne und eventuell verstehe. Es ist viel leichter, einzelne Aspekte der Sexualität, die mir Schwierigkeiten machen, zu untersuchen, zu verstehen und dann in das „Ich-BIN" zu integrieren, als Sexualität als Ganzes.

Auch in der Arbeit mit Paaren hilft das Modell, das Zusammenspiel innerhalb der Sexualität transparent zu machen. Wenn es Probleme gibt, sind in der Regel beide daran beteiligt. Häufig ist es so, dass die Partner Schwierigkeiten an jeweils unterschiedlichen Stellen innerhalb der Phasenabfolge haben.

Bei Fritz und Doris hat sich diese Problematik wie folgt gezeigt. Doris hatte selten Lust auf Sex. Dadurch ergriff sie sehr selten die Initiative. Fritz machte seinen Mangel an sexuellem Kontakt an Doris' Lustlosigkeit fest. Im Gespräch hatte Doris die Rolle des „schwarzen Peters" mehr oder weniger angenommen. Sie war bereit, an ihrer Lustlosigkeit zu arbeiten. Alles schien klar und einfach. Bei genauerer Untersuchung fanden wir aber heraus, dass, wenn sie miteinander Sex hatten und wenn Doris über die Schwelle ihrer Lustlosigkeit kam, sie sehr gut in die Ladung kam, viel Spaß erlebte und auch mit den Phasen von Intimität, Orgasmus, Befriedigung und Ruhe kein Problem hatte. Die Problematik von Doris relativierte sich. Sie hatte also nicht grundsätzlich keine Lust auf Sex, sondern sie kam einfach nicht so leicht an ihre eigene Lust heran. Ich hätte jetzt Doris Übungen geben können, mit denen sie an ihrer Lust auf die Lust hätte arbeiten können, da wir ihr Problem mehr oder weniger verstanden hatten. Aber mich interessierte, welche Rolle Fritz dabei spielte. Bei ihm stellte sich heraus, dass er viel Lust auf die Lust hatte, aber oft in einer Art kindlichem Trotz festhing. „Wenn du nicht auf mich zukommst, dann habe ich auch keine Lust, auf dich zuzugehen." Damit schnitt er sich natürlich selber davon ab, das zu bekommen, was er wollte. Als wir noch weiter schauten, zeigte sich, dass Fritz kein besonders ausdauernder Liebhaber war. Er litt nicht an frühzeitiger Ejakulation, sondern er bewegte sich gradlinig auf den Orgasmus zu, da dieser für ihn das Wichtigste beim Sex war. Für Doris ging es immer zu schnell und war zu stark auf den Orgasmus ausgerichtet. Was für Fritz noch schwieriger war, war, nach der Ejakulation mit Doris entspannt zusammenzuliegen. Je nach Stimmung stand er bald auf oder drehte sich um und schlief ein. Er hatte recht große

Probleme, einfach mit Doris in Liebe zusammen zu sein. In diesen Momenten fühlte sich Doris verlassen, und es blieb eine unerfüllte Sehnsucht bei ihr zurück. Diese verstärkte dann wieder ihre Lustlosigkeit. So haben Fritz und Doris sich durch Schwierigkeiten in unterschiedlichen Phasen der Sexualität in eine Situation gebracht, in der Sex fast nicht mehr vorkam.

Dieses Beispiel kann verdeutlichen, wie die Phasen in einer gemeinschaftlichen Sexualität ineinander greifen.

Die Integration der Sexualität in das „Ich-BIN“ braucht zwei Strategien. Die erste geht mit unseren lebendigen Impulsen, mit unserem innersten sexuellen, erotischen und sinnlichen Wesen um. Dieses Wesen gilt es, sich entfalten zu lassen. Dieses Wesen will Freude und Lust erleben und teilen. Wenn wir uns zu stark mit unseren Verletzungen, unseren Ängsten, unserer Scham beschäftigen, dann tun wir diesem heilen inneren Kern das gleiche Unrecht an, wie wir es in der Kindheit und Pubertät erlebt haben. Wir lassen ihn nicht frei experimentieren, wir sperren ihn ein. Auf der anderen Seite, wenn wir unsere Ängste und früheren Verletzungen nicht ernst nehmen, dann übergehen wir diese alten Erfahrungen, und ein innerer Anteil zieht sich zurück. Deshalb wenden wir uns in der zweiten Strategie diesen alten Erfahrungen zu. Es braucht eine gute Balance, um den Schritt zu größerer sexueller Freiheit in Wahrhaftigkeit zu gehen. Um Wahrhaftigkeit in den Phasen der Sexualität geht es in der folgenden Übung. Sie können diese immer wieder machen, sobald Sie die einzelnen Phasen innerlich verstanden haben.

Übung: Phasen der Sexualität

Sie brauchen einigen Platz für diese Übung. Markieren Sie, eventuell mit Tüchern, für jede Phase einen Platz im Raum. Legen Sie die Markierungen in einen Kreis. Im Mittelpunkt nehmen Sie Verbindung mit dem „Ich-BIN“ auf. Dann gehen Sie zu dem Platz, der die erste Phase, den Kontakt, repräsentiert. Lassen Sie alles, was für Sie in der Kontaktphase bedeutsam ist, ins Bewusstsein kommen. Was passiert in Ihnen? Werden Sie präsenter, oder zieht sich etwas zusammen? Untersuchen Sie die unterschiedlichen Empfindungen und Gefühle. Wenn sich etwas gestärkt und erweitert anfühlt, dann bleiben Sie so lange dort, bis Sie einen Impuls zur nächsten Phase spüren. Wenn sich etwas zusammenzieht, dann untersuchen Sie, was in Ihnen an diesem Punkt passiert. Machen Sie all das, was Ihnen hilft, diese

Erfahrung zu vertiefen. Welche alten Erinnerungen und welche Gefühle sind an diese Erfahrung gebunden? In Ihrer eigenen Zeit gehen Sie dann weiter zum nächsten Platz, zur Phase der Lust auf die Lust. Verfahren Sie hier wie bei der Kontaktphase. Gehen Sie so durch alle Phasen hindurch. Tauchen Sie ein in die Erfahrungen und erforschen Sie die Möglichkeiten der einzelnen Phasen. Zum Ende gehen Sie wieder in den Mittelpunkt und spüren Sie das „Ich-BIN". Während Sie das „Ich-BIN" halten, gehen Sie im Geiste noch einmal durch die einzelnen Phasen. Lassen Sie das „Ich-BIN" sich um alle Erfahrungen, die Sie gemacht haben, ausdehnen, sowohl die stärkenden, kraftvollen, als auch die verengenden, schwierigen.

Diese Übung kann Sie in der Selbsterforschung Ihrer Sexualität weiter bringen. Wenn Sie diese Übung für sich selber gemacht haben, dann ist es auch sehr hilfreich, sie mit Ihrem Partner zusammen zu machen. Gehen Sie dafür durch die Phasen wie beschrieben und halten Sie dabei immer wieder Blickkontakt mit dem Partner. Sie sind achtsam für sich selber und für den Partner. Versuchen Sie gemeinsam durch die Phasen zu gehen. Sie werden dadurch etwas über Ihre unterschiedlichen Tempi, Vorlieben und Abneigungen erfahren. Tauschen Sie sich danach über die eigenen Erfahrungen aus, ohne die des anderen zu kommentieren und zu bewerten.

Das Innere Kind

In ausgelassener Freude, in verrückten Ideen, spielerischer Neugierde, in herzhaftem Lachen, spontanen Impulsen und unüberlegtem Herstellen von Kontakt kann sich auch in uns Erwachsenen noch die Lebendigkeit unseres Inneren Kindes ausdrücken. Diese Lebendigkeit kann auch noch in den strahlend leuchtenden Augen eines alten Menschen sichtbar werden. Oft sind Augen, wenn wir ihre Blicke überhaupt erhaschen dürfen, trüb, leer und verschlossen. Augenblicke später wenden sie sich wieder ab. Offener Blickkontakt wird häufig als Übergriff erlebt. Ich fühle mich in meiner Ruhe und in meiner Abgeschlossenheit gestört. Anders die Blicke der Kinder: offen, wach, neugierig, ohne Bewertung und zu jedem „Guck-weg-guck-hin-Spiel" freudig bereit. Haben wir uns nicht allzu leicht unserer kindlichen Spontaneität und Offenheit beraubt? Die Integration des Inneren Kindes ins „Ich BIN" stellt eine Verbindung zu seinen Qualitäten her und kümmert sich gleichzeitig um all die Erfahrungen, die es am Ausdruck dieser Qualitäten gebremst haben.

In vielen neueren Therapieformen und Richtungen der Selbsterfahrung wird vom Inneren Kind gesprochen bzw. mit ihm gearbeitet. Es gibt Ratgeberbücher und Kassettenprogramme zum Entdecken und zur Heilung des Inneren Kindes. In bestimmten Selbsterfahrungskreisen ist der Begriff des Inneren Kindes ein feststehender Begriff geworden und wird als Zugang für Heilung und Wachstum angesehen.

Was können wir uns unter dem Inneren Kind vorstellen, und wie können wir es in den Prozess der Selbstentfaltung durch die integrierende Liebe einbeziehen?

Das Innere Kind ist keine reale Person, die irgendwo in unserem Körper wohnt, sondern es ist ein Bewusstseinszustand. Andere Bewusstseinszustände sind ICH, Träume, Trance, lebendige Phantasien, starke Gefühle, aber auch Präsenz und innere Achtsamkeit. Das Innere Kind ist stark an einen Erinnerungsprozess gekoppelt, geht aber über das rein kognitive oder visuelle Erinnern hinaus. Es ist mehr ein ganzheitliches Wieder-Erleben. Bei einer kognitiven oder visuellen Erinnerung stellt sich der Bewusstseinszustand des erwachsenen ICH in Beziehung zu der Erinnerung. Ich weiß, ich bin 44 Jahre alt und erinnere mich an ein Erlebnis, als ich 8 Jahre alt war. Vielleicht weiß ich einfach darum, oder ich habe ein inneres Bild davon. Etwa 90 % der Energie meines Bewusstseins ist in dem Zustand des erwachsenen ICH gebunden, während 10 % die Erinnerung aufflammen lassen. Ich spüre und fühle mich als Erwachsener, und gleichzeitig nehme ich die Erinnerung meiner Kindheit wahr. Je mehr ich meiner Bewusstseinsenergie erlaube, in die Erinnerung zu fließen, desto lebendiger wird sie und desto mehr sinnliche Wahrnehmungskanäle werden aktiviert. Vielleicht kommt zu dem Wissen um die Erinnerung und dem inneren Bild noch das Gefühl hinzu, das ich als achtjähriger Junge hatte, vielleicht kommt auch noch das Empfinden des jungenhaften Körpers dazu und ein bestimmter Geruch, den ich als Kind gerochen habe. Es kann dann zu einem Punkt kommen, an dem die Erfahrung des Erinnerns sich sinnlich so real anfühlt, wie ich es vor 36 Jahren erlebt habe. Dies passiert dann, wenn vielleicht 90 % der Bewusstseinsenergie in die Erinnerung geströmt sind und nur noch 10 % das ICH aufrecht erhalten. In dem Moment werde ich noch einmal zu dem Kind, das ich war, mit all seinen Gefühlen, Empfindungen, Vorstellungen, Wünschen und Erleb- [illegible] Moments. Selten tauchen wir vollständig in diesen Bewusst- [illegible] Meistens bleibt ein Rest an Bewusstseinsenergie übrig, [illegible]chsenenseins bewusst sein lässt oder uns diesen [illegible]chtsamkeit heraus beobachten lässt. Aber es [illegible] einige Zeit vollständig abtauchen. Ein Freund, [illegible] Begründer der Hypnotherapie, Milton Erickson, [illegible]ndes erzählt. Einmal wurde er von Erickson, der ein [illegible]anceinduktionen war, in eine Kindheitserinnerung geführt. W[illegible]r Trance fragte Erickson Paul, was er gefrühstückt hatte. Sich inner[illegible]als kleiner Junge fühlend, erwiderte Paul spontan: „Cornflakes mit Mi[illegible]h“, obwohl er als 24-Jähriger schon seit Jahren keine Cornflakes mehr gegessen hatte. Zu dieser Zeit trug Paul einen Schnauzer. Als Erickson ihn darauf ansprach, was er dort über den Lippen hätte, antwortete Paul: „Nichts.“ Erickson, verschmitzt wie er war, schlug Paul vor, dorthin zu fassen und zu überprüfen, ob eventuell noch Cornflakes an den Lippen wären. Paul befühlte seine Oberlippe und sagte mit kindlicher Naivität und Selbstverständlichkeit, dass er dort Haare hätte. Er benutzte nicht das Wort Schnauzer oder Bart, da es aus seiner Realität keine Bedeutung hatte, sondern Haare. Auf die Frage, wie denn Haare auf Pauls Oberlippe kämen, bekam Erickson eine verblüffende Antwort. „Als ich älter war, hatte ich einen Schnauzer.“ Für Paul war der Bewusstseinszustand des Inneren Kindes die einzig existierende Realität. Aus ihr heraus hat er die Zeitrichtung umgedreht. Er schaute auf die Zukunft, als wäre sie Vergangenheit. Paul war so tief abgetaucht, dass nicht nur sein Geist sich im Inneren Kind befand, sondern auch sein Körper. Er saß wie ein kleiner Junge und wippte mit seinen Beinen. Erickson brauchte mehrere Versuche des Zurückholens, bis Paul sich wieder mit dem Bewusstsein eines

Erwachsenen identifizieren konnte. Normalerweise ist dieser Übergang ins Erwachsenenbewusstsein leicht zu bewerkstelligen, aber manchmal kann es auch mit Schwierigkeiten verbunden sein.

Wichtig ist festzuhalten, dass der Zustand des Inneren Kindes eine wieder erlebte Erinnerung ist, die als Erleben genauso real wahrgenommen wird wie ein Traumerleben oder ein Erleben im Wachzustand. Wir können sagen, dass unser Alltagsbewusstsein, unser Traumbewusstsein und das Innere-Kind-Bewusstsein wie Schablonen sind, die das Erleben, das Denken und die Wahrnehmung strukturieren. Immer wenn wir in einem dieser Zustände sind, dann erleben wir sie als real mit all unseren Sinnen. Es geht sogar soweit, dass Körperfunktionen sich verändern können. Wenn jemand in einen sehr frühen Inneren-Kind-Zustand eintaucht, dann passiert es, dass etwa der Herzschlag so schnell wie bei kleinen Kindern wird. Ein befreundeter Therapeut hat einmal berichtet, dass sein Klient den typischen Geruch eines Babys annahm, als er mit diesem im Zustand des Inneren Kindes im Babyalter arbeitete.

Die Klientin Frederike ist eine ernste junge Frau. Sicherlich kann sie sich auch freuen, aber diese Freude kommt nicht aus der Tiefe ihres Wesens. Sie ist auch neugierig, aber diese Neugierde berührt sie nicht vollständig. Als wir in einem Workshop einmal eine Übung machten, in der die Teilnehmer aus dem Kontakt des neugierigen, lebendigen und unschuldigen Kindes heraus die Welt erforschen sollten, war es für sie nicht möglich, in diesen Zustand hineinzukommen. Es gab in ihr etwas, das sie davon abhielt, sich so weit fallen zu lassen. In der Einzelarbeit haben wir herausgefunden, dass sie als kleines Mädchen wahrscheinlich sexuell belästigt worden ist. Es gibt keine klaren Erinnerungen, sondern nur vage Bilder und Gefühle. Aber es gibt eine große Panik, wenn sie sich ihren Erlebnissen der Kindheit nähern soll, und es gibt ein diffuses Schuldgefühl. Es scheint so zu sein, dass das neugierige, lebendige, unschuldige kleine Kind sich hinter diese Erlebnisse und die damit verbundenen Schuldgefühle zurückgezogen hat. Damit erfasst auch das Spontane und das Berührtsein Frederike nicht aus der Tiefe heraus, sondern nur so weit, wie ihr ICH es ihr erlaubt. Es gibt in ihr sozusagen eine innere Barriere. Diese richtet sich sowohl gegen das Wieder-Erleben all der Gefühle, Schmerzen und Erinnerungen, die mit dem Erlebten zusammenhängen, als auch gegen die eigenen neugierigen, unschuldigen und lebendigen Anteile des Kindseins. Frederike musste zu früh mit etwas alleine umgehen, wofür sie noch keine gewachsenen Fähigkeiten besaß.

Wenn wir uns mit dem Inneren Kind beschäftigen, dann können wir erkennen, dass es in dreifacher Form in uns lebt. Die eine Form nenne ich das heile Innere Kind, die andere das verletzte Innere Kind und die dritte das angepasste Innere Kind.

Als Kinder durchlaufen wir verschiedene Phasen, in denen wir existentiell wichtige Themen durchleben. Es geht darum, dass wir uns sicher und willkommen auf und in der Welt fühlen, dann geht es darum, unsere existentiellen Bedürfnisse nach Nahrung und Berührung gestillt zu bekommen. Ein weiteres Thema besteht darin, dass unsere Gefühle gehört, gespiegelt und wertgeschätzt werden und dass wir uns angenommen fühlen, wenn wir einen eigenen Willen, eine eigene Meinung und eigene Impulse haben, die anders sind als die unserer Umwelt. Und schließlich geht es noch darum, geliebt zu werden, so wie wir sind. Es gibt natürlich noch andere Themen, mit denen wir uns in unserem Aufwachsen beschäftigen und bei denen sich unsere Biographie von anderen Biographien unterscheidet, aber durch diese fünf Themen gehen alle Kinder. Sicherlich können Eltern nie verhindern, dass es immer wieder zu Frustrationen kommt, wenn sie nicht genauso reagieren, wie es das Kind jetzt will oder braucht. Jedes Reifen und Wachsen vollzieht sich sogar gerade über diese Frustrationen, wenn sie in einer grundsätzlichen Atmosphäre von Liebe, Wertschätzung und Angenommensein passieren. Für eine gute Kindheit braucht es keine perfekten Eltern, sondern ausreichend gute Eltern.

Wenn wir uns als Kinder in den existentiell wichtigen Themen getragen und unterstützt fühlen, dann wird unser heiles Inneres Kind gestärkt, und die innere Lebenskraft, die sich durch Neugierde, Freude und Lebendigkeit zeigt, führt uns in das Abenteuer Leben hinein. Wenn wir aber in existentiell wichtigen Themen grundsätzlich nicht getragen und unterstützt werden, sondern Verletzungen und Ablehnungen erleben, die wir noch nicht angemessen verarbeiten können, entstehen Wunden, und es bildet sich das verletzte Innere Kind.

Jedem Lebewesen ist ein Bestreben inne, Schmerz zu vermeiden. Das heißt: Das verletzte Kind versucht mit den Schmerzen seiner Wunden zurechtzukommen. Wenn es in seiner Verwundung Unterstützung und Liebe bekommt, das heißt, wenn es all seine Gefühle innerhalb einer liebevollen Geborgenheit ausdrücken kann, dann können die Wunden heilen und der Schmerz verklingt. Wenn es aber diese Geborgenheit nicht findet, dann muss es mit den Schmerzen und den damit verbunden Gefühlen alleine umgehen lernen. Es tut dies mit seinen vorhandenen, aber eigentlich unzureichenden Fähigkeiten und Möglichkeiten. Es lernt, die Schmerzen und Gefühle mit Hilfe von Muskelspannung und mit Ablenkung zu unterdrücken. Es benutzt seinen Körper und sein Bewusstsein, um diese Verletzungen nicht mehr wahrnehmen zu müssen. Darüber legt es ein angepasstes Verhalten, das ihm so viele verletzungsfreie Momente wie möglich bringt. Ein Anpassungsprozess läuft ab, in dem das Kind lernt, mit seinen Verletzungen in einer potentiell verletzenden Umgebung zu leben oder gar zu überleben. Die Struktur, die sich daraus bildet, nenne ich das angepasste Innere Kind.

Das heile Innere Kind

Wann haben Sie das letzte Mal in die Augen eines Babys geschaut? Wann haben Sie zuletzt Kinder auf dem Spielplatz in ihrem ausgelassenen Toben erlebt? Wann waren Sie mit Kindern zusammen, die in gespannter Neugierde einer Geschichte gelauscht haben? Um in Kontakt mit Ihrem eigenen heilen Inneren Kind zu kommen, suchen Sie den Kontakt mit Kindern! Es ist immer wieder wunderbar zu beobachten, wie aus seriösen, älteren Menschen „verrückte" Leute werden, wenn sie mit ihren Enkeln spielen. Kinder sind höchst ansteckend. Kaum jemand kann sich dem Charme eines Kindes entziehen. Kinder locken das Kindsein im Erwachsenen hervor. Es sind die heilen Inneren Kinder, die sich verbünden. Es sind Neugierde, Freude, Lebendigkeit, Spontaneität, Offenheit, Wachheit, Körperlichkeit, Ausgelassenheit, die das heile Innere Kind ausmachen. Aber es sind auch die ruhigen Momente, in denen wir uns getragen und geliebt fühlen auf dieser Welt.

Manche Therapeuten und Autoren sprechen auch vom göttlichen Kind in uns. Wir alle haben Momente in unserer Kindheit erlebt, in denen wir uns stimmig und eingebettet fühlten. Es waren Momente, in denen wir uns zu Hause und selbstverständlich glücklich fühlten.

Wenn ich an solche Momente zurückdenke, dann kommt mir eine Erinnerung, in der ich als vielleicht 8-jähriger Junge nachmittags aus dem städtischen Hallenbad nach Hause komme. Es ist Herbst und durch das Schwimmen und die feuchte, herbstliche Kühle gibt es eine Kälte tief in meinem Körper. Ich komme zur Wohnungstür herein, und die Wärme des Kohleofens umfängt mich, der Geruch von frisch gebackenem Apfelkuchen strömt mir entgegen, und der liebevolle Blick meiner Mutter erwartet mich. Alles zusammen lässt in mir ein Gefühl von Geborgenheit und Nachhausekommen sich ausbreiten. Die Kälte und alle Sorgen des Alltags fallen von mir ab. Ich bin einfach zu Hause.

Diese Erinnerung bringt mich in Kontakt mit dem ruhigen, sicheren Aspekt meines heilen Inneren Kindes. Von außen betrachtet ist es keine spektakuläre Erfahrung, sondern ein ganz gewöhnlicher Moment, wie ihn viele Kinder erlebt haben, und gleichzeitig ist er in mir mit meinem Wesenskern verbunden. Jegliches sinnliche Erleben hängt mit diesem Wesenskern zusammen: Das Riechen des frisch gebackenen Apfelkuchens, die heimelige Wärme des Kohleofens mit seinem typischen Geruch und das mich willkommen heißende Lächeln meiner Mutter.

Viele Menschen, die in Kontakt mit Erinnerungen des heilen Inneren Kindes kommen, berichten häufig von Erlebnissen, die sie in der Natur hatten oder mit Tieren oder mit nahen Menschen. Wir fühlen uns in dem Moment sicher, aufgehoben, geborgen, geliebt und stimmig. Keine Kontraktion muss im Körper stattfinden, um mich vor etwas zu schützen. Ich kann mich in das, was ist, entspannen, und mein Wesenskern füllt mich vollständig aus. In diesen Momenten entsteht häufig gleichzeitig ein Kontakt mit dem Größeren, das mich umgibt bzw. in das ich eingebettet bin. Dies sind Momente, in denen wir leicht einen direkten Zugang zu unserer spirituellen Verbundenheit mit dem Ganzen, dem Göttlichen haben. Diese Momente zeichnen sich oft durch eine unscheinbare Einfachheit aus, durch die die Stimmigkeit und die Größe des Seins durchscheinen.

Je jünger Kinder sind, desto selbstverständlicher verweilen sie in diesem Eingebettetsein. Wenn wir Bilder von neugeborenen Babys sehen, dann gleichen ihre Gesichter oft denen alter, weiser Menschen. Beide scheinen einen direkten Kontakt zu der Realität jenseits des ICH zu haben. Je mehr das Kind sein ICH entwickelt, desto mehr verliert es diesen direkten Zugang. ICH-Entwicklung bedeutet Trennung vom Größeren, vom Göttlichen. Häufig geht diese Verbindung vollständig verloren, und das ICH leugnet sogar jegliche Existenz des Größeren, aus dem es gekommen ist.

Wenn wir wieder einen Zugang zu unserem heilen Inneren Kind bekommen, dann können wir oft auch wieder in Kontakt mit unserer natürlichen, neugierigen, spontanen, lebendigen Seite kommen. Gleichzeitig ist darüber auch eine Verbindung mit dem Größeren, dem Ganzen, dem Göttlichen möglich.

Übung: Das heile Innere Kind wieder entdecken

Nehmen Sie sich eine halbe Stunde Zeit, um in Kontakt mit Ihrem heilen Inneren Kind zu kommen. Vielleicht nehmen Sie alte Fotos von sich zu Hilfe. Suchen Sie sich zwei oder drei Fotos aus, auf denen Sie besonders glücklich wirken. Schauen Sie diese an und lassen Sie sie auf sich wirken, ungefähr 5–10 Minuten lang. Versuchen Sie sich immer mehr zu entspannen und lassen Sie dann Ihr Bewusstsein in Erinnerungen schweifen, die Ihnen aus der Kindheit kommen. Lassen Sie den Fokus auf den angenehmen, glücklichen Erinnerungen ruhen. Wenn andere kommen, registrieren Sie diese. Sagen Sie zu sich selber, dass Sie zu einer anderen Zeit sich mit den schwierigen Erinnerungen beschäftigen werden, und kehren Sie zu den glücklichen Erinnerungen zurück. Auch hierfür nehmen Sie sich etwa 5–10 Minuten Zeit. Wenn Sie einige solcher Erinnerungen haben, suchen Sie diejenige aus, in der Sie am ehesten den Zugang zu Ihrem heilen Inneren Kind haben. Ruhen Sie mit Ihrem Bewusstsein darin. Stellen Sie sich selber Fragen in der folgenden Art: „Wie hat sich mein Körper damals angefühlt? Welche Gefühle hatte ich? Was haben meine Augen gesehen (meine Ohren gehört, meine Nase gerochen, meine Zunge geschmeckt usw.)?“ Versuchen Sie über das sinnliche Erinnern immer mehr zu dem heilen Inneren Kind zu werden. Wenn Sie Ihr heiles Inneres Kind klar spüren, können Sie sich folgende Fragen stellen: Wie habe ich mich damals erlebt, wie meine Beziehung zu den Menschen, zur Natur oder zum Größeren? Welche Seite ist davon in mir jetzt noch lebendig? Was wäre heutzutage anders, wenn ich mit diesem Zustand in Kontakt bleiben könnte? Sie können auch noch weitere Fragen stellen, die Ihnen wichtig sind. Zum Schluss lassen Sie Ihr heiles Inneres Kind einen Platz im Körper finden, in den es sich zurückziehen will. Sie haben so die Möglichkeit, über diese Stelle mit dem heilen Inneren Kind leicht in Kontakt zu treten. Sie können dies über das einfache Spüren oder über Berührung dieser Stelle tun. Nehmen Sie sich noch etwas Zeit, diese innere Reise ausklingen zu lassen. Vielleicht wollen Sie das Erfahrene aufschreiben.

Für manche Menschen ist es schwierig, in Kontakt mit dem heilen Inneren Kind zu kommen. Sobald sie sich ihm innerlich zuwenden, schieben sich Gefühle und Erinnerungen des verletzten Inneren Kindes dazwischen. Es scheint keine Momente von Frieden, Freude und Glück in der Kindheit gegeben zu haben. Es braucht dann meistens erst die Beschäftigung mit dem verletzten Inneren Kind, bevor wir den Zugang zum heilen Inneren Kind zulassen können. Das heißt nicht, dass wir immer erst durch die Verletzung gehen müssen, um zum Heilen zu kommen. Dies ist sogar ein gefährlicher Trugschluss mancher therapeutischer Ansätze oder Methoden der Selbsterfahrung. Wir werden immer, selbst nach Jahrzehnten der Arbeit an uns, in Kontakt mit verletzten Seiten in uns kommen können, da wir einfach auch verletzt worden sind. Es käme aber doch niemand auf die Idee, sich permanent an all die Kinderkrankheiten zu erinnern und sich in all die aufgeschürften Knie der Kindheit hineinzuversetzen, in der Hoffnung, gesünder zu werden. In der Einheit von Körper, Geist und Seele sind alle Erfahrungen, die wir bisher gemacht haben, und alle Möglichkeiten des Menschseins enthalten. Es liegt an uns, welchen Erfahrungen wir uns zuwenden. Sicher gibt es immer wieder Erfahrungen, die unsere Aufmerksamkeit binden und mit denen wir uns beschäftigen sollten. Dazu gehört auch das verletzte Innere Kind. Diese Auseinandersetzung darf aber nicht zu einem Selbstzweck werden, sondern muss das Ziel haben, in Kontakt mit dem heilen Inneren Kind zu kommen. Erst dann können wir uns von festgefahrenen Strukturen und von unbewussten Mustern befreien.

Der Verzerrungseffekt von Erinnerungen

Nachdem Sie die letzte Übung gemacht haben, die Sie über das Erinnern in Kontakt mit dem heilen Inneren Kind bringen sollte, lassen Sie uns einen Moment dabei verweilen, wie wahr Erinnerungen eigentlich sind. Können wir dem trauen, was wir erinnern? War es wirklich so? Und wie kommt es dann, dass unterschiedliche Kinder derselben Familie ihre Kindheit unterschiedlich erinnern und die Eltern wiederum ein ganz anderes Bild davon haben?

Für manche Menschen scheint Kindheit mit verletzenden Erinnerungen zusammenzuhängen. Ihre Kindheit scheint eine durchgehende Kette von Verletzungen zu sein. Für andere Menschen war die Kindheit ein durchgehender Hort voller guter Ereignisse.

Wenn Menschen mit Selbsterfahrung oder Therapie beginnen, idealisieren sie häufig ihre Kindheit, alles war nur gut und harmonisch, und die Eltern waren die besten Eltern überhaupt, oder sie malen ihre Kindheit vollständig schwarz. Sie stecken fest in einer dualistischen Verzerrung der Realität. Entweder es war gut oder schlecht. Nach einer gelungenen Therapie oder erfolgreicher Selbsterfahrung wandelt sich diese Sicht in ein Sowohl-als-Auch. Es gab sowohl verletzende Momente als auch glückliche. Ich glaube, dass alle Menschen, die dieses Buch lesen, sowohl glückliche als auch verletzende Erfahrungen in der Kindheit hatten. Die Menschen, die fast ausschließlich Verletzendes erlebt haben, leiden meistens an schweren Persönlichkeitsstörungen und psychotischen Krankheiten, da ihr ICH diese Erfahrungen nicht integrieren konnte.

Erinnerungen sind etwas sehr Subjektives, das häufig genauso viel über den momentanen Zustand eines Menschen aussagt wie über das, was wirklich passiert ist. Wenn ich glücklich bin, dann ist dieses momentane Glücklichsein sehr eng verbunden mit vielen Erfahrungen von Glücklichsein, und ich erinnere zahlreiche Momente, in denen ich auch glücklich war. Das Gleiche passiert natürlich auch, wenn ich traurig bin oder mich verletzt fühle. Menschen, die sich mit ihrer Lebensgeschichte und den erlebten Emotionen beschäftigten, finden leicht Erinnerungen aus der Kindheit, die ihr momentanes Gefühl, verletzt, hilflos, einsam, nutzlos zu sein, verständlich machen. Auch als Kinder haben wir uns traurig, verletzt, hilflos, einsam oder nutzlos gefühlt. Es ist sehr naheliegend, zu dem Schluss zu kommen, dass wir uns jetzt so fühlen, da wir damals uns aus den und den Gründen auch so gefühlt haben.

Wir Menschen suchen Erklärungen, wir wollen den Sinn verstehen, warum etwas so ist, wie es ist. Wenn wir einen immer wiederkehrenden Zustand in uns nicht aus den momentanen Zusammenhängen erklären können, dann suchen wir den sinnmachenden Grund in der Vergangenheit, in unserer Kindheit. Wir werden dann auch immer Erinnerungen finden, die zu unserem jetzigen Zustand passen, und haben so eine Erklärung für unseren Zustand. Diese Erklärung beruhigt uns. Das heißt nicht, dass sie uns zufrieden macht, vielleicht leiden wir sogar darunter. Aber dadurch, dass wir eine Erklärung haben, macht es Sinn, dass wir uns so fühlen, wie wir uns fühlen.

Diese Erklärungen, dieses Verstehen, dieser innere Sinn kann uns oft von eigenen Schuldgefühlen befreien und uns Erleichterung verschaffen. Wir sind nicht mehr grundlos dem eigenen Erleben ausgesetzt. Aber die Arbeit darf an diesem Punkt nicht stehen bleiben. Was wir dabei manchmal übersehen, ist, dass wir in einer kindlichen Abhängigkeit stecken bleiben, in der wir die Verantwortung für unser Fühlen und Erleben abgeben. Wir sind noch nicht wirklich erwachsen geworden, sondern stecken mitten im verletzten Inneren Kind fest. Uns geht es so, weil uns dies oder jenes passiert ist. Das stimmt, ist aber nur die halbe Wahrheit.

Verletzung und Heilung

Das Charakteristische für das verletzte Innere Kind besteht darin, dass es in der Verletzung verfangen ist. Leben bedeutet auch Leiden und

Schmerz. Wir können den Verletzungen nicht ausweichen, da sie zum Leben dazugehören. Viele unserer Eltern haben den Zweiten Weltkrieg erlebt. Sie haben Situationen durchlebt, deren Härte und Grausamkeit wir uns nicht wirklich vorstellen können. Wir verlieren Dinge, die uns teuer und lieb sind, wir erleben Unfälle, Krankheiten und Katastrophen. Die Verletzungen, die uns widerfahren, sind sowohl körperlicher als auch seelischer Natur. Und wie gesagt, sie gehören zum Leben genauso dazu wie die Momente von Glück und Zufriedenheit. Ich frage mich häufig, wie Menschen den Hunger, die Gewalt, die Ungerechtigkeiten und die Not aushalten können, die uns immer wieder in Bildern aus der Dritten Welt gezeigt werden. Obwohl diese größtes Leid und stärksten Schmerz erleben, geht auch ihr Leben weiter. Wer einmal durch Indien gereist ist, wird immer wieder berührt sein, wie viele lachende Menschen er dort finden kann, denen es objektiv sehr schlecht geht.

Und so wie Verletzung und Schmerz zum Leben dazugehören, so gibt es auch Heilung. Heilung ist die Fähigkeit eines Organismus, Verletztes und Krankes gesunden zu lassen. Der Körper heilt sich ständig selbst von kleinen und größeren Wunden und Krankheiten. Auch die Psyche heilt ständig selbst kleine emotionale Verletzungen. Und obwohl Medizin und Psychologie vieles erforscht haben, bleibt der Prozess der Heilung immer noch ein Mysterium. Ich kann eine Wunde säubern, desinfizieren und verbinden, aber die Heilung unter dem Verband vollzieht sich von alleine. Für Heilung können wir nur unterstützend wirken.

Die meisten akuten Verletzungen und Krankheiten heilen von alleine. Und auch die meisten Verletzungen, die wir als Kinder erlebt haben, sowohl die körperlichen als auch die seelischen.

Genauso wie wir bei der Heilung einer akuten körperlichen Verletzung nur unterstützend den Prozess begleiten können, ist es auch bei den seelischen Verletzungen. Die meisten Verletzungen heilen, wenn wir ihnen Zeit und Raum dazu geben. Wenn wir uns seelisch verletzt fühlen, brauchen wir die Zeit und den Raum, also den weiblichen Aspekt der Liebe, unseren Schmerz und die anderen Gefühle zu fühlen bzw. auszudrücken. Wir brauchen eine Umgebung, die uns darin (aus)hält und ernst nimmt.

Das verletzte Innere Kind

Als Kinder brauchen wir jemanden, der uns tröstend beisteht, wenn wir traurig sind, und wenn wir ärgerlich sind, brauchen wir jemanden, der unserem Ärger ein Gegenüber ist, wenn wir ängstlich sind, jemanden, der uns Schutz bietet, wenn wir verwirrt sind, jemanden, der mit uns in der Verwirrung bleibt oder uns eine Richtung weist. Als Kinder haben wir noch nicht die innere Fähigkeit, uns dieses selber zu geben, wir brauchen es noch von außen. Wenn wir diesen Raum und diese Zeit haben, dann wird sich jede Verletzung wieder auflösen können, und sie wird für uns häufig sogar etwas Stärkendes haben, weil wir durch die Schwierigkeiten hindurchgekommen sind.

Da aber in der Kindheit die Personen, von denen wir uns verletzt fühlen oder die uns verletzt haben, oft diejenigen sind, von denen wir Trost und Unterstützung bräuchten, finden wir diesen Raum und diese Zeit zur Heilung häufig nicht. Wir sind mit unserem Erleben allein und versuchen mit der Verletzung selber fertig zu werden. Die Heilung kann nicht stattfinden, sondern es erfolgt eine Kompensation, ein Einrichten mit der Verletzung. Aus der akuten Verletzung entsteht eine chronische, da sie nicht ausheilen kann. Das verletzte Innere Kind entspricht einer chronischen Krankheit, die nie wirklich ausheilt. Mal ist sie mehr im Hintergrund, mal wieder voll da.

Dieser chronische Zustand kann nur dann heilen, wenn wir das Erleben des Inneren Kindes annehmen können, ihm zuhören und ihm das geben, was es gebraucht hätte. Es geht nicht darum, die Situation zu verändern, sondern dem Erleben Raum und Zeit zu geben. Heilung kann eintreten, wenn wir es schaffen, unser verletztes Inneres Kind in Liebe zu umarmen. Das Schwierige dabei ist nicht unbedingt, dem verletzten Inneren Kind zu helfen sich zu heilen, sondern wirklich zu ihm vorzudringen. Wir haben häufig viele Mechanismen entwickelt, um diesen alten Schmerz nicht mehr fühlen zu müssen. Entweder wir haben gar keinen Zugang mehr dazu, oder wir haben Emotionen um die Verletzung aufgebaut. Wir hadern mit unserem Schicksal, wir machen unseren Eltern innerlich Vorwürfe, wir fühlen uns betrogen und ungerecht behandelt. All diese Emotionen können sehr stark sein, sind aber Ablenkungen von den wirklichen Verletzungen, die wir erlebt haben. Für die Heilung jedoch müssen wir bis zu der ursprünglichen Verletzung und den dadurch ausgelösten Gefühlen vordringen.

Heilung kann passieren, wenn wir uns erlauben, diese Verletzungen in ihrer Tiefe zu spüren, uns darin zu halten und all die Gefühle zu fühlen, die durch diese Verletzung ausgelöst wurden.

Übung: Sich dem verletzten Inneren Kind nähern

Setzen oder legen Sie sich bequem hin und erlauben Sie sich, ruhig und achtsam zu werden. Nehmen Sie Kontakt mit Ihrem

Körper und dem „Ich-BIN" auf und versuchen Sie über das Körperempfinden in Kontakt mit Ihrem Inneren Kind zu kommen. Lassen Sie sich dabei von der Frage leiten: „Wie habe ich mich wirklich gefühlt?" Wenn Gedanken oder Emotionen Ihrer Kindheit auftauchen, entspannen Sie sich in diese hinein, um noch tiefer in Kontakt mit dem Inneren Kind zu kommen. Während Sie innerlich weiter abtauchen, lassen Sie in sich eine Einstellung eines liebevollen, fürsorglichen Erwachsenen entstehen, der sich einem zurückgezogenen Kind nähert. Wenden Sie sich mit dieser Einstellung Ihrem verletzten Inneren Kind zu, indem Sie im Körper nachspüren, wo sein Platz ist, wo er/sie wohnt. Nähern Sie sich aus dem liebevollen, fürsorglichen Erwachsenensein diesem verletzten Inneren Kind so weit, wie es sich für das Kind gut anfühlt. Dies ist ein innerer Weg des Bewusstseins, bei dem Sie sowohl der Erwachsene sind als auch das Kind. Vielleicht fühlt es sich für das Innere Kind gut an, wenn Sie eine Hand auf die Stelle legen, in der es wohnt. Nehmen Sie über das Sehen, das Zuhören und das Berühren Kontakt mit dem verletzten Inneren Kind auf. Fangen Sie einen inneren Dialog mit ihm/ihr an. Was ist ihm widerfahren, was hat es erlebt und vor allem, wie hat es sich gefühlt? Sie können jetzt mit ihrer Bewusstseinsenergie wechseln. Manchmal ist es gut, wenn wir vom Erwachsenensein aus das Kind wahrnehmen, um nicht von den Gefühlen überflutet zu werden, und manchmal ist es gut, ganz in den Kindheitszustand zu gehen und die Gefühle, die Empfindungen in ihrer Fülle zu erleben und auszudrücken. Der wichtigste erste Schritt besteht darin, dem verletzten Inneren Kind liebevoll entgegenzutreten, um es nicht weiterhin aus dem Bewusstsein verbannen zu müssen. Ein nächster Schritt kann sein, all die Gefühle des Inneren Kindes sich zeigen und ausdrücken zu lassen, und im letzten Schritt können wir uns fragen, was das Innere Kind im Moment braucht. Vielleicht haben ihm Informationen gefehlt, die wir ihm jetzt als Erwachsener geben können. Häufig fühlt sich ein Kind schuldig für das, was ihm widerfahren ist, da das Geschehene für es nur dann Sinn macht. In diesem Fall ist es wichtig, ihm zu sagen, wie es wirklich war. Manchmal ist es aber auch wichtig, einfach bei ihm zu sein. Wenn Sie merken, dass es genug Kontakt hatte, verabschieden Sie sich von ihm. Vielleicht versprechen Sie ihm, dass Sie wiederkommen. Lassen Sie dann den erwachsenen

Anteil des Bewusstseins wieder stärker werden und ruhen Sie noch etwas nach.

Je nach Grad der Verletzung ist es wichtig, mehrmals Kontakt mit dem verletzten Inneren Kind aufzunehmen. Denn letztlich ist der wichtigste Schritt der, das verletzte Innere Kind in Liebe anzunehmen und es damit aus seiner Isolation zu befreien.

Wenn Sie sich einer inneren Verletzung zuwenden, kann es passieren, dass die Grenzen zwischen dem Erlebnis, dem Erlebten und dem Erlebenden sich auflösen. Wenn wir in diesen grenzenlosen Moment hineinfallen, kann sowohl Heilung und Veränderung passieren, und es kann der Zugang zum Größeren, zum Ganzen und zum Göttlichen sich öffnen. Genauso wie das heile Innere Kind eine Tür zu diesem Zustand hat, hat es auch das verletzte Innere Kind. Wenn wir durch die Tür des heilen Inneren Kindes gehen, können wir glücklich verbunden sein mit dem Ganzen, wenn wir diesen Zugang vom Zustand des verletzten Inneren Kindes aus finden, werden wir uns in Weisheit und in Mut verbunden fühlen. Wie die Schamanen sagen, ist ein guter Heiler auch immer ein verletzter Heiler. Er ist zu seinem Heilwissen gelangt, indem er durch die Verletzung gegangen ist.

Das angepasste Innere Kind

Nun wenden wir uns dem trickreichsten Aspekt unseres Inneren Kindes zu, dem angepassten Inneren Kind. Wie ich oben schon erwähnt habe, dient dieser Teil dazu, dass wir in der Welt sein können, ohne bedrohlich verletzt zu werden. Wir schaffen dies nie vollständig, und der Preis ist sehr hoch. Man kann sagen, dass wir hier aufhören zu leben und anfangen zu überleben. Das angepasste Innere Kind ist also eine Tarnung, und die perfekteste Tarnung ist die, die ich selber als Realität ansehe und nicht mehr als Tarnung erkenne. Das angepasste Innere Kind versucht alles, um nicht wieder verletzt zu werden, und geht dabei einfallsreich und kreativ vor. Es passt sich von alleine mit seinen beschränkten Mitteln an. Je besser dies funktioniert, desto sicherer fühlt es sich. Mit den Jahren vergisst es, dass es sich getarnt hat. Es ist wie ein Agent, der eine zweite Existenz in einem fremden Land aufbaut, um nicht erkannt zu werden. Je mehr er in dieser Existenz lebt und sie ausfüllt, desto sicherer wird er. Da wir als Erwachsene vieles vergessen haben, was in der Kindheit war, vergessen wir auch, dass wir uns tarnten und wie wir uns tarnten. Im Folgenden möchte ich einige Tarnungen aufzeigen, die häufig zu finden sind.

Wenn wir als Kinder starken Ängsten und Schmerzen ausgesetzt sind, die wir nicht mehr aushalten können, dann bietet der Körper eine Möglichkeit damit umzugehen: Er zieht das Bewusstsein aus dem Körper. Unser direktes Empfinden wird schwächer. Häufig wird diese Bewusstseinsenergie in Phantasien und in die Gedankenwelt gelenkt. Wir leben nicht mehr richtig im Körper, sondern im Kopf. Wir finden dies in Menschen, die wenig Selbstwahrnehmung haben, aber in hohen Maße intelligent sein können oder in einer Traumwelt leben.

Wenn wir als Kinder die Erfahrung machen, nicht genug von dem zu bekommen, was wir brauchen, sei es Essen oder Berührung, dann entsteht ein Gefühl der Bedrohung zu verhungern. Der Körper richtet sich darauf ein, dass er seinen Stoffwechsel umstellt. Wir lernen mit wenig auszukommen, zu dem Preis, dass wir wenig Vitalität haben und uns leicht erschöpft und überfordert fühlen. Außerdem versuchen wir die Umwelt durch große liebe Kinderaugen und freundliches Nachgeben dazu zu verleiten, uns etwas zu geben.

Wenn wir als Kinder die Erfahrung machen, dass wir verletzt oder lächerlich gemacht werden, wenn wir unsere wahren Gefühle, unsere Herzensgefühle, zeigen, dann werden wir unser Herz schützen, indem wir den Brustraum mit einem Muskelpanzer verschließen. Wir werden niemandem mehr diese Gefühle zeigen. Unsere Erscheinung wird cool sein, und wir suchen vielleicht herauszufinden, wie wir über Manipulation die Menschen dazu bringen können, das zu tun, was wir wollen, ohne dass wir unsere Wünsche zeigen müssen.

Wenn wir als Kinder die Erfahrung machen, dass wir mit unseren eigenen Impulsen und unserem eigenen Willen durch Verbote gebremst werden, oder indem uns ein schlechtes Gewissen gemacht wird, dann lernen wir unsere Impulse und unseren Willen zurückzunehmen. Gleichzeitig versuchen wir über Trotz und Widerwillen, ein wenig von unserem Willen aufrechtzuhalten. Ein typischer Satz der Eltern wäre: „Wenn du weiter so böse bist, dann ist Mama (oder Papa) aber ganz traurig." Unsere Reaktion ist dann: „Wenn ich nicht darf, wie ich will, wirst du auch nicht bekommen, was du willst." Dies zeigen wir aber nicht als offene Rebellion, sondern unter dem Deckmantel der Freundlichkeit, als indirekten Widerstand.

Wenn wir als Kinder die Erfahrung machen, dass wir nicht geliebt werden für das, was wir sind, sondern für das, was wir tun, fangen wir an, uns immer mehr anzustrengen. Wir versuchen Mamas oder Papas kleiner Liebling zu werden, indem wir gute Leistungen bringen. Unser verletztes Selbst verbergen wir unter der Anstrengung und den Leistungen.

Diese sehr kurze Aufzählung ist eine äußere Beschreibung des Ablaufes möglicher Anpassung. Bevor es zu dieser Anpassung kommt, gab es natürlich viel Schmerz, Verzweiflung, Angst, Wut, Trauer usw., die das verletzte Innere Kind von seinem natürlichen Weg abgebracht haben. Die Schwierigkeit, diese Anpassungen zu erkennen, liegt darin, dass sie häufig von unserer Gesellschaft als förderliche Fähigkeiten angesehen werden. Jemand, der starke intellektuelle Fähigkeiten hat und nicht mitbekommt, wie es ihm geht, fällt in unserer kopforientierten Welt nicht nur nicht auf, sondern wird auch noch gesucht. Menschen, die zum Beispiel tagelang an einem Computer programmieren können und dabei sogar das Essen vergessen, sind hochbezahlt. Oder Menschen, die Anerkennung über Leistung suchen, sind bereit, von sich aus 12 Stunden am Tag zu arbeiten. Sie fühlen, dass ihr Leben nur durch das Tun einen Sinn bekommt.

Jede Anpassung entsteht immer aus einem „um zu". Wir spüren den Körper nicht mehr, um den Schmerz nicht mehr wahrzunehmen. Wir sind mit wenig zufrieden, um die Enttäuschung des unerfüllten Wunsches nicht mehr zu spüren, wir zeigen unsere Gefühle nicht mehr, um nicht wieder verletzt zu werden, wir lächeln freundlich, um unsere Wut nicht zu zeigen, wir strengen uns an, um gemocht zu werden.

Übung: Um-zu-Verhalten erforschen

Nehmen Sie sich Zeit und schreiben Sie einmal all die Verhaltensweisen auf, die Sie tun „um zu". Sie können dies am Anfang wahllos tun. Wenn Sie einige Verhaltensweisen aufgelistet haben, schauen Sie einmal, ob zwischen einigen ein innerer Zusammenhang besteht. Vielleicht wird immer etwas Gleiches vermieden. Dann nehmen Sie eine solche Gruppe und erinnern Sie sich, wie weit Sie in Ihre Vergangenheit zurückgehen können und ähnliche Verhaltensweisen schon hatten. Zum Schluss spüren Sie zu Ihrem verletzen Inneren Kind nach den Erfahrungen, bei denen Ihnen diese Verhaltensweisen geholfen haben, mit den Verletzungen umzugehen.

In der weiteren Entwicklung wächst dieses angepasste Innere Kind zum Erwachsenen. Es entsteht dadurch das, was in einigen körperpsychotherapeutischen Richtungen als Charakterstil, Charakterpanzerung oder Charakterstruktur bezeichnet wird. Wir leben in einer Welt, in der wir einen Charakterschutzpanzer um uns herum tragen. Das heile Innere Kind und das verletzte Innere Kind werden irgendwo im Inneren versteckt, um nicht wieder verletzt zu werden. Im Unbewussten entstehen sehr wachsame Aufpasser, die verhindern, dass jemand diese beiden Aspekte des Inneren Kindes findet. Häufig ist die charakterliche Anpassung so „gut gelungen", dass es nicht mehr möglich ist, sein eigenes Inneres Kind zu spüren. Wir haben etwas vor langer Zeit versteckt und dann vergessen, wo wir es versteckt haben, und zuletzt auch noch vergessen, dass wir überhaupt etwas versteckt haben. Dieses angepasste Innere Kind und der daraus sich entwickelnde Charakterstil ist es letztlich, der mit der Welt in Kontakt tritt und Erfahrungen macht. Dieser Mensch wächst mit der Zeit äußerlich und wird zum Erwachsenen, während das Innere Kind häufig auf der Entwicklungsstufe stehen bleibt, in der es sich nicht mehr ausleben konnte. Im Außen sind wir ein „normaler" 40-jähriger Erwachsener, der im Inneren ein unentwickeltes und verletztes Kind in sich trägt. Dieses Erwachsensein ist in seiner Charakterausprägung aber auf der Stufe des angepassten Inneren Kindes stehen geblieben. Es kann sein, dass ich meinen Alltag gut geregelt bekomme, aber immer wenn es um die existentiellen Themen geht, dann übernimmt mein Charakterstil die Führung. Ich reagiere mit den Mitteln meines angepassten Inneren Kindes in der „Verkleidung" eines Erwachsenen. Ich werde trotzig, ziehe mich schmollend zurück, werde jähzornig oder brav und angepasst, entschuldige mich, obwohl ich mich im Recht glaube, renne aus dem Zimmer usw.

Franz weiß aus Erzählungen, dass er als Baby nicht so gefüttert und berührt wurde, wie er es gebraucht hätte. Seine Eltern hatten ein gut gehendes Geschäft und konnten sich nicht richtig um ihn kümmern. Außerdem war ihre innere Einstellung geprägt von der Prämisse: „Was dich nicht tötet, macht dich hart." Für Franz ist das Thema Befriedigung der eigenen Bedürfnisse an schmerzhafte Erfahrung gebunden. Jetzt, als Erwachsener, reagiert er äußerst empfindlich, wenn seine Partnerin ihn nicht 100-prozentig so berührt, wie er es mag, und wenn sie ihm nicht genauso zugewandt ist, wie er es braucht. Er hat keinen Handlungsspielraum, wenn dies vorkommt. Er fühlt sich zutiefst nicht gesehen. In einem solchen Moment zieht er sich dann über Tage in sich zurück und tut so, als wenn er gar nichts mehr bräuchte. Gleichzeitig erlebt Franz es als Demütigung, um das zu bitten, was er braucht. Seine Überzeugung ist, wenn seine Freundin ihn wirklich lieben würde, wüsste sie, was ihm gut tut. Er erlebt seine Beziehungen meistens als Aneinanderreihung von Frustrationen. Er ist sich keiner Schuld bewusst. Gleichzeitig kann er sich aber auch nicht trennen, weil er sich dadurch von der Möglichkeit der Befriedigung seiner Bedürfnisse abschneiden würde. Und obwohl er kognitiv um die Verbindung zu seiner Kindheit weiß, kann er aus seinem Erleben nicht aussteigen.

Solange wir in unserer charakterlichen Anpassung gefangen bleiben, hängen wir nicht nur in den unbewussten Wahrnehmungs- und Handlungsmustern fest, sondern ein wesentlicher Aspekt unserer Lebendigkeit bleibt ebenfalls verborgen: die Lebendigkeit des heilen Inneren Kindes.

In der Arbeit mit dem Inneren Kind werden Sie merken, dass die drei erwähnten Aspekte, das heile, das verletzte und das angepasste Innere Kind einen ganzen Schatz an Lebendigkeit und Wahrhaftigkeit in sich tragen. Es ist gut, wenn wir uns all der angepassten Muster bewusst werden können und die Freiheit zu authentischem Handeln gewinnen. Häufig reichen Bewusstheit und Entschlusskraft aus, um Gewohnheiten aufzugeben. Manchmal braucht es aber auch liebevolle Zuwendung und Annehmen des verletzten Inneren Kindes aus dem „Ich-BIN" heraus, damit auch die Gewohnheiten bedeutungslos werden.

Wirkliche Freiheit geht über Heilung hinaus und entsteht durch Verstehen

In dem einleitenden Kapitel habe ich von den drei Grundübeln des Leidens aus buddhistischer Sicht gesprochen: Nichtwissen, Ablehnung und Anhaftung. Unser ICH haftet an den Mechanismen des angepassten Inneren Kindes so lange, wie es sich gegen die Verletzungen des verletzten Inneren Kindes wehrt. Manche Menschen, aber auch Therapieformen oder Selbsterfahrungsrichtungen, haften wiederum an der Idee des verletzten Inneren Kindes, indem sie der Verletzung eine übergeordnete Rolle beimessen. Bleiben wir in der Idee und in dem Erleben des verletzten Inneren Kindes gefangen, dann kommen wir aus der Rolle des Opfers nie heraus. Wenn Sie eigene Kinder haben, dann wissen Sie, dass diese schon sehr früh einen starken eigenen Einfluss auf das Geschehen haben. Sie sind nicht nur kleine, niedliche Wesen, die lernen müssen, sich auf ihre Umwelt einzustellen. Die Säuglingsforschung hat herausgefunden, dass das neugeborene Kind schon über eine Körpersprache verfügt und so auf seine Umwelt einwirkt. Dieser Forschungszweig befindet sich noch in den Kinderschuhen. Aber die ersten Erkenntnisse deuten darauf hin, dass das Kleinkind nicht nur in Abhängigkeit aufwächst, sondern eine Einflussmöglichkeit hat. Einige philosophische Schulen sprechen vom karmischen Gedanken oder aus astrologischer Sicht davon, dass wir bestimmte Erfahrungen und Lernaufgaben auf die Welt mitbringen. Diese Sichtweisen sind im streng westlich orientierten Wissenschaftsverständnis nicht haltbar, da sie nicht bewiesen werden können. Wenn wir sie aber als Hypothese auf die kindliche Entwicklung anwenden, dann bedeutet es, dass ich eine Mitverantwortung habe für das, was mir widerfährt bzw. das, was ich dabei erlebe. Diese Hypothese kann eine sehr befreiende Wirkung haben, da ich von Anfang an eine aktive Rolle im Werden meines ICHs einnehme und nicht nur von außen geformt werde zu dem, was ich jetzt bin.

Wenn ich wirklich nur als unbeschriebenes Blatt auf die Welt käme und durch den Einfluss, den meine Eltern, die Gesellschaft und die Kultur haben, eine menschliche Geschichte auf das Blatt geschrieben würde, wo sollte dann jemals eine Lücke entstehen, aus der heraus ich mich selber finden kann? Entweder ich bin nur das leere Blatt oder die Geschichte. Ein Aussteigen daraus wäre nicht möglich. Selbstfindung könnte dann nicht stattfinden, da es darin kein Selbst gäbe. Nur wenn das Selbst von Anfang an, das heißt vom Moment der Empfängnis an, aktiv beteiligt ist, werde ich es finden können. Dann muss ich aber meinen Teil der Verantwortung, dass ich so bin, wie ich bin, auch übernehmen.

Aus der Sicht der Heilung des verletzten Inneren Kindes geht es darum, sich aus dem „Ich-BIN“ heraus um diese Verletzungen zu kümmern. Aus dem „Ich-BIN“ biete ich dem verletzten Inneren Kind das an, was ihm gefehlt hat bzw. was es jetzt braucht. Das verletzte Innere Kind spürt die Verletzung und weiß auch, von wem es verletzt wurde. Wenn die Wunden verheilt sind, kommt es notwendigerweise im nächsten Schritt zum Verzeihen. Ich verzeihe den Menschen, die mich vernachlässigt haben, die mich verletzt haben. Vielleicht erkenne ich, in welcher Situation sie gewesen sind, aus der heraus sie mich verletzten. Verzeihen ist deshalb so notwendig, da ich sonst weiterhin in einer spannungsreichen, vorwurfsvollen Beziehung zu dem Menschen bleibe, der mich verletzt hat. Ich halte eine Spannung zwischen Ich, dem Verletzten, und Du, dem Verletzer, aufrecht. Es ist gut, wenn ich auf ihn zugehen und ihm die Hand reichen kann. Dann kann es wieder zu einem ehrlichen Dialog kommen, durch den die Heilung ihren Abschluss bekommt. Solange dies nicht passiert ist, ist der Heilungsprozess nicht abgeschlossen.

Für diesen Schritt, aus der Verletzung heraus auf den anderen zuzugehen, braucht es ein tieferes Verständnis und die Liebe, die die Trennung zwischen Ich und Du aufheben will. Das notwendige Verständnis, aus der Liebe als Weg erwächst, entsteht, wenn ich bereit bin, meinen Anteil am Geschehen zu mir zu nehmen. Solange ich in der

Verletzung bleibe, bin ich in der Opferrolle gefangen. Wenn ich mir klar mache, was ich zu der verletzenden Situation selbst beigetragen habe oder was ich aus ihr gelernt habe, kann ich das Geschehen annehmen. Erst in diesem Moment ist Frieden und Freiheit mit der Situation möglich. Aus der Sicht der Liebe hat alles seinen Sinn, nicht weil es gut oder schlecht ist, sondern einfach, weil es ist.

Leid und Schmerz

Eine Hauptmotivation, die hinter dem Ansatz dieses Buches liegt, besteht darin, einen Weg aufzuzeigen, mit dem Leiden verringert werden kann. Wenn Sie die Übungen angewendet und die Ansätze überdacht haben, die ich in den Kapiteln über den Körper, die Gefühle und die Sexualität beschrieben habe, können Sie Folgendes erwarten: Entweder haben sich bestimmte Probleme, die Sie bisher mit Ihrem Körper, innerhalb Ihrer Gefühle und in Ihrer Sexualität erlebten, zum Positiven verändert, oder aber Ihre Einstellung zu diesen – weiterhin vorhandenen Problemen – ist entspannter und annehmender geworden. In beiden Fällen werden Sie wahrnehmen, dass Sie mit diesen Themen weniger Leid empfinden. Sicherlich macht es Sinn, dass Sie weniger leiden, wenn sich das Problem verkleinert bzw. aufgelöst hat. Aber wie kommt es dazu, dass Sie sich besser fühlen, wenn sich Ihre Probleme konkret gar nicht verändert haben?

Stellen Sie sich einmal vor, Sie wachen eines Morgens auf und sind einfach glücklich und zufrieden. Nichts ist im Außen passiert, das Sie glücklich sein lässt. Aber im Innen gibt es diese Gefühle von Zufriedenheit und Glück. Sie gehen ins Bad und sehen sich im Spiegel. Sie nehmen denselben Körper wahr wie gestern Morgen. Ihr Körper ist eventuell weiterhin von Ihrem Idealbild weit entfernt. Sie schauen sich an, und das Gefühl von Glück und Zufriedenheit wird nicht durch die nörgelnde Selbstanklage abgelöst, mit der Sie sich sonst oft beim ersten Blick in den Spiegel konfrontierten. Oder Sie nehmen im Laufe des Tages die gleichen Gefühle in sich wahr, mit denen Sie bis jetzt immer auf Kriegsfuß standen, wie Unsicherheit, Angst, Einsamkeit, Deprimiertheit usw. Aber auch diese Gefühle haben nicht die gleiche Wirkung wie sonst. Sie spüren Sie in sich, bleiben aber weiterhin glücklich und zufrieden. Genauso kann es Ihnen mit Ihrer Sexualität ergehen. Sie spüren dieselben Schwierigkeiten wie sonst auch, aber diese haben keinen wirklichen Einfluss auf Ihre Grundstimmung. Alles ist so wie am Vortag, aber heute wirken diese Tatsachen nicht wie am Vortag. Sie ziehen Sie nicht herunter, sie bedrücken Sie nicht. Sie leiden nicht daran, dass es so ist, wie es ist, sondern Ihr Gefühl von Zufriedenheit und Glück bleibt stabil.

Dieses Kapitel berührt eine sehr zentrale Fragestellung. Es ist die Frage nach dem Umgang mit körperlichem und psychischem Schmerz und den Ursachen von Leid. Im Buddhismus wird gesagt, dass das Menschsein, ja jegliche Existenz eines fühlenden Wesens, mit Leid verbunden sei.

Gleichzeitig sei jedes Wesen bestrebt, glücklich zu sein, das heißt, ohne Leiden zu sein. Als eine Grundlage des Buddhismus werden die vier Edlen Wahrheiten angesehen. Der historische Buddha war ein Prinz in Indien. Er verließ seinen Palast und wurde Bettelmönch, nachdem er erkannt hatte, dass die menschliche Existenz durch Leid gekennzeichnet ist. Auf seiner inneren Suche ging es ihm darum, einen Weg zur Überwindung von Leid zu finden. Die vier Edlen Wahrheiten sind ein Ergebnis seiner Suche:

1. die Edle Wahrheit von den Leiden,
2. die Edle Wahrheit von dem Ursprung der Leiden,
3. die Edle Wahrheit von der Beendigung der Leiden und
4. die Edle Wahrheit von dem Pfad, der zur Beendigung der Leiden führt.

Die Buddhisten beschäftigen sich seit 2500 Jahren mit der Frage: „Wie entsteht Leid und wie kann Leid überwunden werden?“ Sie kommen zu dem Schluss, dass die einzig wirkliche Befreiung von Leiden das Erkennen des eigenen Geistes ist. Wir finden also Glück und Befreiung von Leiden in uns und nicht im Außen. Der Ursprung des Leids liegt im Geist: in dessen Tendenz der Anhaftung, der Ablehnung und der Unwissenheit. Wir können Leid mit den Wurzeln entfernen, wenn wir dessen Ursprung beseitigen, und dafür hat der Buddha einen Weg gewiesen.

Um zu größerer Zufriedenheit und Glück zu gelangen, ist es wichtig unsere Einstellung zu Leid, Schmerz und Unglück zu überdenken. Was ist eigentlich Leiden? Gibt es Leid? Wie hängen Glück, Zufriedenheit, Leid, Schmerz und Unglück zusammen? Dies mögen eher ungewöhnliche Fragen sein, da wir alle Leid und Schmerz kennen, solange wir zurückdenken können. Aber vielleicht können diese Fragen gerade deshalb eine Menge in Bewegung setzen.

Beispiel 1: Ich hatte einmal eine Klientin namens Sabine. Als Sabine zu mir kam, haderte sie mit vielem in sich. Sie hatte Angst, dass sie von unkontrollierbaren Gefühlen überwältigt werden könnte. Sie überkamen Panikattacken, wenn sie dachte, dass eine Spinne im Raum sei. Sie haderte mit ihrem Körper, den sie als zu dick empfand, obwohl er eher Idealgewicht hatte. Sie hatte immer wieder Wutattacken gegen ihren Freund und ihre Chefin. Nach ihren eigenen Worten litt sie unter all diesen Zuständen sehr. In der weiteren Arbeit wurde deutlich, dass sie als Kind sexuell missbraucht worden war, ohne sich klar an Details zu erinnern. In der Familie gab es niemanden, dem sie sich damals hätte anvertrauen können. Sie war gezwungen, mit den schrecklichen Erfahrungen alleine fertig zu werden. All dies veranlasste sie, sich äußerlich und innerlich zu verkriechen. Ihre konkreten Erinnerungen an das damalige Geschehen waren zu bedrohlich, als dass sie sich damit auseinander setzen konnte. Aber ihre Gefühle von damals, wie zum Beispiel die Wut und die Panik, übertrug sie jetzt auf andere Menschen und Situationen. Die Wut auf die Eltern, die sie nicht verstanden und beschützt hatten, richtete sie jetzt auf den Freund und die Chefin. Die Panik, dass sie jemand ungefragt berühren könnte, richtete sie unter anderem auf die Spinnen. Sie hatte Angst, in der tiefen, hilflosen Trauer stecken zu bleiben, und Ekel vor ihrer eigenen Körperlichkeit. An all diesen sekundären Gefühlen litt sie, da diese sie immer wieder unerwartet überfielen und sie ihnen hilflos ausgesetzt war.

Beispiel 2: Ich habe dieses Beispiel aus einem Film über tibetische Medizin weiter oben schon einmal erwähnt. In dem Film wurde eine junge Nonne gezeigt, die zum Leibarzt des Dalai Lama kam und über körperliche Schmerzen klagte. Sie berichtete, dass sie diese Schmerzen bekam, nachdem sie von Chinesen, die Tibet besetzt halten, misshandelt wurde. Sie hatte für den Dalai Lama protestiert und war gefangen genommen und auf schrecklichste Art und Weise gefoltert und mehrmals vergewaltigt worden. Während sie dies alles erzählte, strahlte sie eine große Kraft aus. Sie spürte den Schmerz, sie drückte ihn auch aus, aber sie verhärtete sich nicht damit. Sie sagte, dass sie wieder protestieren würde, wenn sie nach Tibet käme, selbst auf die Gefahr hin, das Gleiche wieder zu erleben. Sie schien an ihren Erfahrungen nicht zu leiden, nahm aber gleichzeitig all den Schmerz wahr.

Die beiden Frauen haben Schreckliches erlebt. Darin sind sie sich sehr ähnlich. Was sie aber unterscheidet, ist der Umgang mit dem Schmerzhaften. Dieser Umgang scheint einen maßgeblichen Einfluss auf das erlebte Leiden zu haben. Nicht die Größe des Unglücks oder des Schmerzes scheint entscheidend für das Erleben des Leids zu sein, sondern wie wir auf das Unglück, auf den Schmerz reagieren. In der Nonne gibt es eine innere Kraft oder Überzeugung, die ihre Reaktionen auf das Geschehene nicht zu dominant werden lässt und auch nicht so leidvoll.

Wenn wir zu der Ursprungsfrage zurückkommen, was Leiden ist, dann scheint Leid eine Reaktion auf eine schmerzhafte Erfahrung zu sein. Das heißt, dass das Leid vom Schmerz getrennt ist.

Um leiden zu können, brauchen wir ein ICH

Alle Lebewesen kennen Schmerz. Und jedes Lebewesen versucht Schmerzhaftes zu vermeiden. Wenn Schmerzen oder Krankheiten vorhanden sind, dann kümmert sich jedes Lebewesen entsprechend darum. Ein verletztes Tier zieht sich an einen sicheren Ort zurück und pflegt seine Wunden. Ein krankes Kind schläft, solange der Körper dies braucht, oder es legt sich in den tröstenden Arm der Mutter. Beide reagieren aus einer momentanen Notwendigkeit heraus. Der Schmerz, das Kranksein, die Verletzung brauchen bestimmte Fürsorge und bekommen diese selbstverständlich. Das Handeln erfolgt unmittelbar aus den körperlichen Bedürfnissen heraus.

In der Entwicklung zum Erwachsenen hin entwickelt sich das ICH in Bezug zu diesen unbewussten, autonomen Reaktionsmechanismen des Körpers. Das ICH muss auf seinem Weg der Reifung lernen, die Befriedigung der Bedürfnisse des Körpers aufzuschieben und individuell abzuwägen. Dies ist eine Fähigkeit, die man in der Welt braucht. Dieses ICH wird im Allgemeinen höher bewertet als die Körperlichkeit. Jemand, der mit 38°C Fieber zur Arbeit kommt, ist ein „verantwortungsbewusster" Mitarbeiter. Nicht die Impulse des Körpers werden geschätzt, sondern die Zähigkeit des ICHs, sich trotz Krankheit zu motivieren. Das ICH benutzt den Körper, um seine Ziele zu erreichen, zum Beispiel ein verantwortungsbewusster Mitarbeiter zu sein. Über das Erreichen eines solchen Ziels bekommt das ICH Anerkennung oder Lob, und wir fühlen uns auf unserem Weg bestätigt.

Obwohl diese ICH-Entwicklung eine Erweiterung unserer Fähigkeiten ist und uns mehr Freiheiten schafft, als das kleine unbewusste Kind sie hatte, fängt hier aber auch der Leidensweg an. Immer wenn Informationen aus dem Körper oder den Gefühlen kommen, reagiert das ICH darauf. Das ICH hält den Kontakt mit den Gegebenheiten der Welt und den Informationen des Körpers. Gibt es die Möglichkeit, über einen gut durchtrainierten Körper Anerkennung zu bekommen, dann wird der Körper trainiert. Um meinem Arbeitsplatz zu sichern, bin ich auch bereit, mit Fieber in die Firma zu gehen, oder ich nehme Beruhigungstabletten, um über meine hinderliche Aufregung hinwegzukommen. Ein befreundeter Musiker hat mir davon erzählt, dass in seinem Orchester viele Musiker Betablocker nehmen, um die nötige Ruhe beim Spielen zu haben.

Das ICH mit seinem Willen und seiner Einschätzung der Realität reagiert auf die Informationen aus dem Körper. Wenn es angenehme Informationen sind, reagiert das ICH mit angenehmen Gefühlen. Sind die

Informationen unangenehm, wie bei Schmerz und Krankheit, dann gibt das ICH entweder das OK zu Ruhe oder erwartet von sich und vom Körper durchzuhalten, eventuell mit Unterstützung von Medikamenten. Je hilfloser sich das ICH fühlt, desto mehr Stress bekommt es und fängt an zu hadern. Und an diesem Punkt beginnt Leiden. Die Stärke des Leids hängt mit dem Grad der Hilflosigkeit zusammen, die das ICH im Umgang mit seinem Schmerz erlebt.

Über Schmerz und den Umgang mit Schmerz

Beispiel 3: Seit meiner Kindheit habe ich Kopfschmerzen und teilweise auch Migräne. Zeitweilig bekam ich sie einmal wöchentlich. Auch meine Mutter litt unter Kopfschmerzen. Dass ich dieses Buch schreibe, hat wahrscheinlich auch damit zu tun. Als kleines Kind hatte ich mir vorgenommen, Arzt zu werden und etwas gegen den Kopfschmerz meiner Mutter zu finden. Nun bin ich nicht Mediziner geworden, sondern Psychotherapeut. Aber Fragen um Schmerz und den Umgang mit Schmerz beschäftigen mich weiterhin. Ich bin früher nie aus dem Haus gegangen, ohne Schmerztabletten dabeizuhaben, und schon das kleinste Unwohlsein im Körper hat mich dazu veranlasst, eine Tablette zu nehmen. Mein Leben war sehr fokussiert auf den Schmerz. In all den Jahren der Arztbesuche, der Eigentherapie, der Selbsterfahrung und der Meditation hat die Häufigkeit und die Intensität des Schmerzes stark abgenommen, aber es ist mir nicht gelungen, die Ursachen für meinen Kopfschmerz zu finden. Etwas anderes hat sich jedoch in den Jahren der Auseinandersetzung mit dem Kopfschmerz geändert. Ich habe gelernt, die Tatsache, dass Kopfschmerz zu meinem Leben gehört, anzunehmen. Diese Veränderung des Umganges hat mein Leidensgefühl am Schmerz stark verringert.

In diesem Prozess sind für mich einige wichtige Dinge passiert. Das Erste war, dass ich mich von der Möglichkeit, Kopfschmerzen zu bekommen, nicht mehr beeinträchtigen lassen wollte. Ich habe aufgehört, immer Kopfschmerztabletten mitzunehmen, wenn ich wegging. Und ich habe auch aufgehört, Schmerzmittel zu nehmen, wenn sich der Kopfschmerz näherte. Dies hört sich für jemanden, der diesen Teufelskreis nicht kennt, vielleicht nicht besonders tiefgreifend an, aber innerlich war es ein Schritt in Richtung Freiheit.

Die zweite Veränderung war für mich noch bedeutsamer und fing mit der Frage an, was wäre, wenn der Schmerz irgendwann einmal nicht mehr aufhören würde? Könnte ich mich trotzdem glücklich fühlen, meine liebevolle und lustvolle Beziehung genießen und meinen spirituellen Weg weitergehen? Mein gewohnheitsmäßiger Umgang mit den Schmerzen besteht darin, dass ich mich zurückziehe, hinlege und ausharre, bis der Schmerz vorbei ist. Kopfschmerz war für mich gleichbedeutend damit, mich vom Leben zurückzuziehen. Diese Gewohnheit zu durchbrechen war sehr befreiend. Ich ziehe mich immer noch häufig zurück, aber meistens versuche ich einfach mein Tempo zu verlangsamen und das zu tun, was ich tun will.

Meine dritte Veränderung liegt im Umgang mit dem Schmerz selbst. Sie ist verbunden mit der Frage: „Was ist eigentlich Schmerz?“ Wenn ich starke Kopfschmerzen habe, versuche ich gewöhnlich ständig Kopfhaltungen zu finden, in denen der Schmerz weniger stark ist. Ich kann mich zum Beispiel nicht flach hinlegen, da das Pochen im Kopf dann schier unerträglich wird. Meist finde ich eine Kopfhaltung, die einige innere Gefäße abzuklemmen scheint, wodurch das Pochen aufhört. Aber diese Haltung wird nach einiger Zeit sehr unbequem. Dadurch komme ich in ein inneres Dilemma. Entweder ich spüre das Unbehagen der unbequemen Kopfhaltung oder den Kopfschmerz. In diesen Momenten fühle ich mich getrieben, und mein subjektives Leiden wird riesig. Früher erlebte ich es so stark, dass mir Gedanken von Selbstmord durch den Kopf gingen, nur um von diesem Schmerz befreit zu werden. Inzwischen habe ich viele Erfahrungen gemacht, die in eine andere Richtung weisen und die mich viel gelehrt haben über Schmerz und das Leiden an Schmerz. Anstatt alles zu unternehmen, den Schmerz nicht mehr zu spüren, richte ich meine Aufmerksamkeit in den Schmerz hinein. Wo genau pocht es? Wie pocht es? Wie lange pocht es? Es ist so, als wenn ich mir etwas anschaue, das ich kennen lernen will. Häufig kommt es recht schnell zu einer inneren Veränderung. Diese Veränderung liegt nicht im Schmerz, sondern in mir. Der Schmerz pocht weiter, aber ich werde ruhiger. Meine Aufmerksamkeit bleibt bei den feinen Spitzen, die mit jedem Pochen ins Gehirn gestochen werden. Ich spüre es sehr klar, reagiere aber nicht darauf. Wenn dieser Umgang gut klappt, dann verwandelt sich meine Wahrnehmung des Schmerzes. Die Schmerzreize fühlen sich wie elektrische Impulse an. An dieser Stelle ist der Schmerz weder schlecht noch gut, höchstens interessant. Dieser Zustand der gebündelten Aufmerksamkeit ist häufig sehr instabil. Es kann sein, dass ich ganz leicht wieder in das Verhalten zurückfalle, das dem Schmerz ausweicht, und dann fängt die Tortur des Leids von vorne an. Wenn dies aber nicht passiert, dann scheint meine Aufmerksamkeit mit der Zeit durch den Schmerz zu fallen, und ich werde sehr ruhig und friedlich. Schmerz oder Nichtschmerz ist in diesem Moment nicht wichtig. Erstaunlicherweise hört die Schmerzattacke dann häufig auf. Dieses Umgehen funktioniert nur, wenn ich wirklich Zeit habe für den Schmerz und nicht äußerlich stark gefordert bin.

Wenn ich das Modell von ICH und „Ich-BIN“ auf diese Erfahrung mit dem Schmerz anwende, dann können wir Folgendes erkennen. In dem Moment, in dem ich mich von dem Schmerz getrieben fühle, bin ich mit meinem ICH identifiziert. Das ICH hängt wiederum daran fest, dass es ihm gut gehen soll. Es spaltet sich vom Schmerz als etwas von ihm Getrennten ab und versucht alles zu tun, um ihn zu vermeiden. In dem Moment, wo ich auf den Schmerz nicht mehr in dieser Art und Weise reagiere, sondern ihn beobachte, wechselt mein Bewusstseinszustand vom ICH zum „Ich-BIN“. Aus diesem „Ich-BIN“ heraus kann ich den Schmerz mit Offenheit und sogar mit Neugierde wahrnehmen. Ich muss mich nicht mehr vor ihm schützen oder ihn verändern. In diesem Moment breitet sich die Ruhe des „Ich-BIN“ trotz Schmerz aus. Die Freiheit, die ich in diesen Momenten spüre, liegt im Annehmen des Schmerzes und nicht darin, schmerzfrei zu sein.

Ich kann an diesem Beispiel gut das Verständnis von den vier Edlen Wahrheiten deutlich machen.

1. Die Edle Wahrheit von den Leiden: Während eines Lebens kommt es immer wieder zu Schmerzen und zu Leiden. Meine Kopfschmerzen zeigen mir diese unübersehbare Tatsache.
2. Die Edle Wahrheit von dem Ursprung der Leiden: Wenn wir dieses Phänomen von Schmerz und Leid genau untersuchen, dann sehen wir, dass Leid aus dem Umgang mit Schmerz entsteht. Leid entsteht im Geist, und zwar dann, wenn ich nicht einfach in Ruhe mit dem Schmerz sein kann, sondern gegen ihn ankämpfe und den schmerzfreien Zustand ersehne. Ich will nicht wissen, wie die Tatsache wirklich ist, sondern ich will, dass es mir besser geht.
3. Die Edle Wahrheit von der Beendigung der Leiden: Es gibt eine Möglichkeit, Leid grundsätzlich zu beenden. Diese liegt in meinem Geist und nicht im Vermeiden von Schmerz. Sie liegt im Umgang mit meinem Kopfschmerz. In meinem Geist kann ich eine Geistesruhe finden, in der eine Zufriedenheit existiert, die durch Schmerzhaftes nicht beeinträchtigt werden kann. Ein Satz eines tibetischen Gebetes lautet: „Mögen alle Wesen niemals vom Glück getrennt sein, das hinter allem Elend ist.“ Dieser Zustand birgt eine Gelassenheit in sich, die Schmerzhaftes nicht vermeiden will.

4. Die Edle Wahrheit von dem Pfad, der zur Beendigung der Leiden führt: Der Buddha hat viele Einsichten gelehrt und Übungen vermittelt, die zu dieser inneren Geistesruhe führen, wie zum Beispiel Achtsamkeit und Meditation.

Übung: Was ist Schmerz? Was ist Leid?
Nehmen Sie sich einen Moment Zeit und erinnern Sie sich an Momente in Ihrem Leben, in denen Sie starken Schmerz erlebten. Es kann emotionaler Schmerz sein oder körperlicher Schmerz. Stellen Sie sich folgende Fragen: Wie gehe ich gewöhnlich mit Schmerz um? Was macht Schmerz zum Schmerz, wie fühlt sich Schmerz an? Was wäre, wenn der Schmerz nicht mehr aufhören würde? Ab wann fange ich an, unter dem Schmerz zu leiden? Wie fühlt sich Leiden an? Was unterscheidet Schmerz von Leid in meiner persönlichen Erfahrung?

Schmerz und das Erleben von Schmerz

Auf der körperlichen Ebene scheint das Verstehen von Schmerz recht einfach zu sein. Schmerzen sind in der Regel Alarmsignale des Körpers, die dann ausgelöst werden, wenn etwas Verletzendes passiert. Aus diesem Grund sind Schmerzen für die Gesundheit, deren Aufrechterhaltung und Wiederherstellung notwendige Signale. Wenn ich eine heiße Herdplatte anfasse, führt der Schmerz mich augenblicklich dazu, die Hand zurückzuziehen. Wenn ich am Vorabend zu viel Alkohol getrunken habe, dann zeigt der Kopfschmerz mir, dass ich über meine Grenze gegangen bin. Wenn ich längere Zeit nichts gegessen habe, dann signalisiert mir der Magen über ein leichtes Unwohlsein, dass er Hunger hat. Körperliche Schmerzen werden über Nervensignale von der Peripherie zuerst zum Rückenmark und dann zum Gehirn geleitet. Innerhalb dieses Prozesses tauchen all die Empfindungen auf, die wir als Schmerz erkennen. Neben der einfachen Schmerzübertragung müssen wir noch unterschiedliche Schmerzempfindlichkeiten berücksichtigen. Manche Menschen reagieren viel eher als andere mit dem Empfinden von Schmerz. Diese unterschiedliche Schmerzempfindlichkeit ist auf der einen Seite konstitutionell bedingt und auf der anderen Seite Resultat eines körperlichen Lernprozesses. Wenn eine bestimmte Körperstelle häufig Schmerzen ausgesetzt ist, dann lernen die Nervenzellen mit der Zeit, diesen Schmerz effektiver zu übermitteln. Schon schwache Reize führen zum Empfinden von Schmerz. Nach einiger Zeit bilden sich sogar zusätzliche Nervenzellen neu, die den Schmerz übertragen. Wir werden so immer empfindsamer. Für den Organismus ist dies eine geniale Konstruktion, da er schneller auf Verletzendes reagieren kann. Für uns ist es eher beeinträchtigend, da wir sehr leicht Schmerzen empfinden.

Es gibt aber noch eine weitere Ebene, die für den Umgang mit Schmerz sehr wichtig ist. In Experimenten mit Ratten hat man den Tieren in regelmäßigen Abständen direkt am Rückenmark Schmerzreize gesetzt. Weiter hat man untersucht, zu welchen Schmerzreaktionen es bei den Ratten kam. Anfangs folgte die Schmerzreaktion direkt auf einen Reiz. Nach einiger Zeit haben die Wissenschaftler die Reize am Rückenmark nicht mehr ausgeführt. Es war also faktisch kein Schmerzreiz mehr vorhanden. Trotzdem zeigten die Ratten ihre typischen Schmerzreaktionen. Sie erlebten weiterhin Schmerz, obwohl kein Schmerzreiz vorhanden war. Die Übertragung von Schmerz hatte sich verselbständigt, ohne dass ein Schmerzreiz gesetzt wurde.

Wir können zusammenfassen: Wenn ein Organismus längere Zeit schmerzhaften Reizen ausgesetzt ist, wird er mit der Zeit immer empfindlicher auf die Reize reagieren. Er erlebt immer häufiger Schmerz. Wiederholte Schmerzreize können sogar dazu führen, dass ein Organismus Schmerzen empfindet, ohne dass es etwas Schmerz Verursachendes gibt. Selbst auf der körperlichen Ebene ist das Verstehen von Schmerz letztlich nicht so einfach, wie wir anfänglich dachten.

Nun erleben wir Menschen nicht nur körperlichen Schmerz, sondern ebenso emotionalen Schmerz. Wir alle kennen es, dass ein Liebeskummer uns weh tut oder es schmerzt, wenn wir uns verlassen fühlen, betrogen werden, einsam sind, erniedrigt werden usw.

Berta war über 60 Jahre alt, als sie mit der Therapie begann. Sie litt an dem Verlust ihres verstorbenen Mannes. Als sie über seinen Tod sprach, konnte ich ihren Schmerz förmlich spüren. Sie weinte immer wieder, aber ab einer gewissen Schwelle der Trauer verspannte sich der Körper und die Atmung wurde flach, bis die Trauer wieder verschwand. Es war offensichtlich, dass der Verlust ihr sehr weh tat, sie die Trauer aber nicht im ganzen Ausmaß zuließ. Ich war sehr erstaunt, als Berta mir auf meine Nachfrage hin erzählte, dass ihr Mann schon vor über 15 Jahren gestorben war. Selbst nach dieser Zeit konnte ein Gedanke an ihn in ihr den Schmerz des Verlustes hervorrufen. Und selbst nach 15 Jahren kämpfte ihr Körper immer noch gegen den Ausdruck des Schmerzes an.

Genauso wie der Körper auf eine Verletzung des Körpers mit körperlichem Schmerz reagiert, reagiert unsere Psyche auf eine Verletzung der Psyche mit emotionalem Schmerz. Wie wir aber schon beim Körper gesehen haben, sind die Schmerzempfindungen nicht einfach abhängig von dem Schmerzreiz, sondern es sind komplexe Lernprozesse daran beteiligt. Diese komplexen Lernprozesse sind bei emotionalem Schmerz noch viel bedeutsamer. Während unser Körper schon von Geburt an auf gewisse Reize mit Schmerz reagiert, lernen wir als Kinder in den ersten Lebensjahren erst Gefühle und Emotionen. Die Psyche bildet sich viel stärker heraus, als es der Körper tut. Zum Beispiel kennen kleine Kinder kein Besitzdenken und keine Eifersucht. Solange ihre Grundbedürfnisse gesättigt sind, können die Eltern sich liebevoll und körperlich den Geschwistern und anderen Menschen zuwenden. Aber wie reagieren wir als Erwachsene, wenn sich unser Partner liebevoll und körperlich einem anderen Menschen zuwendet? Selbst wenn unsere Bedürfnisse nach Nähe, Zuwendung und Körperlichkeit erfüllt sind, löst diese Tatsache oft Schmerz, Eifersucht, Wut und Verlassenheitsängste aus. Im Emotionalen erleben wir Schmerz dann, wenn wir uns psychisch verletzt oder bedroht fühlen. Das Maß, das wir im Emotionalen anlegen, ob wir uns verletzt oder bedroht fühlen, hängt noch viel stärker von Lernerfahrungen ab als beim Körperlichen. Wenn unser Selbstbild bedroht oder verletzt wird, reagieren wir meist genauso stark, wie wenn unser Selbst bedroht oder verletzt wird. Die Intensität des Schmerzes ist in beiden Fällen gleich. Wenn unser/e Partner/in eine/n Geliebte/n hat, wird unser Selbst nicht wirklich bedroht, aber unser Selbstbild.

Gerade die Tatsache, dass Menschen Schmerzverhalten lernen, sollte uns Psychotherapeuten und Leiter von Selbsterfahrungsworkshops sehr achtsam werden lassen. Wie tief ist doch der Glaube, dass die Erlösung von einem Schmerz oder einem Problem erst dann von Tiefe ist, wenn wir durch diesen Schmerz gegangen sind. Immer wieder werden Klienten aufgefordert, in ihre problematischen Anteile hinabzutauchen, um alte Gefühle von Wut, Trauer und Verletztheit auszudrücken. Sicher gibt es für Heilungsprozesse oft die Notwendigkeit, verdrängtes Erleben wieder ins Bewusstsein zu holen. Aber mit jedem Eintauchen in einen Schmerz, in Hilflosigkeit und in ungelöste Probleme bahnen wir einen Weg zu ihnen. Die Wahrscheinlichkeit, dass mein Körper sich immer leichter daran erinnert und die Empfindungen und Gefühle wiederholt, wird größer. Wichtig erscheint mir aus diesem Grund, dass wir als Therapeuten darauf achten sollten, dass im Klienten grundsätzlich der Zugang zum „Ich-BIN“ stabil bleibt. Ich kann Altes, Verdrängtes wiedererleben, bin mir aber meines momentanen Seins bewusst. Die Arbeit mit Schmerzhaftem sollte also innerhalb der Kapazitätsgrenzen stattfinden, die es einem Klienten ermöglichen, in den Schmerz einzutauchen, ohne davon weggetragen zu werden.

In der weiteren Arbeit mit Berta stellte sich heraus, dass die Beziehung zu ihrem Gatten sehr schwierig gewesen war. Es kam in den Jahren der Ehe immer wieder zu tiefen emotionalen Verletzungen. Nicht der Verlust des Mannes ließ Berta in den letzten 15 Jahren in der Trauer stecken bleiben, sondern das Gefühl, versagt zu haben. Berta und ihr Mann hatten darin versagt, ein glückliche Ehe zu führen oder sich rechtzeitig in Achtung und gegenseitiger Anerkennung zu trennen. Berta hatte jahrzehntelang diesen schmerzhaften Zustand erduldet, und nun war die Hoffnung auf eine Lösung gestorben. Mit dieser Niederlage musste sie nun alleine fertig werden, wozu ihr die Kraft fehlte. Es war leichter für sie, in dem Schmerz des Verlustes stecken zu bleiben.

Schmerz als Tor zum Sein

Jeder Schmerz ist eine Chance innezuhalten, hinzuhören, den Körper und die Gefühle ernst zu nehmen. Es ist die Chance, sich in seiner Vergänglichkeit und Verletzlichkeit anzunehmen und die Tatsache zu erkennen, dass Schmerz, Tod und Trennung zum Leben dazugehören und damit natürlich auch Gefühle wie Trauer, Verlust, Wut, Einsamkeit usw. Wenn sich das ICH nicht mehr gegen diese Tatsachen und Gefühle stellen muss, wenn es das Schmerzhafte nicht mehr vermeiden muss, kann es erkennen, dass der Schmerz vergänglich ist, so wie das Leben auch. Er kommt und geht.

In dem Moment, wo es uns möglich wird, uns dem Schmerzhaften zuzuwenden, es in unseren Zustand von „ICH-BIN“ zu integrieren, gewinnen wir Freiheit. Wir können all die neurotischen Verhaltensweisen fallen lassen, die uns an die Illusion binden, immer glücklich, jugendlich und fit sein zu müssen. Ein tieferer Frieden und ein tieferes Glück kann sich in uns ausbreiten. Dies ist ein Zustand, der nicht durch etwas anderes erreicht wird, sondern aus sich heraus existent ist. Wir brauchen nicht mehr in Schmerz und Freude, Glück und Leid aufzuteilen, sondern können uns den Tatschen des Lebens stellen, wie sie sind.

Übung: Schmerzen annehmen oder ablehnen?

Nehmen Sie sich Zeit, über folgende Fragen nachzudenken und zu meditieren: Welche Schmerzen vermeide ich und welche Schmerzen kann ich annehmen? Vor welcher Art von Schmerz, körperlich oder seelisch, habe ich die größte Angst? Vielleicht gibt es einen, bei dem Sie nicht mehr leben wollten. Wie fühlt es sich in mir (Körper, Atmung, Gefühle usw.) an, wenn ich Schmerzen vermeide? Wie fühlt es sich in mir (Körper, Atmung, Gefühle usw.) an, wenn ich Schmerzen annehme und halten kann?

Schmerz zu halten ist nicht das Gleiche wie Schmerz auszuhalten. Beim Aushalten werden wir körperlich fest und gefühlsmäßig eng in der Hoffnung, dass der schmerzhafte Zustand bald vorbei ist. Beim Halten bleiben wir körperlich entspannt und gefühlsmäßig weit und sind mit dem Schmerz entspannt. Dieses Halten ist eine Art liebevolles Umarmen. Wir halten den Schmerz, wie wir ein krankes Kind halten.

Übung: Dem Schmerz aus dem „Ich-BIN" begegnen

Kommen Sie in den Zustand von „Ich-BIN" und lassen Sie ein klares Empfinden in sich entstehen, wie es sich anfühlt, wenn Sie Schmerz annehmen und halten können. Lassen Sie dieses Empfinden sich in sich ausbreiten. Dann denken Sie an einen Schmerz, den Sie eigentlich nicht aushalten können. Erinnern Sie sich so lebendig wie möglich daran und versuchen Sie in Kontakt mit dem „Ich-BIN" zu bleiben. Was verändert sich in Ihrem Körper und in Ihren Gefühlen, wenn Sie so mit dem Schmerz umgehen?

Diese letzte Frage ist sehr wichtig, da Sie Ihnen eine Perspektive aufzeigt, wie es werden kann. Es ist natürlich leicht, wenn es Ihnen gut geht, aus dem „Ich-BIN" an einen Schmerz zu denken, ohne dabei in eine Reaktion auf den Schmerz zu verfallen. Trotzdem kann diese „Trockenübung" Ihnen den Weg weisen, wie es sich anfühlt, entspannt mit einem Schmerz zu sein. Wenn Sie häufig durch diese „Trockenübung" damit in Kontakt kommen, dann wird der Körper sich daran erinnern können, wenn der Schmerz in der Realität auftritt. Dadurch wird ein kleiner Spalt entstehen zwischen dem Schmerz auf der einen Seite und dem darauf reagierenden Leid auf der anderen Seite. Die Möglichkeit, den Schmerz in der weiblichen Ausformung der Liebe zu umarmen, wird größer. Der männliche Aspekt der Liebe zeigt sich in dem Moment, in dem Sie ihre ganze Aufmerksamkeit auf den Schmerz gebündelt halten. Sie lassen sich nicht vom Schmerz ablenken, sondern Sie versuchen den Schmerz in seiner Wesenheit zu erspüren.

Übung: Dem Schmerz mit Achtsamkeit begegnen

Kommen Sie in den Zustand von „Ich-BIN". Lassen Sie in Ihrer Erinnerung etwas Schmerzhaftes auftauchen, sei es körperlich oder emotional. Erinnern Sie sich so lebendig wie möglich daran und versuchen Sie in Kontakt mit dem „Ich-BIN" zu bleiben. Dann richten Sie Ihre Aufmerksamkeit auf den Schmerz. Wie fühlt sich der Schmerz an? Ist er rein körperlich oder emotional? Versuchen Sie so präzise wie möglich zu erkennen, was diesen Schmerz ausmacht. Was hat er, dass Sie ihn als Schmerz identifizieren? Versuchen Sie den Schmerz so neutral wie nur möglich zu betrachten. Was verändert sich in Ihnen, wenn Sie so mit dem Schmerz umgehen?

Auch diese Übung können Sie natürlich nur unzureichend durchführen, wenn kein realer Schmerz vorhanden ist. Der Körper oder die Psyche erinnert sich nur in abgemildeter Form an Schmerzhaftes. Aber durch die verfeinerte Wahrnehmung der Achtsamkeit können Sie sowohl Ihre gewohnte Art im Umgang mit Schmerz erkunden als auch neues Verhalten erlernen. Das wird Ihnen dann bei einem akuten Schmerz zur Verfügung stehen.

3. Teil

Der Übergang

Von außen nach innen und von innen nach außen

Bis jetzt haben wir uns mit der Integration der Aspekte unseres Seins beschäftigt, die wir im Innen wahrnehmen. Wir haben uns der Frage gewidmet, wie wir uns mit unseren unterschiedlichen Seiten in Liebe annehmen können. Wie können wir den Zustand „Ich-BIN" innerlich ausweiten, so dass mehr und mehr von dem, was in uns ist, in diesem Seinszustand Platz hat? Wenn wir dies wie in den vorherigen Kapiteln beschrieben praktizieren, werden wir feststellen, dass in uns ein tieferer Friede und eine größere Gelassenheit sich ausbreiten und dass ein Zuwachs an Lebendigkeit da ist. Dies hängt damit zusammen, dass wir weniger Energie und Aufmerksamkeit für die Unterdrückung und die Ausgrenzung innerer Aspekte unseres Seins benötigen.

Die praktische Bedeutung des Ausspruchs, der Jesus zugeschrieben wird: „Liebe deinen Nächsten wie dich selbst" ist auch eine These des hier beschriebenen Weges. Der Frage nach der Liebe zu sich selbst haben wir uns bisher zugewandt. Nun folgt die Ausdehnung zum Nächsten hin, zum Du und zum Außen.

Um sich dieser Frage anzunähern, ist es hilfreich, sich erst einmal die Beziehung des Innen zum Außen und des Außen zum Innen anzuschauen. Gewöhnlich gehen wir davon aus, dass es ein reales Außen gibt, das wir über unsere Sinne wahrnehmen. Weiter gehen wir meist davon aus, dass das, was wir wahrnehmen, dem realen Außen entspricht. Der Baum, den ich sehe und berühre, ist real, weil ich ihn sehe und berühre. Gleichzeitig sagt mir dieselbe Gewohnheit, dass das, was ich nicht wahrnehme, nicht existent ist. Alles, was jenseits der Wahrnehmbarkeit liegt, ist Glaubenssache. Es gibt Menschen, die sagen, dass sie die Geistwesen einer Pflanze, die sogenannten Pflanzendevas, wahrnehmen können. Für diese Menschen ist es einfach zu glauben, dass sie real sind, da sie diese Devas wahrnehmen. Andere Menschen können sie nicht wahrnehmen, glauben aber an ihre Existenz und verhalten sich so, als wären sie existent. Das heißt, sie sprechen mit ihnen, wünschen ihnen Gutes usw. Und dann gibt es Menschen, die können sie nicht wahrnehmen und halten alle, die davon reden, für Spinner und Träumer.

Auf der anderen Seite gibt es Phänomene, die die Wissensschaft messen kann, die wir aber nicht wahrnehmen können, z. B. die unterschiedlichsten Strahlungen. Wenn ich aus meinem Fenster schaue, dann ist der Baum davor für mich sehr real; die Unmengen an Strahlungen, die gerade die unterschiedlichsten Radio- und Fernsehprogramme und die Handyverbindungen übermitteln, sind in meinem Wissen präsent, aber fühlen sich nicht real an. Obwohl einige Wissenschaftler sagen, dass diese Wellen einen Einfluss auf meinen Körper haben können, bewege ich mich durch sie hindurch, als wären sie nicht da. Anders war es zum Beispiel, als viele Menschen nach dem Atomunfall in Tschernobyl nicht nach draußen gehen wollten. Die Informationen, dass alles verseucht sei, hat diese Menschen geängstigt, obwohl sie nichts wahrgenommen haben. Hinterher hat sich herausgestellt, dass diese Vorsicht wohl übertrieben war, aber viele hatten den Informationen geglaubt.

Zu all den Phänomenen, die wir nicht mit unseren Sinnen wahrnehmen können, haben wir keinen direkten Realitätsbezug. Wenn wir ihnen dennoch eine Realität beimessen, hängt dies von der Überzeugungskraft der Informationen ab. Wenn es einem Wissenschaftler gelänge, eine Kamera zu entwickeln, die uns Photos von den Pflanzendevas machen könnte, bestünde die Möglichkeit, dass die Mehrheit der Menschen an deren Existenz glaubt, ohne sie selber direkt wahrzunehmen. Aber es würde bestimmt Jahre, Jahrzehnte oder Jahrhunderte brauchen, bis sich dieses Wissen durchsetzen könnte. Der erste Wissenschaftler mit dieser Spezialkamera würde als Scharlatan verschrien. Er würde anfänglich öffentlich lächerlich gemacht und in die Schublade des Esoterischen gepackt. Seine Methode würde als Fälschung betrachtet. In früheren Zeiten wurden Menschen, die die Welt anders begriffen als die Mehrheit, oft sogar hingerichtet oder ausgestoßen.

Realität und Wahrnehmung

John Lilly hat in seinen Buch: „Das Zentrum des Zyklons" die Auseinandersetzung mit dem Phänomen Realität und Wahrnehmung als Weg des Wachstums begriffen, indem er sagte: „Was man für wahr hält, ist entweder wahr oder wird wahr im eigenen Geist, und zwar innerhalb der Grenzen, die von Experiment und Erfahrung determiniert werden. Diese Grenzen sind die Überzeugungen, die transzendiert werden müssen." (John Lilly, 1981, S. 23)

Wahrheit oder Realität ist entweder wahr oder real, oder sie wird als wahr oder real in Abhängigkeit von Wissen und Wahrnehmung angesehen. Wenn wir die Geschichte des Wissens betrachten, dann erkennen wir, dass keine Theorie sehr lange gehalten hat. All das Wissen über die Welt, wie wir es heute haben, ist anders, als die Menschen es vor hundert Jahren hatten, und wird in weiteren hundert Jahren überholt sein. Wenn wir also ehrlich sind, müssen wir zugeben, dass fast jede Aussage, die wir von innen über das Außen machen und deren Basis Wissen ist, nur einen temporären Aspekt der Realität ausdrückt, aber nicht die Wirklichkeit an sich. An diesem Punkt könnten wir zu dem Schluss kommen, dass wir uns eigentlich nur auf unsere Wahrnehmung zum Erkennen der Realität verlassen können. Leider sind aber auch unsere Sinne eine sehr unzureichende Quelle von Objektivität. Den Baum, den ich draußen sehe und dessen Realität mir präsent ist, ist leider nur teilweise so, wie ich ihn wahrnehme. Wenn meine Augen das Auflösungsvermögen eines Elektronenmikroskopes hätten, gäbe es diesen Baum in dieser Form nicht, da ich Atome, Elektronen und viel, viel leeren Raum sähe. Das heißt, der Baum ist innerhalb des Raumes beides, sowohl so, wie ich ihn wahrnehme, als auch wie das Elektronenmikroskop ihn wahrnimmt. Oder wenn ich die Größe eines Elektrons hätte, dann könnte ich durch den Baum hindurchfliegen. Vielleicht würde ich manchmal mit anderen Elektronen zusammenstoßen, aber es wäre genug Raum, dazwischen hindurchzukommen. Dieses Phänomen der Wahrnehmung betrifft unseren gewohnheitsmäßigen Realitätsbezug zum Raum. Aber es gibt auch einen solchen Bezug zur Zeit. Nehmen wir einmal an, wir wären Wesen, die hundertsechzig Jahre wachten und achtzig Jahre schliefen usw. Unser Tag hätte nicht 24 Stunden, sondern 240 Jahre. Der Baum, den ich gerade sehe, kann sein ganzes Leben in der Zeit einer Nachtruhe gelebt haben. Er wird für mich keine Realität haben, da ich ihn verschlafe. Es gibt im Universum viele Abläufe, die so schnell oder so langsam sind, dass sie für unser Zeitbewusstsein keine direkte Bedeutung haben, da wir für sie keine Wahrnehmungsorgane besitzen. Verglichen mit all den Phänomenen dieses Universums sind die achtzig Jahre, die wir in dieser Form hier auf der Erde zu Gast sind, unermesslich klein.

Sicherlich gibt es objektive Standards in der Wissenschaft, aber für uns ist es vielleicht hilfreich, den Begriff des Objektiven in unserem Wissen und der Wahrnehmung der Realität mit Vorsicht und mit Bedacht zu benutzen.

Dazu gibt es eine schöne Geschichte aus Indien. Ein blinder Herrscher eines blinden Volkes hatte gehört, dass es in einem Nachbarreich ein Tier mit dem Namen Elefant gäbe. Er schickte seine besten Kundschafter, die alle ebenfalls blind waren, aus, um ihm von diesem Tier zu berichten. Als die Kundschafter wieder von ihrer Reise zum Palast kamen, berichteten sie dem König ihr Wissen. Einer der Kundschafter, der den Elefant an seinem Rüssel erkundet hatte, beschrieb ihn als ein schlangenähnliches Wesen, das an einem Ende eine Öffnung hatte. Ein anderer Kundschafter konnte kaum an sich halten, da der Elefant doch wie ein großes dickes bewegliches Tuch war; er hatte das Ohr des Elefanten erwischt. Ein dritter Kundschafter war erbost, da der Elefant in Wirklichkeit wie ein fester Baumstumpf war; dieser hatte ein Bein zu fassen bekommen. In den folgenden Jahren gab es einen langen, hitzigen Gelehrtenstreit, in dem sich immer wieder andere Sichtweisen durchsetzten. Ob die Gelehrten, die jeweils eine andere Meinung hatten, verfolgt wurden, ist nicht überliefert.

Realität und Glaube

Diese Geschichte illustriert, wie die Einschränkung unserer Sinneswahrnehmung unser Realitätsempfinden formt. Eine tibetische Geschichte verdeutlicht, wie unsere Bewusstseinsstruktur dieses Realitätsempfinden formt.

In einem Königreich lebte ein sehr weiser König, der von seinem Volke wegen seiner Weisheit und seiner Herzlichkeit sehr geliebt wurde. Alle lebten glücklich und zufrieden, bis eines Tages ein giftiger Regen fiel. Das Regenwasser hatte die Wirkung, dass alle, die es tranken, verrückt wurden. Es gab in diesem Reich nur einen, den königlichen Brunnen, der Wasser aus großer Tiefe führte. So waren alle Menschen außer dem König gezwungen, das Wasser der Flüsse und Bäche zu trinken, und damit kamen sie alle mit dem vergifteten Regenwasser in Kontakt. Nur der König trank weiter sein nicht vergiftetes Brunnenwasser. Mit der Zeit konnte man die Wirkung des Wassers spüren, alle Menschen des Reiches außer dem König wurden verrückt. Mit der Zeit beäugten sie den König mit Argwohn, da er anders war als sie. Er redete anders, verhielt sich anders, und es gab die ersten Gerüchte, dass der König nicht mehr bei Sinnen sei und man ihn vielleicht entmachten sollte. Der König, der, wie gesagt, sehr weise war, bekam natürlich mit, dass seine Untertanen ihm gegenüber immer misstrauischer und feindseliger gegenüberstanden, seit sie alle dieses sonderbare Regenwasser getrunken hatten. Also entschloss er sich eines Tages, ebenfalls von dem vergifteten Regenwasser zu trinken. Es dauerte nur wenige Stunden, bis sich im Volke die frohe Kunde verbreitete, dass der König seine psychische Krankheit überstanden hätte und wieder normal sei. Das Volk liebte und verehrte ihn wieder wie früher, und man dankte den Göttern für ihre Hilfe. Und alle lebten glücklich und verrückt bis ans Ende ihrer Tage.

Wie das ICH das Außen wahrnimmt, ist abhängig von der Wahrnehmungsfähigkeit und von der Einschätzung der Realität. Ich sehe einen Ausschnitt der Realität, wie einen Rüssel, ein Ohr oder ein Bein des Elefanten, und ich nehme es gleichzeitig durch meinen persönlichen, gesellschaftlichen und kulturellen Bezugsrahmen, meine Bewusstseinsstruktur, wahr.

Realität und inneres Erleben

Stellen Sie sich einmal vor, dass jemand frühmorgens ein Foto in einem Park von einer Statue machen will. Um einen bestimmten Effekt mit der aufgehenden Sonne und der Statue zu erzielen, hat er ein riesiges Teleobjektiv gewählt und schaut aus einer Entfernung von über hundert Metern durch die Kamera und sucht noch die richtige Einstellung. Plötzlich sieht er, dass direkt neben der Statue ein Liebespaar nackt liegt und sich miteinander vergnügt. Da zu dieser Zeit niemand im Park ist, fühlt sich das Paar ungestört. Der Fotograf ist weit genug entfernt, um nicht bemerkt zu werden, aber sein Teleobjektiv lässt ihn jedes Detail erkennen. Was macht er? Objektiv betrachtet, gibt es keine Ablenkung. Zum Beispiel die Kamera und der Film unterscheiden nicht, ob die Statue fotografiert wird oder das nackte Paar. Aber subjektiv kann es sein, dass im Fotografen viel passiert. Wenn er ein moralischer Mensch ist, geht er vielleicht erbost zu dem Paar und schimpft über deren ungebührliches Verhalten. Wenn ihm Recht und Ordnung wichtig sind, ruft er mit dem Handy die Polizei. Wenn er sexuell verklemmt ist, geht er vielleicht mit hochrotem Kopf weg. Wenn er objektiv ist, macht er sein Foto von der Statue wie beabsichtigt und kümmert sich nicht um das Liebespaar. Vielleicht freut er sich auch über den Spaß, den das Paar miteinander hat. Vielleicht wird er traurig, weil er sich so etwas nie trauen würde, aber merkt, wie schön es wäre, so frei zu sein. Das heißt, es gibt unzählige Reaktionsweisen. Wenn wir die Geschichte weiterspinnen, dann lassen Sie uns einmal annehmen, dass er sich einfach für das Paar freut, dass es so mutig ist und seiner Liebe so freien Lauf lässt. In dem Moment merkt er, dass noch jemand anderes im Park ist, der das Gleiche beobachtet hat. Im Gegensatz zu ihm ist dieser entrüstet und kommt mit hochrotem Kopf und wutentbrannt auf ihn zu. Er redet mit seiner Entrüstung auf unseren Fotografen ein, der von allem angenehm berührt war. Wie viel Möglichkeit des Verstehens ist zwischen den beiden Menschen? Sie teilen beide die gleiche Wahrnehmung und haben doch so Unterschiedliches gesehen. Vielleicht glauben beide Parteien, dass sie Recht haben. Was ist Wahrheit?

In dem Moment, in dem das Außen das Innen, das ICH berührt, wird Wahrnehmung subjektiv. Das, was ich dabei erlebe, sagt eher etwas über mich aus als über einen Aspekt des Äußeren. Diese letzte Feststellung ist für das weitere Vorgehen, bei dem es um die Beziehung von Innen und Außen geht, von größter Wichtigkeit.

Ein weiterer wichtiger Aspekt des Kontaktes zwischen Innen und Außen liegt darin, dass er in seiner Vielfältigkeit weit über unser Gewohntes hinausgehen kann. Gewöhnlich stellen wir Kontakt zwischen Innen und Außen durch das Sehen, Hören, Riechen, Schmecken, Fühlen, Tasten und Denken her oder durch Handeln und Reden. Dies sind die in unserer Kultur gewohnten Wirkungsmechanismen für den Kontakt zwischen Innen und Außen. Dabei lassen wir eine Beschränkung auf das Offensichtliche zu. Was wir sehen, das sehen wir! Es wirkt objektiv und real. Das Gleiche gilt für die anderen Sinne und das Handeln. Es gibt jedoch Wirkungsmechanismen, die weit über diese gewohnheitsmäßige Beschränkung hinausgehen. Einige davon sind gebräuchlicher als andere. Gemeinsam ist ihnen, dass sie nicht zu unserem normalen Repertoire gehören, auf das wir bewusst zurückgreifen.

Die Erweiterung der Realität durch die Verfeinerung der Sinne

Ein Beispiel des Übergangs direkter sinnlicher Wahrnehmung zu erweiterter Wahrnehmung ist die Körpersprache, über die jedes Lebewesen verfügt. Jeder Hundekenner und die meisten „Nichtkenner“ können erkennen, ob ein Hund gleich beißen wird oder ob er sich neugierig auf den Kontakt freut. Dies ist eine Form der Kommunikation, die zwar fast jeder unbewusst versteht, die in unserer Kultur aber keine Pflege erfährt und der bisher keine große Bedeutung beigemessen wird. Neuerdings gibt es Ratgeberbücher und Seminare mit der Thematik Körpersprache. Neben dieser groben Form von nonverbaler Kommunikation gibt es noch eine feinere, eine energetische Kommunikation. In dieser Kommunikation vermitteln sich Stimmungen und Gefühle. Viele Menschen kennen Momente, in denen sie in einen Raum kommen und merken: „Hier ist dicke Luft.“ Vielleicht sitzt die Person, die diese „dicke Luft“ verströmt, im Sessel und liest Zeitung, so dass man ihre Körpersprache nicht deuten kann, und dennoch nimmt man etwas wahr. Die Stimmung scheint in einem gemeinsam geteilten Raum übermittelt zu werden und ist dort wahrnehmbar. Menschen, die viel mit Gruppen arbeiten, nehmen häufig die Stimmung einer Gruppe wahr, selbst wenn alle still sitzen und niemand etwas sagt. Man kann spüren, ob Angst in der Gruppe ist oder Freude, Wachheit oder Langeweile. Eine andere Quelle des Kontaktes liegt in der Präsenz. Meine Frau Corinna hat folgende Geschichte über den Umgang mit ihrem Sohn Tobias beschrieben. Als Tobias anfing zu krabbeln, gab es Momente, in denen er in einer Ecke des Zimmers allein vor sich hin spielte, während Corinna las oder bügelte. Ein Teil ihrer Aufmerksamkeit war bei Tobias, der andere bei ihrer Aktivität. Diese Aufmerksamkeit war genug Sicherheit für Tobias, sich mit sich selbst allein beschäftigen zu können. Wenn das Telefon klingelte, guckte Tobias hoch, spielte aber gleich weiter. In dem Moment, in dem Corinna vom Telefongespräch gefangen genommen wurde und ihre Aufmerksamkeit für Momente ganz beim Telefonpartner war, wurde Tobias unruhig. Er hat klar registrieren können, ob genügend Aufmerksamkeit und Präsenz für ihn da war, um sich sicher zu fühlen. Spürte er diese nicht mehr, wurde er unsicher und ängstlich und machte auf sich aufmerksam. Wenn Corinna wieder ganz bei ihm war, spielte er weiter.

Ich habe bis jetzt drei zusätzliche nonverbale Kontakt- und Kommunikationsebenen beschrieben: die körperliche, die energetische und die an Präsenz und Aufmerksamkeit gebundene. Für die letzte Kategorie gibt es im Deutschen kein gebräuchliches Wort. Dies ist ein Zeichen dafür, dass in unserer Kultur diese Möglichkeit nicht bewusst beachtet wird.

Diese drei Formen der Kontaktmöglichkeit zwischen mir und dem Außen sind noch verhältnismäßig leicht verständlich, da sie ein Phänomen des nahen Kontaktes beschreiben. Um aber über die Grenzen des Gewohnten hinauszugehen, ist ein weiteres Phänomen wichtig zu erwähnen: der Kontakt über Raum und Zeit hinweg. Alles, was jenseits der gewohnten Regeln von Raum und Zeit passiert, wird von den harten Wissenschaften ziemlich kategorisch abgelehnt. Es ist interessant, dass die westliche Wissenschaftswelt all diesen Parawissenschaften überkritisch gegenübersteht, aber die Geheimdienste zu Zeiten des Kalten Krieges viel Geld in ihre Erforschung steckten. Viele der Phänomene, die von der Wissenschaft geleugnet werden, sind für Menschen, die diese Erfahrungen haben und ihnen trauen, gewohnte Realität.

Die Amerikaner Ostreander und Schroeder haben in ihrem Buch aus der vielfältigen sowjetischen Forschungsaktivität über übersinnliche Phänomene berichtet. Ein Experiment haben sie beschrieben, um die Kommunikation jenseits unseres Verständnisses der Gesetze von Raum und Zeit aufzuzeigen. (Sheila Ostreander und Lynn Schroeder, 1981, S.33 f.)

Mehrere junge Kaninchen wurden von ihrer Mutter getrennt in ein U-Boot gebracht. Das U-Boot ging auf Tauchfahrt, und die Mutter blieb weit entfernt an Land im Labor. Ab einer gewissen Tiefe ist mit unseren bestehenden technischen Möglichkeiten keine Kommunikation zwischen dem Land und dem U-Boot mehr möglich, keine Telefon- und keine Radiosignale können mehr ausgetauscht werden. An so einem Punkt wurden die Kaninchen nacheinander getötet, und man fand heraus, dass in den Momenten des Todes das Mutterkaninchen körperlich messbar reagierte. Die Wissenschaftler deuteten es so, dass die Mutter auf einer Ebene ihres Seins den Tod mitbekam, obwohl es keine wissenschaftliche Erklärung dafür gab.

Ein weiteres Beispiel erzählte mir ein Freund über eine Bekannte aus den USA. Sie war als kleines Kind mit ihrer Mutter aus Deutschland dorthin ausgewandert. Als das Mädchen älter wurde und nach ihrem Vater fragte, wurde ihr gesagt, dass er in Deutschland gestorben sei, und so wuchs sie in diesem Bewusstsein auf. Als sie 15 Jahre alt war, bekam sie eines Tages aus heiterem Himmel Probleme mit ihrem Herzen. Man fuhr mit ihr ins Krankenhaus, konnte dort aber nichts Organisches feststellen. Mit dem Hinweis, einen Psychologen aufzusuchen, entließ man sie wieder. Aber es war eine einmalige Attacke, und so vergaß sie diese bald wieder. Einige Jahre später kam sie innerhalb eines Austauschprogramms nach Deutschland, und neugierig, wie sie war, forschte sie nach ihrem Vater. Zu ihrer Überraschung war er gar nicht tot. Die Mutter hatte diese Geschichte in der Hoffnung erzählt, dem Mädchen Schwierigkeiten zu ersparen. Vater und Tochter trafen sich so zum ersten Mal. Nach einigen Treffen berichtete der Vater von einem Herzinfarkt, den er vor einigen Jahren gehabt hatte. Zu ihrer Überraschung fand er zur selben Zeit statt wie ihre mysteriösen Herzprobleme.

Aber nicht nur in Momenten von Tod oder schwerer Krise gibt es immer wieder diese Gewissheit von Verbundenheit. Viele Menschen kennen es, dass das Telefon klingelt und ihnen fällt ein, dass es bestimmt Soundso ist, obwohl schon lange kein Kontakt mehr bestand. Oder man denkt an jemanden, den man lange nicht gesehen hat und an den man schon lange nicht mehr gedacht hat, und zwei Minuten später trifft man ihn auf der Straße.

Dies sind Beispiele, die uns über die gewohnten Formen von Kontakt mit der Welt hinausgehen lassen, und wir können erahnen, dass es mehr gibt, als wir bisher benutzen und kennen. Die folgenden Kapitel werden häufiger auf Aspekte von Kontakt und Veränderung zwischen Innen und Außen hinweisen, die über den normalen physisch-sinnlichen Kontakt hinausgehen.

Ein kleiner Fehler mit großer Wirkung

Ich habe im letzten Kapitel aufzuzeigen versucht, wie bestimmte Verbindungen zwischen dem Innen, dem ICH und dem Außen bestehen. Wir halten nur den Teil des Außen für Realität, den wir wahrnehmen können, filtern ihn durch unsere Vorstellungen und schränken ihn durch unsere Wahrnehmungsfähigkeit ein.

Alles, was wir im Außen wahrnehmen, berührt ein inneres Erleben. Manchmal ist dieses Erleben klein und fein, so dass wir es kaum registrieren, und manchmal ist es so stark, dass es uns vollständig ausfüllt.

In dem Beispiel mit der Fotografenszene bedeutete dies: Wenn ich das nackte Liebespaar sehe, braucht in mir nur eine kleine Entrüstung berührt zu werden, oder ich kann fast außer mir vor Entrüstung sein. Jede Wahrnehmung, die für uns von Bedeutung ist, hat eine Entsprechung im Inneren. Wenn ich einen Baum sehe, sehe ich nicht nur einen Baum, sondern in mir formt sich sofort der Begriff Baum oder Tanne oder Eiche. Meist entsteht nach der Begriffsformung eine beschreibende und bewertende Formulierung, wie „Die Eiche ist aber sehr imposant." Vielleicht berührt das Sehen des Baumes auch ein Gefühl wie Berührtheit oder Freude oder eine Erinnerung. Dies alles sind Funktionen unseres Bewusstseins. Die Struktur unseres Bewusstseins bestimmt die Inhalte, die berührt werden. So wird ein Bewusstsein, das sich viel um Sorgen strukturiert, bei dem Anblick des Baumes daran denken, ob dieser Baum von der Luftverschmutzung beeinträchtigt wird. Eine andere Bewusstseinsstruktur wird Freude empfinden.

Auf der funktionalen Ebene unseres Seins sind diese Verknüpfungen lebensnotwendig. Unsere Vorfahren der Steinzeit mussten sich darauf verlassen können. Sie sahen einen Säbelzahntiger, in ihnen wurde Schreck und Angst berührt und sie flohen. Wenn sie ähnlich unbeteiligt reagiert hätten wie ein Fotoapparat, der nur wahrnimmt, ohne zu registrieren und ohne zu reagieren, wären sie gefressen worden. Dieses autonome Reagieren ist eine Funktion, an der Welt teilzuhaben, in ihr leben und überleben zu können.

An dieser Stelle entsteht bei vielen Menschen ein kleines Missverständnis mit großen Folgen. Wir spüren unser Empfinden, unsere Gefühle, und nehmen das Geschehen im Außen wahr. Ich spüre Angst und Schreck und sehe den Säbelzahntiger. Das Missverständnis, das hier passiert, besteht in der einfachen kausalen Verbindung der beiden Aspekte.

Ich habe Angst, weil ich den Säbelzahntiger sehe. Das Bewusstsein sucht einen Grund für die Angst und ist mit seiner Antwort zufrieden.

Auf der Ebene von Sein, bei der es um das reine Überleben geht, ist diese einfache Verbindung nicht sehr dramatisch. Es macht auch keinen Unterschied, ob der Säbelzahntiger real war oder ob ich nur geglaubt habe ihn zu sehen. Die Angst und der Schreck sind in beiden Fällen gleich real, und meine Flucht sichert mein Überleben.

Bei „Liebe als Weg“ geht es um Leben und nicht um Überleben. Und hier hat diese Vereinfachung der kausalen Verbindung von der Wahrnehmung äußeren Geschehens und inneren Erlebens eine große Bedeutung.

Es gibt täglich vieles, was wir miteinander verbinden. Einige Beispiele sind:

Ich bin zufrieden, wenn/weil ich einen sinnvollen Job habe.

Ich bin zufrieden, wenn/weil ich ein neues Auto, großes Haus, Schmuck etc. habe.

Mein Leben ist sinnvoll, wenn/weil ich gebraucht werde.

Ich bin glücklich, wenn/weil ich eine liebevolle Beziehung habe.

Ich bin glücklich, wenn/weil mein Freund mich liebt.

Mein Leben ist sinnvoll, wenn/weil ich eine glückliche Familie habe.

Ich bin traurig und wütend, weil meine Frau mich verlassen hat.

Ich bin eifersüchtig, weil meine Freundin fremdgeht.

Ich bin einsam, wenn mein Mann nicht da ist.

Ich bin wütend, weil mein Chef von mir Überstunden verlangt.

Ich habe Angst, weil mein Job nicht sicher ist.

Wir könnten diese Liste fast ohne Ende fortsetzen, da die Tendenz in uns Menschen, unsere Gefühle und Empfindungen in Abhängigkeit von etwas Äußerem zu sehen, sich durch alle Lebensbereiche zieht. Nicht die Gefühle sind dabei das Problem. Ich sage nicht, dass man so nicht fühlen soll, sondern das Problem liegt in der Ohnmacht, die in mir entsteht, wenn ich mich in dieser Art und Weise vom Äußeren abhängig mache. Die Ohnmacht entsteht immer dann, wenn ich meine, mich in einer bestimmten Art und Weise zu fühlen, weil das Außen in einer bestimmten Art und Weise ist oder nicht ist.

Aus dieser einfachen Verknüpfung und der daraus resultierenden Ohnmacht entsteht dann wie von selbst die Forderung an das Außen, es soll anders sein, damit sich mein Fühlen und Empfinden verändert:

Mein Freund muss mir immer wieder beweisen, dass er mich liebt, damit ich mich glücklich fühle.

Mein Freundin muss treu bleiben, damit ich nicht eifersüchtig werde.

Es muss immer bedürftige Menschen geben, die mich brauchen, damit mein Leben einen Sinn bekommt.

Diese Ohnmacht ist meist kein Ohnmachtsgefühl, sondern eine strukturelle Ohnmacht. In der Regel fühle ich mich gar nicht ohnmächtig, denn ich arbeite ja an einer Veränderung. Ich spare und arbeite viel, um mein neues, großes, glitzerndes Auto zu bekommen, damit ich mich glücklich fühle. Oder ich unternehme viel, fahre mit meinem Mann auf Geschäftsreisen und gehe mit ihm zur Formel Eins, damit ich mich nicht einsam fühle. Bei so viel Aktivität entsteht bestimmt kein Gefühl der Ohnmacht. Auf einer tieferen Ebene bin ich aber ohnmächtig, da ich gefangen bin, bestimmte Gefühle zu vermeiden oder andere haben zu wollen.

Ein tibetisches Sprichwort besagt, dass es leichter ist, sich eine Lederhaut um die Füße zu binden, wenn man über die mit Dornen und spitzen Steinen übersäte Erde geht, als die Erde mit Leder zu bedecken.

Jürgen kam zu mir in die Therapie, weil er sich in seiner Beziehung nicht fallen lassen konnte. Er hatte ständig das Gefühl, nicht genug zu bekommen, und gleichzeitig war ihm alles zu eng. Seine Freundin hatte drei Kinder, und diese brauchten viel Aufmerksamkeit. Es kam immer wieder zu großen Streits und Trennung und dann wieder zu Versöhnung und Nähe. Jürgen hatte nie ein wirkliches Zuhause gehabt, sein Vater war Alkoholiker gewesen, und Jürgen war schon mit 15 von zu Hause weggegangen. Seine große, aber unbewusste Sehnsucht suchte ein Zuhause, sein Weg bestand jedoch darin, in sehnsüchtigen Phantasien zu leben oder wegzulaufen. Immer wenn es in der Beziehung eng wurde, musste er etwas anstellen, um zu gehen, er konnte die Nähe nicht aushalten und machte die Kinder dafür verantwortlich, dass er mehr Raum und Zeit für sich brauchte. Er hat sich zeitweise einmal im Monat von der Freundin getrennt. Nach einiger Zeit der Trennung entstand in ihm wieder die Sehnsucht. Wenn er sich der Beziehung wieder näherte, dann konnte er die kleinen Schritte und seine Angst vor der Nähe nicht aushalten und verfiel gleich in Phantasien, mit der Frau und den Kindern auf eine einsame Farm in Australien auszuwandern, wo sie eine glückliche Familie wären und etwas gemeinsam aufbauen könnten. Er konnte sich so, wie er war, nicht aushalten und war mit seinen Reaktionen oder Phantasien immer viele Schritte der Realität voraus. Sowohl das Weglaufen als auch die Phantasien über die ganz große Nähe setzten immer in der Veränderung im Außen an. Er konnte die innere Aufspaltung in das Bedürfnis nach symbiotischer Nähe auf der einen Seite und dem Wunsch nach großer

Freiheit und Ungebundenheit auf der anderen Seite nicht halten. So schaffte er sich Szenarien im Außen.

Jedes Gefühl, das ich wahrnehme, ist mein Gefühl. Nicht das Geschehen macht die Gefühle, sondern das Gefühl ist in mir. Ich habe Glücklichsein in mir, Freude, Lust, Lebendigkeit, Angst, Hass, Wut, Liebe, Mitgefühl, Trauer usw. Diese Gefühle werden im Kontakt mit dem Außen aktiviert, das heißt, ich trete gefühlsmäßig in Resonanz mit der Welt. Gefühle sind also keine passiven Reaktionen auf das Außen, sondern durch sie trete ich aktiv mit dem Außen in Beziehung.

Wenn ich mich anders fühlen will, dann geht es nur unzureichend dadurch, dass ich im Außen etwas verändere. Ich muss mich dem Innen zuwenden. Wenn ich mich von meiner Verlassenheitsangst getrieben fühle, dann muss nicht meine Frau mir tausend Treueschwüre leisten, sondern es geht für mich darum, diese Angst. verlassen zu werden, in mir zu erforschen. Was heißt Angst? Wie fühlt sie sich wirklich an? Wann entsteht sie? Kann ich sie in mir als Gefühl einfach halten? Vielleicht gibt es noch tiefere Gefühle darunter, vor denen ich noch mehr Angst habe. Es ist meistens hilfreich, solche Gefühle einfach zu fühlen, solange sie da sind, in sie einzutauchen und sich von ihnen erschüttern zu lassen. Wie schon im Kapitel über Gefühle beschrieben, bleibt kein Gefühl, wie es ist, wenn wir uns ihm öffnen.

Dies bedeutet natürlich nicht, dass ich keine Situation mehr verändern darf oder soll. Es bedeutet auch nicht, dass ich von meinem Partner nicht erwarten kann, auf meine Ängste Rücksicht zu nehmen. Diese Rücksicht ist sogar ein Zeichen für eine liebende Beziehung. Der Hauptakzent im Handeln sollte aber bei mir liegen. Wirkliche Freiheit ist nur in mir zu finden. Ein erster Schritt besteht darin, die Verantwortung für mein Erleben und meine Gefühle zu übernehmen.

Übung: Gefühle von ihren Auslösern trennen

1. Schritt: Nehmen Sie sich Zeit und schreiben Sie einmal all die Gefühle auf, von denen Sie den Eindruck haben, dass sie durch das Außen ausgelöst werden. Es ist gut, dies in zwei Kategorien zu unterteilen. Gefühle, die Sie nicht haben wollen, und Gefühle, die Sie gerne haben wollen.

2. Schritt: Nehmen Sie ein Gefühl aus der 1. Kategorie: Spüren Sie, wie dieses Gefühl durch unterschiedliche Begebenheiten in Ihnen berührt wird, und lassen Sie Ihre Aufmerk-

samkeit auf diesem Gefühl ruhen. Füllen Sie es mit all den Erinnerungen und all den Körperempfindungen, Gedanken und Bildern, die Ihnen kommen. Nehmen Sie wahr, dass es sich um Ihr Gefühl handelt, das durch das Außen ausgelöst wird. Sie brauchen damit nichts weiter zu tun, als es in seiner Intensität und Fülle zu spüren. Werden Sie sich bewusst, dass nicht nur Sie allein dieses Gefühl haben. Dieses Gefühl wird von vielen Menschen gefühlt. Es ist weder schlecht noch gut, sondern es ist einfach ein Gefühl. Seien Sie ein/e Forscher/in in Sachen Gefühle, die Sie nicht haben wollen. Versuchen Sie das Wesen dieser Gefühle zu verstehen. Nehmen Sie dann ein weiteres Gefühl und verfahren Sie genauso damit, bis Sie sich alle Gefühle einmal in dieser Art angeschaut haben. Je mehr Sie sich erlauben, diese Gefühle wie Gier, Hass, Wut, Trauer, Angst, Eifersucht usw. zu spüren, ohne darauf zu reagieren, desto mehr verschwindet Ihre Abwehr gegen sie, und desto weniger müssen Sie dagegen unternehmen, dass diese Gefühle auftauchen.

3. Schritt: Nehmen Sie ein Gefühl aus der 2. Kategorie: Spüren Sie, wie dieses Gefühl durch unterschiedliche Begebenheiten in Ihnen berührt wird, und lassen Sie Ihre Aufmerksamkeit auf diesem Gefühl ruhen. Füllen Sie es mit Erinnerungen und mit all den Körperempfindungen, Gedanken und Bildern, die Ihnen kommen. Gehen Sie damit wie mit den Gefühlen der 1. Kategorie um. Auch diese Gefühle haben nicht nur Sie. Alle Menschen haben Gefühle von Stärke, Lust, Freude, Glück, Leichtigkeit, Mitgefühl usw. Lösen Sie das Fühlen dieses Gefühls von den es begleitenden Begebenheiten und lassen Sie es größer werden. Sie können die Freiheit gewinnen, dieses Gefühl zu spüren, ohne dass etwas im Außen passieren muss. Mit etwas Übung können Sie dieses Gefühl sogar in Momenten halten, in denen Sie gewöhnlich mit einem anderen Gefühl, einem aus der ersten Kategorie, reagieren.

Wenn Sie so bewusst fühlen lernen, gewinnen Sie Freiheit. Ich meine damit nicht den Versuch der Verdrängung oder Vermeidung von Gefühlen, sondern die Freiheit, zentriert zu sein in einem Gefühl. Zentrierung entsteht, wenn wir die Abwehr von Gefühlen verlieren, die wir nicht haben wollen, und die Fähigkeit gewinnen, in einem Gefühlszustand unabhängig vom Außen zu ruhen.

Es ist gut, diese Übung mit allen Gefühlen auf den beiden Listen zu machen und mehrmals zu wiederholen. Es braucht einige Übung, sich aus dem gewohnheitsmäßigen und unbewussten Verknüpfen des Innen mit dem Außen zu lösen. Aber der Gewinn an innerer Freiheit ist immens.

4. Teil

Das Kreisen nach außen

Partnerschaft

Beziehungen zu leben will gelernt sein. Für fast alles im Leben nehmen wir uns Zeit, es zu lernen. Wir lernen Lesen, Schreiben und Rechnen und all die anderen Fächer in der Schule. Wir gehen in Sportvereine, um eine Sportart zu erlernen, und machen Ausbildungen, um einen Beruf ausüben zu können. Nur in wenigen Bereichen des Lebens erwarten wir von uns, dass wir es einfach können. Dies sind häufig die Bereiche, die uns sehr nah sind, wie Sexualität, Erziehung unserer Kinder und das Führen einer Partnerschaft. Dort suchen wir erst dann Unterstützung, wenn wir uns in einer richtigen Krise befinden. Erst dann gehen wir eventuell zu einer Erziehungsberatungsstelle, zum Eheberater oder zum Sexualtherapeuten. Aber selbst bei schweren Krisen empfinden viele Menschen diesen Gang nicht als selbstverständliche Unterstützung, sondern als eine persönliche Niederlage.

Um eine glückliche Beziehung oder Ehe zu führen, bedarf es weit mehr als nur des anfänglichen Versprechens, zusammenzubleiben, bis dass der Tod uns scheidet. In erster Linie braucht eine Beziehung eine tragfähige Verlässlichkeit, eine gute und weiterführende Kommunikation, einen förderlichen Umgang mit Krisen, genug Platz für meine körperlichen und emotionalen Bedürfnisse, die richtige Nähe und den notwendigen Abstand, ähnliche Werte und Ziele und genügend Toleranz für Unterschiedlichkeit. Ich könnte diese Liste noch weiter fortführen, und um diese Themen in der notwendigen Tiefe beschreiben zu können, müsste ich ein eigenes Buch schreiben. Das, was ich im Folgenden über Partnerschaft sagen werde, beleuchtet nur einige wenige Aspekte von Partnerschaft. Und es setzt mehr oder weniger eine funktionierende Partnerschaft voraus. Es ist also kein Ratgeber für den Umgang mit Krisen, sondern eine Perspektive für eine Beziehung, die miteinander wachsen will.

Beziehungsmuster ändern sich in Abhängigkeit von gesellschaftlichen Bedingungen

Im Laufe der Geschichte hat sich die Motivation, eine Partnerschaft oder Ehe einzugehen, drastisch verändert. Aus der Idee einer Zweckgemeinschaft ist die Idee der Liebesgemeinschaft geworden. In früheren Jahren wurden Ehen häufig von den Eltern ohne die Zustimmung der Kinder, das heißt der zukünftigen Eheleute, geschlossen – ein Verfahren, das auch heute noch in einigen Ländern und Kulturen so gehandhabt wird. Dies hat sich in diesem Jahrhundert im westlichen Kulturkreis zur Freiheit der Partnerwahl hin verändert. Meistens steht am Anfang jeder Beziehung das Gefühl des Verliebtseins. Ferner hat sich in den letzten Jahrzehnten der Zwang entschärft, dass ein Paar aus wirtschaftlichen oder sozialen Gründen zusammenbleiben muss. Partner, die sich trennen, können heutzutage oft beide finanziell überleben, und das Stigma des Geschiedenseins hat seine Kraft verloren. Partnerschaft ist in unserer Zeit stark mit Freiheiten und Möglichkeiten verbunden. Dies wird noch deutlicher, da eheähnliche Beziehungen ein gleichwertiges Modell zur Ehe darstellen. Selbst gleichgeschlechtliche Beziehungen erfahren immer mehr Gleichstellung. In einigen westlichen Ländern können gleichgeschlechtliche Paare inzwischen heiraten. Es ist also in diesem Jahrhundert zu einer starken Liberalisierung und großen Freiheit in Bezug auf die Wahl des Partners und der Beziehungsform gekommen.

Da die Notwendigkeit nicht mehr gegeben ist, als Paar bis zum Tod zusammenzubleiben, finden wir heute oft kürzere Phasen des Zusammenseins. In diesem Zusammenhang wird auch von einer Lebensphasenbeziehung gesprochen. Die Beziehung hat nur für eine bestimmte Lebensphase eine tragende Bedeutung, und wenn ich in eine andere Lebensphase eintrete, wenn andere Dinge in meinem Leben bedeutsam werden, gehe ich eine neue Beziehung mit einem jetzt entsprechenden Partner ein.

Die Veränderung in der Wahl des Partners und der Partnerschaftsform ist nicht von den Veränderungen in unserer Gesellschaft zu trennen. In der Zeit, in der sich die neuen Beziehungsmodelle entwickelt haben, gab es parallel eine Werteverschiebung. Der Lebensinhalt wird nicht mehr von der Arbeit bestimmt, sondern mehr von Spaß und Freizeit. Das heißt nicht, dass die Menschen heute nicht auch arbeiten oder unbedingt weniger arbeiten als früher. Es heißt auch nicht, dass die Menschen früher keinen Spaß und keine Freizeit hatten. Aber der Schwerpunkt, der im Leben gesetzt wird, hat sich geändert. Während in früheren Generationen das Überleben nicht selbstverständlich gesichert war, lebt die heutige Gesellschaft im Westen in einem vergleichsweise hohen Wohlstand. Sicherlich gibt es auch heute noch Armut und Ungleichheiten innerhalb der Gesellschaft, aber die Absicherung der Grundbedürfnisse wird durch den Sozialstaat gewährleistet.

Parallel zu dieser gesellschaftlichen Entwicklung hat sich unser Beziehungsverhalten entwickelt. Wie wir mit der Liberalisierung und Freiheit umgehen, führt häufig zu einem Mangel an Auseinandersetzung und Reifung. Wenn wir Partner ähnlich oft wechseln wie Autos, dann haben wir zwar immer den aufregenden Spaß des Neuen, vertun damit jedoch die Chance, mit und durch den Partner zu wachsen und zu reifen.

An diesem Punkt unterscheidet sich eine Beziehung, die aus Verliebtheit geknüpft wird, von einer Beziehung, in der Liebe wachsen und sich entfalten kann. Verliebtheit entsteht in dem Moment von Attraktion und Begehren, wenn wir uns aus unseren lebendigen Möglichkeiten begegnen. Liebe entsteht, wenn wir unser Herz offen halten können, auch wenn es schwierig wird und die Ecken und Kanten unseres ICH sich zwischen uns schieben.

Die Freiheit und Liberalisierung in der Wahl einer Beziehung und einer Beziehungsform schafft viele neue Möglichkeiten eines selbstbestimmten Lebens. Aber was bedeutet es für die Liebe, so wie ich sie in diesem Buch verstehe?

„Liebe macht blind"

Ein gebräuchliches Sprichwort besagt: „Liebe macht blind." Nach meiner Definition von Liebe und Verliebtheit müsste es heißen: „Verliebtheit macht blind." Aber stimmt es wirklich, dass Verliebtheit blind macht, oder weckt uns Verliebtheit nicht eher auf? Als frisch Verliebte fällt man aus dem Rahmen des Gewohnten, man wird anders als die anderen. Wenn Sie an die Geschichte des Königs und seines Volkes denken, das durch vergifteten Regen verrückt wurde, können Sie Parallelen zum Verliebtsein ziehen. Verliebtsein macht uns nicht blind, sondern Verliebtheit durchbricht unsere gewohnten Verhaltensmuster. Normalerweise leben wir in einer gewohnten Alltagsroutine und unterscheiden uns nicht besonders von unserer Umgebung. Wir gehen mehr oder weniger pflichtbewusst zur Arbeit, lieben unsere Hobbys und die kleinen Ablenkungen und Freuden des Alltags. Wir tun dies im Rahmen des sozialen Kontextes, in dem wir leben. Wir sind eingebettet in eine soziale Gruppe und verhalten uns mehr oder weniger durchgängig nach ihren Regeln. Das Leben plätschert ruhig in seinem gewohnten Lauf. Alles hat darin seine Ordnung. Wenn wir uns verlieben, wird diese Ordnung durchbrochen. Wir sind von einer schon lange nicht mehr gekannten Lebendigkeit erfüllt. Während wir vorher 8 bis 9 Stunden Schlaf brauchten, lassen uns die heißen Nächte des Verliebtseins mit einem Bruchteil davon auskommen. Vielleicht fallen wir vor lauter Freude am Leben und am Verliebtsein total aus der Rolle. Im Verliebtsein tun wir viele Dinge, die wir sonst nicht täten. Wir brechen aus. Aus der Sicht unserer sozialen Gruppe sind wir blind geworden für die früher gemeinsam eingehaltenen Regeln. Wir sind „verrückt" geworden, während alle anderen nicht von ihrem gewohnten Platz abgerückt sind. Und alle warten, bis wir wieder normal werden, bis wir wieder so werden wie sie und wie wir vor dem Verliebtsein waren.

Wenn man aber davon ausgeht, dass jede Form von Gewohnheit eine Unterdrückung der Unvorhersagbarkeit des Lebendigseins ist, sind wir als Verliebte vielleicht nicht verrückt, sondern wir wachen für einen Moment aus einem kollektiven Traum auf. Wir halten uns nicht mehr an ausgesprochene und unausgesprochene Regeln, sondern folgen den Impulsen unseres Lebendigseins. Aus dieser Sicht vermittelt uns Verliebtsein einen Blick in die Möglichkeiten unseres Seins, wenn die Lebendigkeit mehr den Ton angibt und nicht so sehr die Einengungen von Charaktermustern und Gesellschaftsstrukturen. Die Augen der Verliebten sehen die Möglichkeiten des anderen. Die Kraft, die in der Lebendigkeit des Verliebtseins liegt, lässt uns mutig sein, uns mehr zu zeigen, wie wir wirklich sind.

Dies ist die Magie und das Geheimnis des Verliebtseins. Ob wir sagen, dass Verliebtheit blind macht oder dass Verliebtheit uns aufweckt, hängt von der Perspektive ab, aus der wir schauen. Was halten wir für real, für wirklich? Wenn wir die gewohnte alltägliche Routine für die Wahrheit, für die Realität halten, dann macht Verliebtheit blind, weil wir diesen Gewohnheiten nicht mehr so folgen wie früher. Wenn wir aber sagen, dass ein Mensch voll von Lebendigkeit ist und dass sich das Leben dadurch auszeichnet, dass es immer wieder neu und unvorhersagbar ist, wenn für uns Wirklichkeit bedeutet, dass jeder einen inneren Schatz, einen Wesenskern hat, der sich entfalten will, wenn jeder seine eigene Wahrheit finden muss, dann weckt Verliebtheit uns aus dem Traum des Alltäglichen auf. Sie gestattet uns einen Blick in das Mysterium des Lebens.

Verliebtheit ist ein kurzes Aufflackern der Möglichkeit des Seins

Verliebtheit ist ein kurzes Aufflackern der Liebe, gemischt mit Gefühlen von Begehren, Lust, Attraktion, Lebendigkeit und Freude. Die Liebe, die beim Verliebtsein durchscheint, lässt für Momente Getrenntes in Harmonie verschmelzen. Wir können über unsere Unzulänglichkeiten lachen, trauen uns Dinge, die uns sonst schwer fallen, und können den Menschen, in den wir verliebt sind, so nehmen, wie er ist. Gerade von seinen Eigenarten fühlen wir uns angezogen. Häufig strahlt dieses

Verliebtsein über uns und den neuen Partner hinaus aus. Menschen, mit denen wir vielleicht Schwierigkeiten hatten, begegnen wir mit Offenheit, und wir lachen über Dinge, die uns sonst ärgern. Dies sind die Aspekte der Liebe, die durch das Verliebtsein hindurchscheinen.

Nach einiger Zeit des Verliebtsein beginnt ein innerer Kampf. Die Kräfte der Hüter des Alltäglichen, der Charakter- und Gesellschaftsstrukturen ringen mit der Energie des Lebendigseins. Die kleinen Besonderheiten des Partners, die wir am Anfang wegen ihrer Andersartigkeit so mochten, fangen an, uns zu stören. Die Lebendigkeit, mit der unsere Partnerin etwas erzählt, wird zum hysterischen Geplapper und geht uns auf die Nerven. Die Ruhe des Partners, die uns zu Beginn so anzog, fängt an uns zu langweilen. Am Anfang kommen immer wieder das Verliebtsein und die Lebendigkeit durch, aber mit der Zeit gewinnt meistens doch das Alte und Gewohnte. Der Zeitraum, in dem dies passiert, kann zwischen einigen Wochen und mehreren Monaten schwanken. Wenn es dann auftritt, ist es meist eine ernsthafte Krise für die Partnerschaft. Wir fragen uns, ob wir unseren Partner noch lieben, obwohl die Liebe noch gar nicht angefangen hat. Die Frage müsste eigentlich heißen, ob wir noch verliebt sind und ob wir uns trauen, den Weg der Liebe zu gehen.

An diesem Punkt trennen sich viele Paare, da ihnen der weitere Weg zu steinig erscheint und nicht genug Leichtigkeit und Freude verspricht. Trennungen erscheinen auch deshalb als Problemlösungen, weil es so wenig Modelle gibt, bei denen wir die Früchte sehen können, die ein solcher Weg der Liebe gibt.

Und es gibt natürlich auch Paare, die es schaffen, ihre Lebendigkeit in der Beziehung wachzuhalten und sich den Schwierigkeiten zu stellen. Aber dazu braucht es Arbeit an sich selber und am Paarsein. Wir Menschen sind zu stark von Gewohnheiten geleitet, als dass es leicht wäre, die Phase der Gewöhnung ohne Bewusstheit und Auseinandersetzung zu vermeiden. Paarsein ist eine lohnende Herausforderung für Wachstum, sowohl für den Einzelnen als auch für das Gemeinsame.

Um diesen Prozess genauer zu untersuchen, ist es hilfreich, sowohl die Hindernisse zu betrachten, die uns auf dem Weg als Paar vom Gemeinsamen abbringen, als auch die Hilfen und Werkzeuge, die diesen gemeinsamen Weg erleichtern.

Eines der wichtigsten Werkzeuge auf dem Weg der Entfaltung ist eine Richtung für das Paarsein. Mahatma Gandhi hat den Spruch geprägt: „Der Weg ist das Ziel." Aber für jeden Weg, den ich gehe, ist es gut, eine Richtung zu haben. Diese Richtung ist nicht das Ziel. Das Ziel eines Weges sind die Erfahrungen auf dem Weg, die mich reifen und wachsen lassen. Sie lassen die Reise zum Genuss oder zur Herausforderung werden. Auf ihrem Weg teilen die Menschen sich in zwei Gruppen auf. Die eine will eine angenehme Reise. Wenn es unangenehm wird, kehren sie lieber um. Die andere Gruppe von Menschen sehen jede Herausforderung als eine Möglichkeit, sich zu erfahren. Sicher genießen auch sie die angenehmen Strecken der Reise, aber sie gehen auch weiter, wenn es hart wird, und stellen sich den Schwierigkeiten. Dafür ist es hilfreich eine Ahnung von der Richtung zu haben, die mir die Kraft gibt, auch bei Schwierigkeiten weiterzugehen. Für ein Paar, das Paarsein als Herausforderung sieht, kann diese Richtung ein Traum, eine Vision vom Paarsein sein. Das heißt nicht, dass wir diesen Traum verwirklichen werden, aber er hilft uns, die Beschwerlichkeiten des Weges zu meistern. Ohne Traum oder Vision wird die gemeinsame Reise nach dem Abebben des Verliebtseins vom Kapitän der Gewohnheiten gesteuert. Er übernimmt immer mehr das Ruder, bis wir uns gemeinsam an das Alltägliche angepasst haben.

Die Vision des Paarseins

SPAZIERGANG

Schon ist mein Blick am Hügel, dem besonnten,
dem Wege, den ich kaum begann, voran.
So faßt uns das, was wir nicht fassen konnten,
voller Erscheinung, aus der Ferne an –

und wandelt uns, auch wenn wirs nicht erreichen,
in jenes, das wir, kaum es ahnend, sind;
ein Zeichen weht, erwidernd unserem Zeichen…
Wir aber spüren nur den Gegenwind.

R. M. Rilke

Dieses Gedicht drückt sehr klar die Kraft einer Vision aus. Visionen sind Erscheinungen, die über das Gewohnte hinausgehen und größer sind, als wir sie uns meistens vorstellen können. Diese Erscheinungen ziehen uns, wenn wir uns ziehen lassen. In diesem Zug, der uns auf dem Weg bleiben lässt, passiert Wandlung mit uns. Wandlung ist nicht gekennzeichnet von Wohlempfinden und Freiheit, sondern von Gegenwind, von Widerstand. Erst wenn wir uns diesem stellen, tritt unser Kern in Resonanz mit der Botschaft der Vision und entfaltet sich.

Welche Vision haben Sie von Ihrer Partnerschaft?

Übung: Wie sieht Ihre ideale Partnerschaft aus?
Nehmen Sie sich einen Moment Zeit, schließen Sie Ihre Augen und kommen Sie in Kontakt mit dem Zustand „Ich-BIN". Aus diesem Zustand heraus erlauben Sie sich zu träumen. Träumen Sie von Ihrer idealen Partnerschaft. Was ist Ihnen wirklich wichtig an einer Beziehung? Welche Werte sollten in ihr vorherrschen? Welche Freiheiten sollten in ihr gelebt werden? Was möchten Sie aus der Beziehung herausziehen, und was möchten Sie in sie hineingeben?

Eine Vision ist immer etwas Persönliches, durch das das Größere hindurchscheint. Eine Vision von Partnerschaft, von Ehe, beschreibt Khalil Gibran in seinem Buch „Der Prophet":

VON DER EHE

Und wieder ergriff Almitra das Wort und sprach:
„Und was ist mit der Ehe, Meister?"
Und er antwortete also:
Vereint seid ihr geboren, und vereint sollt ihr bleiben immerdar.
Ihr bleibt vereint, wenn die weißen Flügel des Todes eure Tage scheiden.
Wahrlich, ihr bleibt vereint selbst im Schweigen von Gottes Gedenken.
Doch lasset Raum zwischen eurem Beinandersein,
Und lasset Wind und Himmel tanzen zwischen euch.
Liebet einander, doch macht die Liebe nicht zur Fessel:
Schaffet eher daraus ein webendes Meer zwischen den Ufern eurer Seelen.
Füllet einander den Kelch, doch trinket nicht aus einem Kelch.
Gebet einander von eurem Brot, aber esset nicht vom gleichen Laib.
inget und tanzet zusammen und seid fröhlich, doch lasset jeden von euch allein sein.
Gleich wie die Saiten einer Laute alleine sind, erbeben sie auch vor derselben Musik.
Gebet einander eure Herzen, doch nicht in des anderen Obhut.
Denn nur die Hand des Lebens vermag eure Herzen zu fassen.
Und steht beieinander, doch nicht zu nahe beieinander:
Denn die Säulen des Tempels stehen einzeln,
Und Eichenbaum und Zypresse wachsen nicht im gegenseit'gen Schatten." (Kahlil Gibran, 1981, S. 15 f).

In dieser Prophezeiung oder Vision der Ehe von Khalil Gibran, einem islamischen Mystiker, wird eine Bewegung zwischen dem Vereintsein in etwas Größerem und der Notwendigkeit des Unabhängigseins betont. Im Göttlichen sind wir eins. Dort gibt es keine Trennung oder Unterscheidung zwischen uns. Aber auf der Ebene des Menschseins, des Persönlichen, müssen wir uns Raum lassen wie die Säulen des Tempels und die Bäume, die nicht gedeihen können, wenn sie zu nah beieinander wachsen. In einer Partnerschaft, die sich über das Gewohnte hinaus entwickeln will, brauchen wir das Größere als Referenzpunkt, in das wir hineinwachsen können, und gleichzeitig müssen wir auf all die Verbindungen und Verstrickungen achten, die uns auf der persönlichen Ebene am Wachstum hindern.

Das Verliebtsein lässt uns manchmal einen kurzen Blick auf diesen Zustand werfen. Als meine Frau und ich uns kennen lernten und wir uns verliebten, sprachen wir voneinander als Geschenke der Götter. Wir benutzten unbewusst diese Worte, die unsere junge Beziehung mit dem Göttlichen in Verbindung brachte. Und wir wissen aus der Arbeit mit vielen Paaren, dass solch große Worte am Anfang wie von alleine über unsere Lippen kommen. Nach einiger Zeit, wenn die Körperchemie sich wieder beruhigt, kommen einem diese Worte meist ein bisschen schwülstig, kitschig und übertrieben vor. An diesem Moment beginnt die Arbeit als Paar: Paarsein – die lohnende Herausforderung.

Paarsein, die lohnende Herausforderung

Übung: Bestandsaufnahme des Paarseins

Nehmen Sie sich einen Moment Zeit, legen Sie Papier und Stift neben sich und werden Sie achtsam. Lassen Sie folgende Fragen zu Ihrer Partnerschaft auf sich wirken. Wie erleben Sie gerade Ihre Partnerschaft? Wenn Sie in keiner leben, dann nehmen Sie die letzte, die Ihnen wichtig war (alle Fragen, die ich in der Gegenwart stelle, übersetzen Sie für sich dann in die Vergangenheit). Was bekommen Sie und was fehlt Ihnen? Was geben Sie in die Beziehung hinein und was erhalten Sie zurück? Wieviel Energie geben Sie in die Beziehung hinein? Wie viel Energie gibt Ihr Partner, Ihre Partnerin in die Beziehung hinein? Wer ist aus Ihrer subjektiven Sicht zu wie viel Prozent an den Schwierigkeiten der Beziehung beteiligt und wer zu wie viel Prozent daran, dass die Beziehung weiter geht, dass sie funktioniert? Machen Sie eine Liste, was Sie alles an Ihrem Partner mögen, lieben, sowohl Äußerlichkeiten als auch innere Werte und Haltungen. Machen Sie eine ähnliche Liste, was Sie an ihm/ihr stört. Was ist Ihre existentielle Angst, wenn diese Beziehung zu Ende ginge?

Wenn wir uns nicht nur eine gut funktionierende Partnerschaft wünschen, sondern Paarsein als einen gemeinsamen Weg des Wachstums gehen wollen, dann geht es primär um zwei Aspekte. Erstens geht es um mich selber, um meine Entwicklung, und zweitens geht es um das Größere, das Göttliche, die Liebe. Beim „Paarsein als Wachstumsweg" geht es nur sekundär um den Partner, die Partnerin.

Genauso, wie es wichtig ist, mir immer wieder bewusst zu werden, was ich vom Leben will, was mir wirklich wichtig ist und was ich erreichen will, ist es wichtig, mir diese Fragen in einer Partnerschaft zu stellen. Im schnellen und fordernden Alltag bekommen wir oft nicht mit, wie wir in gewohnte Bahnen geraten. Innezuhalten und nachzuspüren, ob meine Beziehung sich in die gewünschte Richtung entwickelt, ist deshalb so lohnenswert. Wenn die Beziehung so dahinplätschert, noch bevor die Schwierigkeiten offensichtlich werden, ist es leicht, ihr wieder die Richtung und Tiefe zu geben, die ich mir wünsche. Dafür ist es wichtig zu wissen, was ich eigentlich von meiner Beziehung will. Was ist meine Vision? Erinnern Sie sich an die Übung mit der Vision von Beziehung. Wichtig ist immer wieder: *Teilen Sie sich mit!* Wenn Sie etwas verändern wollen, dann fangen Sie selbst damit an und warten nicht, bis der Partner beginnt. Wie Rumi, ein islamischer Mystiker sagte: „Wenn du umarmt werden willst, öffne deine Arme."

Lassen Sie sich immer wieder von den Fragen leiten: Was sind meine tieferen Wünsche und Bedürfnisse in einer Partnerschaft? Was sind deine tieferen Wünsche und Bedürfnisse in einer Partnerschaft?

Paarübung: Was liegt mir wirklich am Herzen?

Setzen Sie sich mit Ihrem Partner zusammen, um über Ihre Beziehung zu träumen. Setzen Sie sich dabei so hin, dass Sie nicht zueinander gerichtet sind, sondern dass sie nebeneinander sitzen. Vielleicht haben Sie ein bequemes Sofa, oder Sie gehen nach draußen in die Natur und setzen Sich auf eine Bank, von der aus Ihr Blick sehr weit schauen kann. Kommen Sie in Kontakt mit dem „Ich-BIN" und lassen Sie beide Ihre Blicke in der Ferne ruhen, so als ob dort Ihre Vision, Ihr Traum wäre.

Lassen Sie die Fragen in sich hineinfallen: Was sind meine tieferen Wünsche und Bedürfnisse in einer Partnerschaft? Was liegt mir wirklich am Herzen in meiner Beziehung zu dir? Lassen Sie diese Fragen in sich wirken und sprechen Sie aus, was Ihnen in den Sinn kommt. Diskutieren Sie nicht, sondern fragen Sie nur nach, wenn Sie etwas nicht verstanden haben. Lassen Sie auch das Gehörte in sich hineinfallen und in sich wirken. Am Ende, nach etwa 10 bis 15 Minuten, drehen Sie sich zueinander und schauen Sie sich schweigend in die Augen. Seien Sie sich des Weges bewusst, den Sie schon gegangen sind, und spüren Sie den Weg, den Sie noch gehen dürfen. Schließen Sie die Übung so ab, wie es sich im Moment stimmig anfühlt.

Auf dem Weg als Paar ist es immer wieder notwendig, sich der persönlichen und gemeinsamen Ziele, Träume und Visionen bewusst zu werden. Es gibt sehr viel, was Sie tun können, um diese zu verwirklichen. Das Wichtigste ist dabei aber, die Ziele, Träume und Visionen nicht zu vergessen. Von ihnen geht eine eigenständige Kraft aus. Sie „wandeln uns in jenes, das wir, kaum es ahnend, sind", wie Rilke es so schön ausdrückt. Aber dafür müssen wir unseren Blick nach vorne richten.

Perspektivenwechsel

Gewöhnlich erleben wir uns in Abhängigkeit vom Verhalten des Außen, des Partners, der Partnerin. Inneres Erleben und die Wahrnehmung äußerer Ereignisse verschmelzen. Wenn wir aus diesem Verschmolzensein die Erwartung entwickeln, dass das Außen sich ändern soll, dann begeben wir uns in die Position von Sisyphus, der einen riesigen Stein einen Berg hochschieben musste. Wir schaffen es nicht. Wir können uns noch so im Recht fühlen, aber wir werden niemanden verändern, damit wir uns anders fühlen. Der größte Teil der Probleme von Paaren liegt in dieser inneren Dynamik. Das wirkliche Problem ist nicht die offensichtliche Schwierigkeit an der Oberfläche, sondern der darunter liegende Konflikt. Wir suchen auf der falschen Ebene eine Lösung für unsere Schwierigkeiten.

Petra ärgerte sich über ihren Partner Uwe. Sie warf ihm vor, er würde seine Schwierigkeiten und Probleme nicht zeigen. Sie ihrerseits würde ihm alles mitteilen und sich auch ihre Schattenseiten angucken. Je mehr sie von Uwe forderte, sich zu öffnen und zu zeigen, desto stiller und zurückgezogener wurde er. Ich machte Petra auf diese Tatsache aufmerksam. Ihre Art, wie sie ihr Anliegen Uwe näherbrachte, bewirkte genau das Gegenteil von dem, was sie wollte. Ich erklärte Petra, dass Uwe wohl schon seit seiner Kindheit auf emotionale Forderungen mit Rückzug reagiert. Als Kind war es seine einzige Strategie, um in der Beziehung zu seinen Eltern ein Gefühl von Autonomie zu behalten. Auch im Moment war er in dieser Struktur gefangen, und durch 35-jähriges Training ist er ein Experte im Aushalten geworden. So wie Petra es probierte, war es aus diesem Grund ein auswegloses Unterfangen, an seinen Kern heranzukommen. Als Uwe meinen Ausführungen folgte, konnte man eine merkliche Entspannung in ihm erkennen, er fühlte sich gesehen und in seinem Dilemma verstanden. Petra wurde aber immer ärgerlicher. Sie sagte: „Wenn ich will, dass er sich zeigt, dann soll ich mich schon wieder verändern. Es ist doch seine Schwierigkeit, die er bearbeiten muss, und nicht meine:"

Es ist hier sehr offensichtlich, wie das Paar voneinander erwartet, dass der andere sich ändern soll, damit jeder das bekommt, was er will. Uwe reagierte eher unbewusst mit Rückzug auf jede Form von Forderung. Er glaubte, er bräuchte eine andere Umgangsform von Petra, damit er sich öffnen könnte. Dies stimmt auf der Ebene von Persönlichkeit und Charakter. Petra sagte zwar, dass sie wissen will, wie es Uwe innerlich geht, aber sie war nicht bereit, von ihrer Art zu fordern abzulassen, selbst wenn sie merkte, dass dies das Gegenteil dessen bewirkte, was sie anstrebte. An diesem Punkt geht es zwar im Außen um den Inhalt, innerlich liegt der Kampf tiefer. Beide wollen, dass der andere sich ändert. Der Punkt der Auseinandersetzung liegt zwischen ihnen. Dies ist die gewöhnliche Perspektive beim Streit.

Gewöhnliche Perspektive im Streit: Aus der gewöhnlichen Perspektive befindet sich der Streitpunkt zwischen den Partnern. Dadurch trennt er die Partner voneinander. Erst wenn der Streitpunkt behoben ist, können sich die Partner wieder näher kommen.

Partner A ←——→ Streitpunkt ←——→ Partner B

Veränderte Perspektive im Streit:

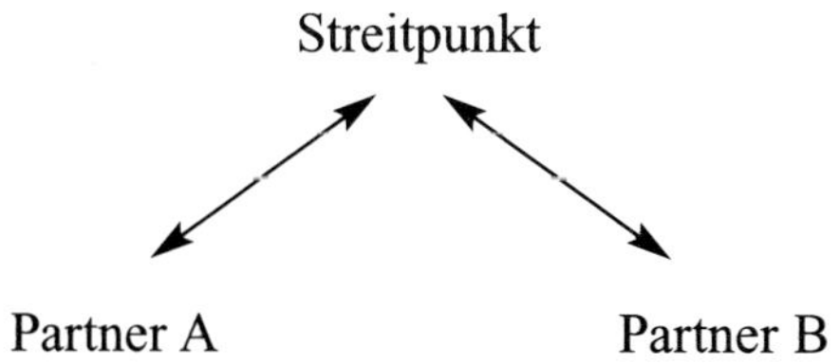

Wenn Sie den Eindruck haben, dass Ihre Streitkultur Ihrer Beziehung förderlich ist, dann brauchen Sie nichts zu ändern. Wenn Sie den Eindruck haben, dass Sie in Ihrer Beziehung eher jedem Streit aus dem Weg gehen und alles in sich hineinfressen, dann wäre es gut, erst einmal richtig streiten zu lernen. Wenn Sie aber merken, dass Ihre Streitkultur nicht weiterführt, dass sie verletzend wird und trennend und dass die Probleme nicht wirklich behoben werden, dann kann es notwendig werden, die Perspektive zum Problem, zum Streit, zu verändern.

Um einen Perspektivenwechsel vorzunehmen, ist es zunächst notwendig, dass sich jeder Partner erst einmal um sich selbst kümmert und einen Zugang zum „Ich-BIN" findet. Dies ist oft schwer. Ich muss dafür bereit sein, mein „Ich fühle mich schlecht, weil..." aufzugeben. Danach setzen sich die Partner nebeneinander und werden sich des Wir in der Partnerschaft bewusst. Aus dieser Gemeinsamkeit heraus reden sie über den Streitpunkt. Wichtig ist es, darauf zu achten, dass die Partner den Streitpunkt nicht wieder zwischen sich ziehen.

Paarübung: Perspektivenwechsel

Setzen Sie sich mit Ihrem Partner zusammen. Suchen Sie zusammen einen Streitpunkt heraus, an dem Sie immer wieder aneinander geraten. Nehmen Sie ein Kissen, das für diesen Streitpunkt als Symbol fungiert. Legen Sie dieses Kissen zwischen sich, wie in der ersten Skizze. Nehmen Sie wahr, wie es Ihnen damit geht. Was wird in Ihnen ausgelöst? Kommt Ihnen Ihr Erleben vertraut vor? Wie erleben Sie Ihren Partner? Dann nehmen Sie das Kissen und legen es vor sich hin. Rücken Sie zusammen und drehen Sie sich zum Kissen, wie in der zweiten Skizze. Nehmen Sie sich jeder einige Momente Zeit, ins „Ich-BIN" zu kommen. Spüren Sie nach, was sich in Ihnen verändert. Stellen Sie sich die gleichen Fragen wie beim ersten Durchgang. Nach einiger Zeit tauschen Sie sich über Ihre Erfahrungen aus.

Wenn Sie merken, dass diese Form der Auseinandersetzung für Sie hilfreich ist und Ihnen erlaubt, nicht in die gewohnten fruchtlosen Streitereien zu fallen, dann ist es gut, wenn Sie einen „Vertrag" miteinander schließen. Der Vertrag besagt, den beschriebenen Perspektivenwechsel vorzunehmen, wenn es einer der Partner vorschlägt. Es sollte dafür keine gemeinsame Entscheidung notwendig sein, denn dann verlagert sich der Streit auf das neue Thema: „Probieren wir es aus, oder nicht?"

Jedes Paar hat besondere Themen, bei denen es selbst bei häufigem Diskutieren keine Annäherung findet. Es können Themen sein wie: ein Fremdgehen eines Partners, ein einseitiger Kinderwunsch, sich mit einer Abtreibung oder dem Verlust eines Kindes allein gelassen fühlen, gemeinsame Kasse, Zusammenziehen, offene Beziehung. Diese Themen sind häufig so bedrohlich, dass wir es schon aufgegeben haben, noch daran zu rühren. Gerade dadurch haben sie eine besondere Sprengkraft. Selbst wenn wir sie aus der Dynamik zwischen uns herausnehmen und den Perspektivenwechsel durchführen, kann es sein, dass sie noch zu explosiv sind. Manchmal hilft es dann, diese Themen in Bezug zur Vision zu setzen.

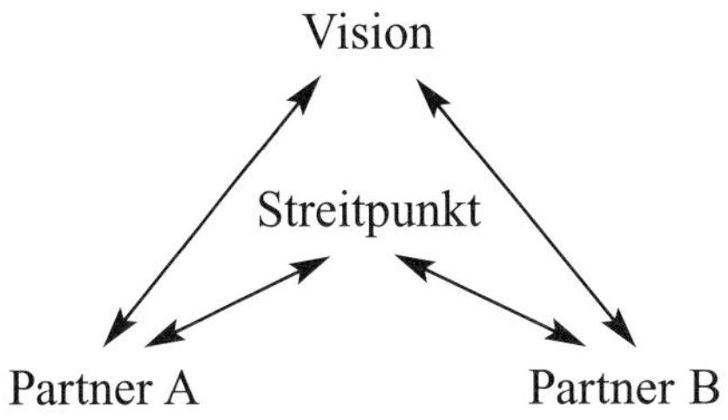

Um mit diesen besonderen Streitpunkten umzugehen, ist es hilfreich, erst in Kontakt mit dem „Ich-BIN“ zu kommen und dann gemeinsam mit der Vision. Während Sie die Vision aus dem „Ich-BIN“ halten, fangen Sie an über den besonderen Streitpunkt zu reden. Sie werden merken, dass Verständigung so viel leichter möglich ist.

Jeder ist für die Erfüllung seiner Bedürfnisse verantwortlich

Die Struktur, dass wir den Partner auf eine bestimmte Art und Weise brauchen, um so sein zu können, wie wir wollen, ist eine der häufigsten Verstrickungen bei Paaren. Wir schieben dabei die Verantwortung für unser Erleben dem anderen zu. Dazu ein weiteres Beispiel aus einer Paartherapie.

Heinz und Erika kommen zu einer Sitzung, und es geht ihnen gut. Sie haben kein akutes Problem miteinander. In früheren Sitzungen ist schon deutlich geworden, wie vorsichtig die beiden ihren Umgang miteinander gestalten. Sie schauen, wie sie beim anderen ankommen, wie er/sie reagiert. Da es ihnen im Moment sehr gut miteinander geht, mache ich den Vorschlag, dass jeder einmal schaut, welche Seite von sich er in der Beziehung noch mehr zeigen und leben möchte. Die momentane Harmonie ist ein sicheres Plateau, von dem aus man sich eventuell etwas tiefer öffnen kann. Bei Heinz ist es sofort klar. Er merkt, dass er seine männliche Energie mehr leben will. Ich schlage vor, dass er sich einmal so hinsetzen soll, wie es dieser männlichen Energie entspricht. Während er vorher etwas zusammengesunken saß, richtet sich sein ganzer Körper nun auf. Er setzt sich vor Erika, und sein Blick und Ausdruck bekommen etwas Klares und Bestimmtes. Es fühlt sich für beide gut an. Erikas Impuls auf die Eingangsfrage war, sich an Heinz anzukuscheln. Als sie das sagte, war zu merken, dass Heinz körperlich wieder ins sich zusammensackte. Die Klarheit und Bestimmtheit wich einer undefinierbaren Weichheit. Als ich ihn darauf aufmerksam machte und ihn fragte, was er wohl benötige, um weiter in seiner Männlichkeit zu bleiben, war seine Antwort, er wünsche von Erika ein Signal, dass sie ihn in seiner Männlichkeit wolle. Dies bedeutet, dass er Erika den Schlüssel für seine Männlichkeit gibt. Wenn sie ihn in seiner Männlichkeit will, dann kann er männlich sein, wenn sie nicht so auf seine Männlichkeit reagiert, wie er es braucht, dann ist es ihm nicht mehr möglich, darin zu bleiben.

An diesem Beispiel sehen wir, wie wir den anderen nicht nur für unsere schwierigen Gefühle verantwortlich machen können, sondern auch für unsere zurückgehaltenen Seiten. Dies passiert oft dann, wenn wir in der Beziehung zu eng miteinander sind. Wir sind nicht, wie die Eichen und Zedern in Gibrans Geschichte, in einem für unser Wachstum angemessenen Abstand, der uns Raum zum Atmen und genügend Licht gibt, sondern wir lehnen uns aneinander an, verschränken uns in der Gemeinsamkeit und schränken so die Bewegungsfreiheit voneinander ein. In dieser Beziehung verschenken wir uns nicht, sondern wir brauchen einander. Wir teilen nicht unser Brot großzügig, sondern wir machen uns von den Gaben des Partners abhängig.

Einige typische Formen von abhängigen Beziehungen sehen wie folgt aus: Wir fühlen uns unvollständig ohne den anderen. Wir brauchen den anderen, um uns nicht alleine zu fühlen. Wir brauchen sein Begehren, um mit unserer Sexualität in Kontakt zu kommen. Wir brauchen seine anerkennenden Worte, um uns gesehen zu fühlen. Wir brauchen ihr Wohlwollen, um uns frei zu fühlen, Eigenes zu machen. Wir brauchen sein Versprechen, nicht fremdzugehen, um uns nicht eifersüchtig zu fühlen. Wir brauchen, dass sie interessiert nachfragt, damit wir uns ernst genommen fühlen und etwas von uns erzählen. Wir brauchen seine Impulse, um etwas zu unternehmen.

Jeder Mensch hat entsprechend seiner Geschichte und seiner Persönlichkeit eigene unbewusste Verstrickungen auf der Ebene des Brauchens. Die Erfüllung dieses Brauchens führt aber nie wirklich zu innerem Frieden, da sie nur auf der Oberfläche etwas kaschiert. Der Klient Heinz ist mit seiner Männlichkeit existentiell unsicher. Diese Unsicherheit sitzt tief in ihm, und wenn seine Freundin ihm tausendmal sagt und zeigt, dass sie seine Männlichkeit schätzt und mag, erreicht es ihn nicht in der Tiefe. Ihre Versicherungen kleben nur ein liebevolles Pflaster über seine Wunde. Er hat nur eine Möglichkeit, aus dem Dilemma zu kommen: Er muss sich um seine Männlichkeit kümmern. Das bedeutet, sich für die tiefen Impulse der Männlichkeit zu öffnen und all die schmerzhaften Erfahrungen, die damit verbunden sind, anzunehmen. Nicht Erika kann ihm helfen, sondern nur er selbst. Aber in der Beziehung können sie gemeinsam einen Raum schaffen, in dem er sich besser helfen kann. Sie kann ihn auf vielfältige Art unterstützen, aber die Arbeit liegt bei ihm.

Veränderung beginnt damit, Dinge sein lassen zu können

Wie kommen wir aus unseren Strukturen heraus? Und wie muss eine Partnerschaft sein, damit Entfaltung aus der Tiefe kommen kann? Wie kann ich glücklich werden, und wie kann sich dieses Glück auf die Beziehung ausdehnen?

Der wohl wichtigste und schwierigste Schritt für Veränderung in der Partnerschaft, aber auch für uns selber ist, die Dinge so lassen zu können, wie sie sind. Das klingt paradox, und all unsere geschäftigen Anteile fangen an, Amok zu laufen, und unser Über-ICH wittert Sabotage und Chaos. Aber was bedeutet es, die Dinge sein zu lassen? Es bedeutet, die Spaltung zwischen dem, der verändern will, und dem, was es zu verändern gilt, aufzuheben. Wenn es etwas zu verändern gibt, dann kann ich die Verantwortung dafür übernehmen und es ändern. In dem Moment gibt es keine Spaltung zwischen dem, der Veränderung will, und dem, was zu verändern ist. Wenn ich aber will, dass sich etwas verändern soll, es aber selber nicht mache oder nicht schaffe, dann entsteht eine Spaltung, die ich anscheinend nicht überbrücken kann. Wie wir gesehen haben, machen wir dann oft den Partner dafür verantwortlich, oder wir hadern mit uns. Wir reagieren mit Leiden auf das Gleichbleiben. Der erste Schritt dreht sich darum, alle Gefühle, alle Empfindungen in mir als meine anzuerkennen. Es ist meine Wut, meine Trauer, meine Angst, meine Geilheit, meine Verzweiflung, mein Mich-zurückgestoßen-Fühlen, meine Unruhe, mein Schmerz, meine Schlaflosigkeit. Selbst wenn ich es noch so klar in Verbindung bringen kann mit etwas, was der andere gemacht oder unterlassen hat, ist es mein Erleben. Es ist auch in keiner Weise irgendetwas Falsches an diesem Erleben. Ich brauche anstelle dessen kein anderes Gefühl zu haben. Es geht einfach darum, damit zu sein. Zu fühlen, was gefühlt werden will, es zu halten und damit präsent zu sein. Dies klingt so einfach, aber wie die meisten einfachen Dinge ist es so unermesslich schwer. Die Situationen und Gefühle so anzunehmen, wie sie sind, ist der weibliche Aspekt der Liebe.

Paarsein – der gemeinsame Weg

Der Weg der Entfaltung ist nicht vorhersagbar, aber die Bedingungen, ihn zu gehen, können wir beeinflussen. Wenn wir als Paar uns auf den gemeinsamen Weg der Entfaltung machen, ist es aus meiner Sicht notwendig, sich folgender fünf Punkte immer wieder bewusst zu werden und ihnen zu folgen.

1. Kontakt mit der Liebe – Vertrauen in die Entfaltung,
2. Unabhängigkeit vom anderen – Unabhängigkeit des anderen,
3. Verantwortung für das eigene Erleben,
4. Gemeinsames Halten der Verbindung mit der Liebe,
5. Stützen des anderen durch Halten des Raumes der Liebe, wenn er aus ihm herausfällt.

Die ersten vier Punkte ergeben sich schon aus dem bisher Gesagten, deshalb möchte ich sie nur kurz zusammenfassen und auf den letzten Punkt ein wenig mehr eingehen, da er für viele Menschen eine besondere Herausforderung bedeutet.

1. Kontakt mit der Liebe – Vertrauen in die Entfaltung

Die wichtigste Frage, die wir als Paar uns stellen können, lautet: Worauf legen wir unseren Fokus in der Beziehung? Stellen Sie sich einmal vor, was sich in Ihrer Beziehung verändert, wenn Sie den Fokus auf die Entfaltung der Liebe legen. Um nach der Phase des Verliebtseins in die Phase der Liebe einzutauchen, braucht es einen klaren Entschluss. Dieser Entschluss zeigt sich zum Beispiel in dem Eheversprechen, zusammenzubleiben, bis der Tod uns scheidet. Nicht die Lebensphasenpartnerschaft ist gemeint, sondern ein gemeinsamer Weg, sowohl in guten wie in schlechten Zeiten, wird begonnen. Es ist die Liebe, die mir die Kraft gibt, diesen Weg auch in Krisenzeiten für das gemeinsame Wohl fortzuführen. Und es ist das Vertrauen in den Prozess der Entfaltung, das mich Krisenzeiten als Wachstumsmöglichkeiten sehen und annehmen lässt.

2. Unabhängigkeit vom anderen – Unabhängigkeit des anderen

Häufig gehen wir Beziehungen ein, weil uns etwas in uns fehlt. Wir halten es nicht aus, alleine zu sein, also suchen wir Zweisamkeit in der Beziehung. Wir haben wenig Selbstwertgefühl, also suchen wir Zuspruch beim anderen. Wir fühlen unser Leben an sich sinnlos, also brauchen wir jemanden, der uns braucht. Wir alle haben solche ungelösten Themen, manche mehr und andere weniger stark. Wenn wir unbewusst aus diesen Themen agieren, dann machen wir den Partner für unser Wohlergehen verantwortlich. Erst wenn ich die Verantwortung für mein Wohlergehen übernehme, können wir als gleichberechtigte Partner einen gemeinsamen Weg gehen. Das bedeutet nicht, dass wir uns nicht gegenseitig stützen und helfen sollten. Aber es ist wichtig, darauf zu achten, dass wir uns nicht in unbewusster Art und Weise voneinander abhängig machen.

3. Verantwortung für das eigene Erleben

Um mich aus der unbewussten Abhängigkeit von meinem Partner zu befreien, ist es notwendig, dass ich die Verantwortung für mein Erleben übernehme. Mein Weg ist es, immer mehr trotz aller Turbulenzen den Zugang zum „Ich-BIN“ zu halten. Wenn ich mich zum Beispiel allein und verlassen fühle, dann hängt es eventuell mit einem Verhalten meines Partners zusammen, aber es sind trotzdem meine Gefühle, um die ich mich kümmern muss. Kann ich mein Verlassenheitsgefühl wahrnehmen, ohne den Kontakt zum „Ich-BIN“ zu verlieren? Als Nächstes kann die Frage für mich wichtig werden, was ich brauche, damit ich mit meinem Erleben angemessen umgehen kann. Hier spielt dann oft auch wieder der Partner mit hinein. Vielleicht kann er etwas tun, damit es für mich leichter ist, mit meinen Gefühlen selbstverantwortlich umgehen zu können.

4. Gemeinsames Halten der Verbindung mit der Liebe

Damit die oft notwendige Unterstützung vorhanden sein kann, die Verantwortung für das eigene Erleben zu übernehmen, ist es notwendig, dass beide Partner grundsätzlich die Verbindung mit der Liebe halten. Beide fühlen sich gleichermaßen verantwortlich dafür, dass die Liebe sich in der Beziehung entfalten kann und sich jeder Einzelne in Liebe entwickelt. Die

Liebe ist sowohl Ziel als auch Basis der Beziehung, und sie ist das Größere, für das der Einzelne auch bereit sein sollte, eigene Wünsche und Bedürfnisse hintanzustellen.

Es ist sehr leicht, an die Liebe zu glauben, wenn sie blüht und uns verzaubert wie eine Frühlingswiese, aber die Liebe in der Unwirtlichkeit der Wüste zu erkennen, kann uns dazu führen, sie überall zu sehen.

5. Den Raum der Liebe halten, selbst wenn einer ihn verlässt

Dieser Punkt ist der schwierigste, aber er ist wahrscheinlich eingängig genug, um Sinn zu machen. Wenn wir in unserem Paarsein die lohnende Herausforderung für Wachstum sehen, dann können wir noch einen Schritt weiter gehen. Bis jetzt bleiben wir in der Trennung von ICH und Du gefangen, da das Wir aus ICH und Du zusammengesetzt bleibt. Jeder übernimmt die gleiche Verantwortung für die Beziehung. Diese Demokratisierung der Beziehung ist zunächst ein notwendiger Schritt, damit jeder die Verantwortung für sich übernimmt und die Verantwortung nicht auf den anderen abschiebt. Wie gesagt, entspricht dies eher unserer gewohnten Wahrnehmung. „Wenn du treu wärest, dann wäre ich nicht eifersüchtig." Diese kausale Verknüpfung sind wir gewohnt. Wenn wir aber beide die Verantwortung für das eigene Erleben übernehmen und gleichzeitig die Verbindung mit der Liebe halten, dann werden wir uns diesen Themen auf einer tieferen Ebene stellen. Der Partner, der „untreu" ist, zeigt sich dann eventuell in seiner großen Verzweiflung, die entsteht, wenn er sich eingeengt fühlt. Er verliert vielleicht sein Gefühl von Eigenständigsein, er verliert seinen eigenen Atemraum. Die Partnerin kommt vielleicht dadurch mit ihrer größten Angst, der Verlassenheitsangst, in Kontakt. Dieses Gefühl, verlassen zu werden, hat wiederum in ihr eine lange Geschichte, bis in die Kindheit hinein. Genauso wie er den Verlust seiner Freiheit nicht aushalten kann, kann sie die Angst, verlassen zu werden, nicht aushalten. Wenn beide den Mut haben, sich mit dieser tiefen Unsicherheit und Verletztheit zu zeigen, während sie in Kontakt mit der Liebe füreinander sind, werden sie meistens eine Lösung finden. Dies wird keine Lösung sein, die Verhalten reglementiert und den Konflikt nach einer Seite auflöst: entweder ist Fremdgehen erlaubt oder verboten. Vielmehr wird aus dem offenen Umgang miteinander deutlich werden, welcher Schritt für das Paar der nächste ist: Wie kann er innerhalb der Beziehung mit seiner Verzweiflung des Eingeengtseins sein und tun, was er zur Heilung braucht, während sie gleichzeitig mit ihrer Angst vor Verlassensein ist und auch das tun kann, was sie für die Heilung braucht? Ich werde am Ende des Kapitels noch näher auf diese spezielle Problematik eingehen.

Wenn wir beide die Verantwortung gleichermaßen tragen, können wir für solche Schwierigkeiten leicht eine Lösung finden.

Es ist relativ einfach, sich der Liebe zu öffnen, wenn der andere es auch tut. Aber kann ich für die Liebe offen bleiben, wenn meine Partnerin verschlossen ist? Kann ich meinen Partner in Liebe umarmen, so wie er ist, wenn er aus der Liebe herausfällt?

Stellen Sie sich einmal vor, Ihre Partnerin hätte immer dann etwas anderes zu tun, wenn Sie mit ihr Zeit verbringen wollen. Es gibt eine Freundin zu besuchen, ihre Mutter braucht Hilfe, ihr Beruf fordert ihr Engagement. Sie spüren, wie sie sich von Ihnen entfremdet. Die Gespräche, die Sie darüber geführt haben, haben nichts wirklich verändert. Sie erklärt Ihnen, dass es nichts mit Ihnen zu tun habe und dass sie eben gestresst sei. Verständlicherweise fühlen Sie sich nicht gesehen und werden wütend oder ziehen sich zurück.

Was würde es in diesem Moment bedeuten, in Kontakt mit der Liebe zu treten? Als Erstes heißt es, Ihre eigenen Gefühle anzuerkennen, zu akzeptieren, ihnen auf den Grund zu gehen und dann Ihre Liebe auszudehnen auf Ihre Partnerin. Ist sie glücklich, ist sie in Kontakt mit ihrem Wesenskern? Ist sie in Kontakt mit der Liebe, die die Grundlage Ihrer Beziehung ist? Wahrscheinlich nicht, sondern sie ist gestresst und hat ihren Kontakt mit dem Größeren verloren, sie ist in einer Krise. Was löst es in Ihnen aus, wenn sie merken, dass der Mensch, den sie am meisten lieben, in einer Krise ist? Können Sie Ihr Mitgefühl halten, selbst wenn Sie die Zielscheibe für sein Verhalten sind? Sicherlich, auf einer oberflächlichen Ebene hat die Partnerin ein Problem, und sie sollte etwas für dessen Lösung unternehmen. Dies sagt uns der gewöhnliche Menschenverstand, und er hat Recht. Aber es ist nicht die einzige Lösung. Sie ist es nur dann, wenn wir uns als existentiell getrennt von unserer Partnerin erleben: Es ist ihr Problem und sie muss sich darum kümmern. Und wie ich in Punkt 3 geschrieben habe, ist jeder für sein eigenes Erleben verantwortlich. Aus diesem Grund muss sich die Partnerin auch um ihr Erleben und Verhalten kümmern. Aber obwohl dies einleuchtend ist, verlieren wir immer wieder Kontakt zu diesem Bestreben. An diesem Punkt bin ich als Partner gefordert.

Wenn wir aber aus der Sicht der Liebe schauen und aus der Überzeugung, dass wir beide die größten Momente von Glückseligkeit erfahren haben, als wir in der Liebe eingebettet waren, dann ist es etwas Schmerzhaftes, wenn einer von beiden aus der Liebe fällt. Ich bekomme mit, dass der Mensch, mit dem ich diesen Raum schon oft geteilt habe, den Zugang dazu verliert. Wenn ich selber auch aus der Liebe falle, dann reagiere ich auf ihr Verhalten mit Wut, Vorwürfen oder Rückzug. Jedes ICH der Welt wird meinem ICH Recht geben, aber was hilft es mir und ihr? Wenn ich in der Liebe bleiben kann, dann schmerzt mich dieser Vorgang. Und dieser Schmerz ist stärker als der persönliche Schmerz, den ich durch ihr Nichtbeachten erlebe.

Ein Ausweg eröffnet sich mir, wenn ich sowohl meine ausgelösten Gefühle wahrnehme als auch den Zugang zu dem Raum der gemeinsamen Liebe halte. In diesem Moment bleibe ich bei dem existentiellen Schmerz, der da ist, wenn der Zugang zum Raum der Liebe blockiert ist. Was würde wohl passieren, wenn ich aus diesem Raum der Liebe heraus auf meine Partnerin reagierte und ihr die Tür für ihr Eintreten offen hielte? Sicherlich werde ich sie nicht sofort dazu veranlassen können hereinzukommen, aber wenn ich die Präsenz der Liebe halten kann, wird die Kraft der Liebe wirken. Nicht ich nehme Einfluss, sondern die Liebe nimmt Einfluss, indem die Sehnsucht in ihr geweckt wird. So kann die Partnerin einen Weg durch die Verstrickungen ihrer verfestigten Strukturen finden.

Die Liebe, die hier am Werk ist, hat nichts mit liebevollem Übertünchen von Schwierigkeiten zu tun. Wir erfahren vielmehr die Möglichkeit, uns von dem, was wirklich ist, in der Tiefe berühren zu lassen. Die Liebe ist der Urgrund der Beziehung. Wenn wir dies für unsere Partnerschaft anerkennen, dann gilt es den Kontakt zu der Liebe in guten und in schlechten Zeiten zu halten. Wenn wir beide uns gleichermaßen bemühen, ist es in guten Zeiten leicht, in schlechten schwierig. Wenn aber nur einer herausfällt, wird es zu einer lohnenden Herausforderung.

In diesem Sinne bekommt eine Partnerschaft eine spirituelle Dimension. Das Spirituelle lässt das Größere, das Göttliche, die Liebe in allem durchscheinen. Es ist eine Kraft, etwas Wesentliches, das immer schon da war und immer da sein wird. Wir brauchen nur hinzuschauen. Dennoch ist es für unsere gewöhnliche Wahrnehmung so schwierig zu erkennen. Gerade als Paar, da wir um die Verbindung aus Liebe wissen und sie am Anfang der Beziehung gespürt haben, haben wir eine gute Möglichkeit, den Kontakt und die körperliche Erfahrung zu ihr wachzuhalten. Und gerade in der Nähe und Intimität des Paarseins werden all unsere alten und tiefen Verletzungen, die wir in Kontakt mit dem Außen erlebt haben, aktiviert. Je mehr wir uns auf eine Beziehung einlassen, desto größere und tiefere Ängste werden berührt. Wenn wir es aber schaffen, den Kontakt zu der Liebe zu halten, dann können wir diese alten Verletzungen dem Prozess der Heilung übergeben.

Almaas schreibt in seinem Buch „Essenz“ (Arbor Verlag; Freiamt; 1997), dass wir als Neugeborene in Kontakt mit der Essenz waren, zum

Beispiel wenn wir bei der liebenden Mutter den Aspekt der verschmelzenden Liebe spürten. Früh lernen wir diesen Zugang zur Essenz umzudeuten als ein Gefühl, das durch den Kontakt zur Mutter entsteht. Aus etwas Universellem wird etwas Interpersonelles. Wenn die natürlichen Frustrationen aus der Mutter-Kind-Beziehung stärker werden, verlieren wir immer mehr den Zugang zu diesem Aspekt der Essenz und bauen Schutzwälle auf, um mit dem damit verbundenen Schmerz umzugehen.

Der Weg als Paar kann uns über die Liebe, die zwischen uns entfacht wurde, wieder zurückbringen in den Kontakt mit der überpersönlichen Essenz. Je mehr wir uns fallen lassen, desto mehr der frühen Verletzungen und Ängste vor den Verletzungen werden wieder aktiviert. Wenn wir als Paar hier nicht zurückweichen, sondern weitergehen, wird die gemeinsame Liebe ein Zugang zu der überpersönlichen Essenz werden. Wir betreten einen Seinszustand, der über die beiden Personen weit hinausgeht. Dies ist letztlich die wirkliche lohnende Herausforderung des Paarseins.

Aus Paarsein wird Eins-SEIN

Über diese fünf Punkte können wir durch den Weg des Paarseins uns immer mehr aus der Festigkeit der Strukturen des ICH zum „Ich-BIN" entfalten. In dem „Ich-BIN" finden wir wieder den Zugang zur Essenz. In dieser Essenz erfährt das Paarsein die Transformation zum Eins-SEIN. Es lösen sich die Grenzen von „Ich-BIN" und „Du-BIST" auf. In dem Moment, wo sich diese Grenzen auflösen, sind wir mit allem in Kontakt, wir sind EINS. Es ist nur ein Bruchteil eines Momentes, in dem wir mit allem sind. Da dieses Eins-SEIN so unermesslich groß ist, so allumfassend, bildet sich schnell eine neue Struktur, das „Wir-SIND". Das „Wir-SIND" ist größer als beide „Ich-BIN" zusammen, hat aber wieder eine Grenze zum Eins-SEIN.

Es sind die besonderen Momente, wenn sich Grenzen auflösen, in denen das Ganze sichtbar wird. Der Weg des Paarseins, wie ich ihn beschrieben habe, besteht darin, immer wieder Grenzen zu transformieren. Sicher bilden sich neue Grenzen, aber diese Grenzen sind weiter, umfassender. Der Moment jedoch, in dem Transformation passiert, ist ein Blick ins Unermessliche.

Der Wachstumsweg des Paarseins führt uns immer häufiger ins „Wir-SIND". In diesem Zustand wird jede Erfahrung eine gemeinsame Erfahrung. Es ist nicht der Zustand des verschmolzenen symbiotischen

Paares, das diese gemeinsame Erfahrung ermöglicht. Sie kommt aus dem Überschreiten der gesunden Ich-Struktur, wie es die Ich-Psychologie formuliert, bzw. dem Überschreiten des „Ich-BIN“, wie ich es nenne.

Paarübung: Über den gemeinsamen Atem zum „Wir-SIND“
Person A legt sich hin und entspannt sich. Person B setzt sich neben A und kommt in Kontakt mit dem „Ich-BIN“. Dann legt Person B eine Hand auf den Bauch von Person A. Der Druck der Hand sollte ganz leicht sein, und die Hand sollte die Bewegungen des Atems begleiten. Beim Einatmen geht die Hand mit hoch, beim Ausatmen sinkt sie. Nach einiger Zeit synchronisiert Person B ihren Atem mit dem Atem von Person A. Beide atmen gemeinsam ein und aus. Falls es Ihnen zu schwer fällt, längere Zeit Ihren Atem so anzupassen, machen Sie es immer nur etappenweise, solange es sich gut anfühlt. Wenn Sie sich eingeschwungen haben, dann kann B jeden Ausatem mit einem leisen Seufzer begleiten. A bleibt einfach die ganze Zeit achtsam, und auch B versucht mitzubekommen, was in ihm passiert. Wenn einer von beiden merkt, dass es genug ist, ist es ratsam, noch einen Moment zu ruhen. Oft fühlt es sich gut an, beieinander zu liegen. Danach nehmen Sie sich Zeit, über das Erfahrene zu reden.

Durch diese kleine Übung kommen wir häufig sehr leicht in einen Zustand von „Wir-SIND“. Es entsteht etwas Gemeinsames, das größer ist als die beiden Einzelnen. Das Erleben, das sich vollzieht, die Gefühle, die entstehen, die Bilder, die auftauchen, haben oft einen gemeinsamen Klang. Beide Personen haben oft gleiche oder ähnliche Erfahrungen. In diesen Momenten wird es unwichtig herauszufinden, wessen Erfahrungen es sind, da beide sie gleichzeitig haben.

Diesen gemeinsamen Raum können wir nutzen, wenn es innerhalb des Paarseins schwierige Erfahrungen gibt. Eine Person wird krank, einer ist in einer persönlichen Krise, einer steht vor einer schwierigen Entscheidung. Sicherlich können wir diese Probleme klar einer Person zuordnen. Aber wenn wir im Paarsein eine größere Ordnung sehen, können wir auch das „fremde“ Problem zu unserem machen. Und wir können gemeinsam damit sein. In diesem Sinn erfährt das Sprichwort: „Geteiltes Leid ist halbes Leid“ seine Bedeutung. Es geht nicht darum, den anderen zu unterstützen, ihm zuzuhören oder ihn zu tragen, und es geht auch nicht darum, ihm das Problem abzunehmen. Beide Wege bleiben in der Spaltung von ICH und Du hängen. Sondern es geht darum, das Problem zu einer gemeinsamen Erfahrung zu machen. Dafür geht die eine Person in Kontakt mit ihrem Problem, spürt es in allen Facetten, und die andere Person tritt in den gemeinsamen Raum mit ein.

Paarübung: Gemeinsam im Problematischen sein

Person A, die ein Problem hat, legt sich hin und entspannt sich und kommt in Kontakt mit dem Problem. Sie versucht es in allen Facetten so realistisch wie möglich zu spüren: als Körperempfindung, als Gefühl, als Bild, als Gedanke usw. Person B kommt in Kontakt mit dem „Ich-BIN" und berührt A wieder am Bauch. Die Atmung von A wird sich von alleine in Beziehung zu dem Problem verändern. B fährt wie in der vorherigen Übung beschrieben fort. Es geht darum, gemeinsam in den Erfahrungsraum einzutauchen und sich hinterher auszutauschen.

Es ist oft sehr heilsam, wenn wir nicht alleine die schweren inneren Räume betreten müssen. Wenn Sie diese Übung häufiger machen, dann werden Sie mit der Zeit erkennen, dass die gewohnte Wahrnehmung, die auf der Trennung von ICH und Du beruht, nur ein Spezialfall der Wahrnehmung ist. Sie ist real und hilfreich, aber es gibt auch eine Wahrnehmung ohne diese Grenzen. Mit der Zeit werden Sie immer leichter in diesen geteilten Raum eintreten. Diese Übungen sind Werkzeuge, um dorthin zu kommen. Denn dieser Raum ist zu jeder Zeit und überall vorhanden.

Liebe, Treue und Außenbeziehungen

In einer Talkshow wurde eine Schauspielerin gefragt, was sie tun würde, wenn ihr Freund fremdginge. Ihre Antwort kam klar und spontan. Sie würde sich sofort von ihm trennen und ihn aus ihrer Wohnung rauswerfen. Ich glaube, diese Schauspielerin hat vielen aus der Seele gesprochen. Aber es gibt heutzutage auch immer mehr Menschen, die für sich einen anderen Weg gehen. Viele Menschen, gerade in der sogenannten „Tantraszene" und in einigen Selbsterfahrungsgruppen, postulieren eine bestimmte Form der sexuellen Freiheit: „To go where the energie flows." (Frei übersetzt: Dorthin gehen, wohin es mich hinzieht.) Das heißt, ich lasse mich in meinem sexuellen Ausdruck von meinen inneren Impulsen leiten. Dies ist ein äußerst wichtiger Schritt, der für die meisten Menschen sehr förderlich ist. Solange wir als Single diesen freien Impulsen folgen, stoßen wir auch auf keine großen Schwierigkeiten. Aber die berechtigte Frage ist ja, wie gehe ich mit meinen sexuellen Impulsen in einer festen Partnerschaft um? Wenn Treue eine feste Vereinbarung ist, dann kann es sein, dass ich mich eingeengt und in meiner persönlichen Freiheit eingeschränkt fühle. Wenn wir in einer festen Partnerschaft der oben beschriebenen Art sexueller Freiheit folgen, wird uns sehr wahrscheinlich Eifersucht begegnen. Wenn wir uns als Paar diesen Problemen gemeinsam stellen, ist es sehr wahrscheinlich, dass beide Partner etwas Wichtiges für sich lernen.

Aber oft werden die ausgelösten Gefühle ausschließlich als persönliches Problem eines Partners angesehen. Treue wird als gegebener Wert angesehen, und wenn sich jemand eingeengt fühlt, dann ist es seine Sache. Wenn er trotzdem ausbricht, dann muss er es heimlich tun. Bei den Vertretern der anderen Richtung erscheint Eifersucht als eine individuelle Schwäche, die derjenige zu lösen hat, der sie erlebt, und nicht derjenige, der sie durch seine „Freiheit" auslöst. An diesem Punkt wird das Problem jeweils zu stark vereinfacht. Treue als gesellschaftlich anerkanntes Gebot wird nicht hinterfragt. Untreue ist Betrug, ist unmoralisch, und man kann zwei Menschen nicht gleichzeitig lieben. Entweder man hat eine feste Beziehung oder man ist Single. Eine dritte Möglichkeit, eine offene Beziehung, scheint die Vorstellung zu sprengen. Bei den Vertretern der „Freizügigkeit" wird diese oft mit pseudo-spirituellen Werten unterlegt: Man folgt seiner Natur; eine spirituelle Verbindung sei nicht an Persönliches gebunden, sondern sie gehe über die Person hinaus; Sexualität sei Ausdruck der kosmischen Energie, die nicht an einzelne Personen gebunden sei; Eifersucht sei ein Ausdruck von Anhaftung, die dem Spirituellen entgegenwirke usw.

Ich hatte ein Paar in Therapie, das diesem Modell folgt. Genauer gesagt, es war in erster Linie das Modell von Klaus. Sabine versuchte sich dem Modell anzupassen. Klaus hatte immer wieder Beziehungen mit anderen Frauen, und Sabine war inzwischen stolz darauf, dass die Eifersucht nicht mehr so weh tat wie früher. Sie war überzeugt, dass sie den letzten Schmerz auch noch überwinden würde. Als ich weiter nachfragte, spürte Sabine, dass sie sich unter einen hohen Leistungsdruck setzte. Sie hatte auf einer oberflächlichen Ebene versucht neue Werte von Freiheit, Nichtfesthalten, Offenheit und Vertrauen über ihr Erleben zu legen. Darunter fühlte sie sich verletzt, wütend, enttäuscht und resigniert. Über all dem hatte sie den Anspruch, stark zu sein und selber mit allem fertig zu werden. Ihre Verletzungen brachte sie in die Beziehung nicht mehr ein, und die Verbindung wurde immer distanzierter.

Ich möchte nicht sagen, dass alle Paare, die eine offene Beziehung erproben, so oder ähnlich damit umgehen. Ich glaube auch nicht, dass unsere gewöhnliche Form der Zweierbeziehung die beste oder einzige Form von Liebesbeziehung ist. Ich kenne Menschen, die sich sehr aufrichtig und ernsthaft von folgender Frage leiten lassen: Wie frei bin ich für die Liebe? Kann ich der Liebe als der größten spirituellen Kraft folgen? Was in mir hält an dem Konzept fest, dass ich nur fähig bin, einen Menschen wirklich zu lieben? Ist es nicht die Angst vor dem Alleinsein, die mich Treue einfordern lässt?

Die Frage, die mich hier leitet, ist die Frage nach Freiheit. Ist ein Paar wirklich auf dem Weg der Freiheit dadurch, dass es sich Außenbeziehungen erlaubt, oder sind die Außenbeziehungen eher Fesseln des Schmerzes und ein Zeichen dafür, sich nicht einlassen zu können? Jedes Paar muss diese Frage für sich selber beantworten. Einige grundlegende Gedanken dazu können aber helfen.

Wenn wir davon ausgehen, dass Freiheit erst nach der Fähigkeit des Annehmens dessen, was ist, entstehen kann, dann heißt dies für eine Beziehung Folgendes: Erst wenn wir in der Beziehung, in der wir leben, ohne Außenbeziehungen glücklich sein können, können wir die Frage nach Außenbeziehungen in Freiheit stellen. Und weiter, erst wenn wir in uns die Freiheit haben, unsere Beziehung für Dritte zu öffnen, dann kann ich mich aus Freiheit für die Zweierbeziehung entscheiden. An diesem Punkt kann ich frei wählen, was das Beste ist sowohl für mich als auch für uns als Paar. Das heißt, erst wenn ich mit beiden Formen leben kann oder offen bin, es zu probieren, habe ich die innere Freiheit zu wählen. Wenn ich mir aber nur eines vorstellen kann, dann werde ich immer genügend Gründe finden, die meine Wahl rechtfertigen.

Es ist recht leicht, etwas zu tun und die Lösung des Schmerzes, der dadurch ausgelöst wird, dem Partner zu überlassen. Bei der ungelösten Thematik der „offenen“ Beziehung verschließen sich meist beide vor dem Schmerz des anderen. Der eine verschließt sich, wenn er eine Außenbeziehung eingeht, obwohl der Partner darunter leidet, und der andere, wenn er Treue fordert und sein Partner sich dermaßen eingeengt fühlt, dass er es kaum aushalten kann. Nicht die Frage, ob eine Außenbeziehung richtig oder falsch ist, steht im Vordergrund, sondern ob ich mit mir ehrlich bleiben kann und mich gleichzeitig von den Gefühlen meines Partners berühren lassen kann. Hier bekommt der Satz: „Liebe deinen Nächsten wie dich selbst“ eine sehr praktische Bedeutung. Kann ich in Liebe meine eigenen Impulse und Wünsche annehmen und gleichzeitig in Liebe die Gefühle des Partners halten? Wenn beide Partner dies gleichzeitig tun, dann können sie eine Entscheidung treffen, die nichts abspaltet. Das heißt nicht, dass die Entscheidung dann schmerzfrei ist, aber sie ist mit der reinsten und bewusstesten Motivation getroffen, derer das Paar im Moment fähig ist.

Wenn ich die Freiheit habe, mein Herz offen zu halten für das, was ich durch die Außenbeziehung auslöse, dann wird dies wieder einen Einfluss auf mich haben. Vielleicht löst die Außenbeziehung einen großen Schmerz in meiner Partnerin aus, und vielleicht ist dieser Schmerz ihre altbekannte Verlassenheitsangst. Es ist wirklich „nur“ ihr Problem. Aber was passiert, wenn ich in diesem Moment meinen Zustand von „Ich-BIN“ durch die Liebe auf unser Paarsein ausdehne und die Trennung zwischen ihr und mir fallenlasse? Was passiert, wenn ich mein Herz von diesem Schmerz berühren lasse? Ich kann in diesem Moment nicht mehr sagen: „Das ist dein Problem.“ Es gibt in diesem Moment nicht mehr das ICH und das Du, sondern der Schmerz wird zum gemeinsamen Schmerz. Und dieser Schmerz will wahrgenommen werden und sich ausdrücken können. In diesen Momenten entsteht Einssein im Schmerz. Dieses Szenario läuft nicht nur in die eine Richtung ab, sondern ebenso in die andere. Bin ich bereit, wenn ich eifersüchtig bin, meinem Partner in Liebe zu begegnen, wenn er mit jemand anderem zusammen ist oder war? Kann ich mein Herz für ihn offen halten, selbst wenn es schmerzt? Kann ich meinen Schmerz wahrnehmen und gleichzeitig sein Ringen nach Freiheit? Auch hier entsteht Einssein mit dem Partner. Aus diesem Einssein wird die Entscheidung über nächste Schritte leichter fallen.

Freiheit innerhalb einer Beziehung ist immer eine gemeinsame Freiheit. Sie kann nie auf Kosten des anderen entstehen. Für den Einzelnen hat Freiheit sowohl damit zu tun, Dinge anzunehmen, wie sie sind, als auch mit dem Ausweiten von Grenzen, sowohl der Grenzen nach innen als auch nach außen.

Das Andere und das Fremde

In der Auseinandersetzung mit dem Außen werden wir Menschen von zwei entgegengesetzten Kräften gezogen. Die eine Kraft ist die Neugierde und die andere das Sicherheitsbedürfnis. Es waren die Neugierde und der Forscherdrang, die Columbus trieben, der Idee der Erde als Kugel zu trauen und Indien im Westen zu suchen. Es waren das Sicherheitsbedürfnis und der Wunsch nach Bewahren, die seine Zeitgenossen an dem Bild der Erde als Scheibe festhalten ließen. Beide Kräfte, das Bewahren von Gegebenem und das Erweitern von Bestehendem, sind gleich wichtig. Und sie drücken beide jeweils einen Aspekt der Liebe aus. Die Kraft des Bewahrens finden wir in der weiblichen Form der Liebe. Sie ruht mit dem, was ist, und erlaubt dadurch die Entfaltung von Tiefe und Weisheit. Die Kraft der Erweiterung, die dem männlichen Aspekt der Liebe entspricht, entdeckt neue Räume und schafft Weiterentwicklung und Fortschritt. Wenn beide Kräfte gut ausbalanciert sind, wirken sie in unterschiedlichen Phasen von Entwicklung. Nach der Entdeckung von Neuem braucht es die vertiefende und bewahrende Zeit, bis die Früchte des Neuen geerntet sind. Wenn das vormals Neue zum Alten wird und sich langsam verfestigt, werden die Kräfte der Ausdehnung wieder wach. Wenn die Kraft des Bewahrenden zu dominant wird, erdrückt sie Entwicklung und Lebendigkeit. Wenn die Kraft der Ausdehnung zu dominant wird, verfängt sie sich im Pragmatismus des Machbaren.

Diese beiden entgegengesetzten Kräfte sind an sich wertneutral. Mit der Dominanz des ICH ändert sich die Neutralität. Lassen Sie mich einige Beispiele finden, bei denen eine der beiden Seiten eine Überbewertung erfährt. So ist es der Wunsch nach Sicherheit durch Bewahren, der einige deutsche Touristen sich auf Mallorca zu Hause fühlen lässt, wenn sie in Biergärten bei Schweinshaxe und Weißbier sitzen können. Auf der anderen Seite scheinen egoistische Geltungssucht gepaart mit einem gewissen Machbarkeitswahn manche Wissenschaftler dazu zu bewegen, die Möglichkeiten des menschlichen Klonens zu verfolgen.

Sie haben im letzten Kapitel über die Partnerschaft vielleicht einen Eindruck bekommen, welch eine Herausforderung es für uns ist, unseren Kreis von „Ich-BIN“ auf unseren Partner auszudehnen.

Hinzu kommt, dass auf einer existentiellen Ebene jedes Nicht-ICH für das ICH fremd bleibt. Dies trifft nicht nur für das ICH zu, sondern auch für das „Ich-BIN“. Wenn ich mich mit meiner Frau unterhalte, dann wünsche ich mir manchmal, einen Tag lang die Welt aus ihren Augen zu sehen. Ich wünschte mir, so zu fühlen, wie sie fühlt, so zu denken, wie sie denkt, und so wahrzunehmen, wie sie wahrnimmt. Obwohl ich sie über alles liebe und sie wahrscheinlich besser kenne als irgend ein anderer Mensch, weiß ich, dass sie mir im Detail der Tiefe fremd ist. Sie zum Beispiel isst sehr gerne Joghurt, mir schmeckt Joghurt überhaupt nicht. Ich weiß, wie sich in mir alles zusammenzieht, wenn ich Joghurt im Mund habe. Aber wie muss es sich anfühlen, wenn sie ihn im Mund hat? Was schmeckt sie, was ich nicht schmecke? Was lässt sie sagen „lecker" und mich „igitt"?

Zu dieser existentiellen Unterschiedlichkeit kommt unser gewöhnliches Empfinden der Spaltung von ICH und Nicht-ICH hinzu. Dort dominiert oft die Angst des ICH, etwas zu verlieren, wenn es sich erweitert.

Ausdehnung beinhaltet immer auch ein Mitfühlen mit dem anderen. Mitfühlen bedeutet, dass wir etwas teilen, was vorher zum anderen gehörte. Mitfühlen, mittragen, mitteilen, mitfreuen sind Worte, welche die Illusion der Trennung überbrücken. Wenn ich etwas mitfühle, dann fühle ich das Gleiche, nur von einer unterschiedlichen Richtung aus. Wenn ich etwas mittrage, dann nehme ich faktisch dem anderen ein Gewicht ab. Dies ist der Sinn hinter dem Sprichwort: „Geteiltes Leid ist halbes Leid." Ich trage eine Hälfte des Leids. Wenn ich etwas mitteile, dann gebe ich etwas von mir, was vorher nur meines war. Wenn ich mich mitfreue, nehme ich gefühlsmäßig Anteil. Wenn wir nun aber sehen, wie schwierig es schon bei unseren Nächsten, unseren Partnern ist, wirklich mitzufühlen und mitzutragen, wie schwer ist es dann erst, wenn wir unsere Kreise noch weiter ausdehnen?

Übung: Ausdehnung aus liebevoller Anteilnahme

Kommen Sie in Kontakt mit dem „Ich-BIN" und spüren Sie in Ihr Herz hinein. Lassen Sie das Gefühl der liebevollen Anteilnahme in sich entstehen. Dehnen Sie dann dieses Gefühl zuerst zu sich selber aus. Umschließen Sie damit Ihren Körper mit all seinen angenehmen und unangenehmen Seiten. Gehen Sie dann weiter zu Ihren Gefühlen und machen Sie es damit wie mit dem Körper. Nehmen Sie wahr, ob Sie alles mit dieser liebevollen Anteilnahme entspannt umschließen können, oder ob Sie auf bestimmte Aspekte ablehnend reagieren. Nachdem Sie diese liebevolle Anteilnahme sich nach innen haben ausdehnen lassen, wechseln Sie die Richtung. Dehnen Sie sie nach außen aus zu Ihrem Partner oder einem Menschen, der Ihnen sehr nahe steht. Wie fühlt es sich in Ihnen an, auch ihn mit zu umschließen? Lassen Sie die liebevolle Anteilnahme dann noch größer werden, so dass Platz für Ihre Eltern, Geschwister und Kinder ist. Fällt es Ihnen leicht, auch diese mit zu umschließen? Lassen Sie sie dann noch weiter werden und sich um Freunde und Nachbarn ausdehnen. Wenn es Ihnen möglich ist, dehnen Sie sie dann aus um Menschen, mit denen Sie Schwierigkeiten haben. Können Sie auch diese Menschen in liebevoller Anteilnahme umschließen, auch wenn Sie diese nicht mögen oder mit ihnen Probleme haben? Bei jeder einzelnen Ausdehnung nehmen Sie Ihre inneren Reaktionen wahr, an denen Sie erkennen können, ob Sie weiterhin im Zustand von „Ich-BIN" bleiben oder sich verschließen.

Bei dieser Übung geht es nicht darum, alles Schwierige zu beschönigen und in ein schwammiges Gefühl von „Friede, Freude, Eierkuchen" einzutauchen. Die Kunst liegt darin, sowohl unsere Gefühle wie Wut, Hass, Ablehnung, Neid in uns liebevoll zu umarmen, als auch die Person, auf die sich diese Gefühle richten. Gewöhnlich kontrahieren wir körperlich, gefühlsmäßig, energetisch oder gedanklich, wenn wir mit Schwierigkeiten oder schwierigen Menschen zu tun haben. Ziel der Übung ist es, offen, entspannt, lebendig und liebevoll zu bleiben, selbst wenn wir mit Schwierigkeiten konfrontiert sind.

Der Dalai Lama wurde einmal gefragt, welche Veränderung er durch all seine Meditationspraxis erfahren habe. Seine Antwort war erstaunlich. Er sagte, dass er überall, wohin er käme, Freunde träfe. Der Dalai Lama bewegt sich viel in der Fremde, und seit Jahren wird er immer wieder aus politischen Gründen gemieden. Trotzdem trifft er überall Freunde. Dieses Erleben hat er bestimmt nicht, weil alle Menschen um ihn herum nur freundlich sind, sondern weil er die Freiheit hat, alle Menschen als Freunde wahrzunehmen und allen Menschen als Freund zu begegnen. Bei einem Freund fällt es uns meist leicht, ihn liebevoll anzunehmen, ihn zu umarmen, mit ihm zu fühlen. Bei ihm macht es viel Sinn, meinen Zustand von „Ich-BIN" auf ihn auszudehnen. Aber wie sieht es mit den Menschen aus, die ich nicht mag? Kann ich sie auch als Freunde wahrnehmen?

Ein anderes Mal wurde der Dalai Lama gefragt, woran er in sich noch arbeiten müsse. Seine Antwort: an seiner Wut. Auch diese Antwort ist für einen Friedensnobelpreisträger erstaunlich. Wenn wir aber tiefer eindringen, wird sie verständlich. Die beiden Antworten ergänzen sich. Es ist nicht anzunehmen, dass der Dalai Lama erst jetzt anfangen wird, mit seiner Wut zu arbeiten, sondern er tut dies bestimmt schon seit seiner jahrzehntelangen Meditationspraxis. In der Wut wird die Spaltung zwischen ICH und Nicht-ICH riesengroß. Wut ist eines der trennendsten Gefühle, das wir haben können. Je mehr Wut wir in uns haben, desto schwerer fällt es, freundschaftliche Verbundenheit zu erleben. Das heißt: Um Trennendes zu überwinden, muss ich mit meiner Wut arbeiten. Mit Wut zu arbeiten heißt nicht, sie zu unterdrücken und Kreide zu schlucken, sondern meinen eigenen unbewussten Mechanismen bei diesem Gefühl auf die Spur zu kommen.

Wenn es schwierig wird, wird es interessant

Wenn wir den Weg der Liebe, der Integration gehen und diese Liebe bis zum Anderen, zum Fremden hin ausdehnen, dann fängt die Arbeit immer dann an, wenn es schwierig wird. Für jeden Menschen liegen die Schwierigkeiten an einer anderen Stelle.

Für manche Menschen ist es anfänglich unmöglich, jemanden innerlich in Liebe zu umarmen, der einem etwas angetan hat. Es können Kleinigkeiten sein, wie zum Beispiel, dass jemand vor mir in den letzten freien Parkplatz gefahren ist oder vor mir das letzte Brötchen beim Bäcker gekauft hat. Oder es sind schwerwiegendere Erlebnisse, wie dass mein Chef mir kündigt oder meine Frau fremdgeht. In dem Moment, in dem mir durch den Kontakt mit jemand anderem etwas widerfährt, das ein schwieriges Gefühl in mir auslöst, mache ich ihn meist für mein Unwohlsein verantwortlich. Ab dem Moment wird es mir sehr schwer, in meinem Herzen offen zu bleiben.

Aber auch indirekter Kontakt mit dem Fremden führt oft zum Verschließen. So haben viele Menschen mit den Ausländern, die in Deutschland leben, große Schwierigkeiten. Obwohl Sie persönlich keinen Kontakt mit Ausländern haben, fühlen sie sich, ihre Kultur, ihre Heimat durch Überfremdung bedroht oder haben Angst, durch die Konkurrenz ihren Arbeitsplatz zu verlieren. Dies führt dann zu Fremdenhass und Ausländerfeindlichkeit.

Am wenigsten gelingt das Offenbleiben vom Herzen, wenn wir mit offensichtlichem Unrecht konfrontiert werden. So wird ein Mitfühlen kategorisch abgelehnt mit jemandem, der unschuldigen Menschen etwas Schreckliches antut, wie z. B. einem Mörder.

Jedes Nicht-ICH befremdet das ICH. Je klarer vom Nicht-ICH eine Bedrohung ausgeht, wie bei einem Straftäter, desto selbstverständlicher grenzt das ICH sich ab. Aber je weiter und offener das ICH ist, oder wenn es nah am „Ich-BIN“ ist, dann können Neugierde und Interesse den

Kontakt zum Nicht-ICH bestimmen, selbst wenn von ihm offensichtliches Unrecht ausgeht. Aber je schwächer und unsicherer jemand in sich ist, desto stärker grenzt er sich gegen das Fremde ab, schützt sich vor ihm oder bekämpft es. In diesem Kampf findet das schwache ICH oft sein Profil. Diese Struktur führt zu einer Polarisierung in dieses und jenes, gut und böse, weiß und schwarz, richtig und falsch. In dieser Polarisierung entsteht eine Spannung zwischen den Polen. Wenn das ICH sich schwach fühlt, führt die Spannung zwischen den Polen zu einem inneren Konflikt. Wenn das ICH gleichzeitig das Potential zur Aggression hat, führt die Spannung zwischen den Polen zu einem äußeren Konflikt, zu Fremdenhass, Gewalt und dem Ruf nach Todesstrafe.

Wenn wir den Gefühlen des schwachen ICH auf den Grund gehen, dann finden wir meistens, dass es sich unzufrieden fühlt, als Opfer, unbedeutend, verängstigt, mittellos, machtlos und klein. Schlicht gesprochen fühlt es sich in sich miserabel. In dem Moment, in dem es seine Aversion auf ein Nicht-ICH lenken kann, überlagert eine Kraft seine miserablen Gefühle. Es wird ärgerlich, wütend, aggressiv, vorwurfsvoll auf das Nicht-ICH. Es gibt ihm die Schuld für die eigene Misere. Wenn meine Eltern mich anders behandelt hätten, dann ginge es mir jetzt besser. Wenn dieser blöde Autofahrer mir nicht den Parkplatz weggeschnappt hätte, dann käme ich nicht zu spät zur Verabredung. Wenn die Ausländer nicht hier schmarotzen würden, dann hätten wir wieder genügend Geld für Soziales und genügend Arbeitsplätze.

Die Tendenzen der Polarisierung scheinen dem menschlichen Geist der Neuzeit innezuwohnen. Solange wir diese Tendenzen als Grundlage für Wahrnehmen, Empfinden, Fühlen, Denken und Handeln nehmen, werden wir nicht aus dem immerwährenden Kreislauf von Konflikten und Auseinandersetzungen herauskommen. Erst wenn wir es schaffen, über diese Tendenzen des Geistes hinaus eine integrierende, verbindende Kraft zu entwickeln, die ich in diesem Buch Liebe nenne, können die Wurzeln für Konflikte und Auseinandersetzung behoben werden. Das Gute wird nie über das Böse siegen können, solange es das Mittel des Kampfes benutzt. Erst wenn wir die verborgenen, unbewussten Motive, die hinter dem Guten und Bösen liegen, verstehen und integrieren, kann etwas Drittes wachsen. Ich habe einmal gelesen, dass es im Chinesischen kein Schriftzeichen für Schuld gibt. Das, was der Schuld am nächsten kommt, ist Unwissenheit. Unwissenhcit ist das Nichtverstehen der unbewussten Motive.

Das „Böse" annehmen heißt nicht, es zu tolerieren

Eine der größten Befürchtungen, die das ICH hat, ist, dass, wenn es nicht aufpasst, das Nicht-ICH größer und stärker wird und letztlich das ICH zerstört. Das Nicht-ICH gewinnt und das ICH verliert, deshalb strengt sich das ICH an, das Nicht-ICH zu überwinden, und würde es am liebsten ausmerzen. Wir haben Angst, dass, wenn wir auf das Fremde zugehen und versuchen es anzunehmen, es uns nur noch mehr auf der Nase herumtanzt.

Stellen Sie sich doch einmal vor, wie es sich anfühlen würde, wenn Sie in dem Moment, wo jemand in „Ihren" Parkplatz fährt, vor dem Sie schon warteten, denken würden: „Wahrscheinlich hat er es eiliger als ich. Gut, dass er nicht zu spät kommt. Ich werde bestimmt bald auch einen Parklatz finden." Oder wie wäre es, wenn Sie sich freuen, dass der, der die letzten Brötchen bekommen hat, ein schönes Frühstück haben wird. Klingt es nicht total absurd, so zu denken und eventuell sogar so zu fühlen? Vielleicht wehrt sich alles in Ihnen dagegen, dies zu probieren, weil Sie sich neben der Schmach, der „Unterlegene" zu sein, auch noch als Depp fühlen würden.

Aus der Sicht des persönlichen, körperlichen und gefühlsmäßigen Wohlempfindens ist diese absurde Herangehensweise aber sogar viel gesünder. Die Tatsache, dass Sie keinen Parkplatz haben oder keine Brötchen, ist alleine schon schlimm genug. Aber jetzt ist auch noch Ihre Stimmung dahin. Sie werden gereizt sein, voll von unausgedrücktem Ärger, Ihr Körper wird sich anspannen und die Atmung wird flach sein. Dies ist ein Fakt. Mit dieser Stimmung gehen Sie dann nach Hause zum Frühstück mit Ihrer Frau und den Kindern und lassen dann Ihren Unmut eventuell an ihrer Familie aus. Sie machen den Kindern Vorwürfe, dass, wenn diese früher aufgestanden wären und die Brötchen mit dem Fahrrad geholt hätten, jetzt alle in Harmonie frühstücken könnten – mit Brötchen. Unsere gereizte Stimmung breitet sich aus und zieht Kreise. Wenn Sie es aber schaffen könnten, dem, der Ihnen „Unrecht" zugefügt hat, wohl zu wünschen, ändert es zwar nichts an dem „Unrecht", aber Sie haben weiterhin einen guten Tag.

Von dieser Perspektive aus betrachtet ist Liebe und Mitgefühl eine sehr egoistische Haltung. Ich lerne das Fremde oder meinen Feind lieben und fühle mich dadurch in mir wohl. Gleichzeitig entwaffne ich ihn durch meine Freundlichkeit und Offenheit. Um mit dem Anderem, dem Fremden integrativ umgehen zu können, ist es notwendig, das Gefühl von „Ich-BIN" zu stärken. Je stärker ich mich in mir verwurzelt und mit mir stimmig fühle, desto leichter kann ich auf das Nicht-ICH, das Fremde, zugehen. Wenn ich mich aber leicht vom Nicht-ICH, vom Fremden beeinflusst und bedroht fühle, wähle ich meistens den Weg der Ausgrenzung und des Kampfes. Und letztlich fühle ich mich schlecht.

Wir können die Welt nicht so verändern, dass sie uns nicht mehr bedroht, dass sie gerecht wird, dass sie liebevoll wird. Aber wir können unser Gefühl zu der Welt ändern. Es gibt so viel Ungerechtes, Böses auf der Welt, Ausbeutung, Hunger, Mord, Krieg, Vergewaltigung. Dies ist ein Fakt, und wir dürfen uns nicht damit abfinden. Wir müssen alles tun, dass die Bedingungen, die dazu führen, wie Machtgier, Unwissenheit und Selbstsucht, sich verändern. Dies werden wir aber nicht dadurch schaffen, indem wir die alttestamentarische Forderung „Auge um Auge, Zahn um Zahn" heranziehen und jedes Unrecht mit neuem Unrecht beantworten. Sicher müssen wir uns als Gesellschaft gegen Kriminelles wehren. Wir müssen unsere Kinder vor Kinderschändern schützen. Vielleicht ist es die einzige Möglichkeit, die wir im Moment haben, diese Kinderschänder lebenslang in Gewahrsam auszugrenzen. Wir müssen gegen die Tat vorgehen. Gleichzeitig sollten wir den Täter verstehen lernen, ihn in seinem Sosein annehmen und lieben lernen, aber nicht in seiner Tat.

Wir treten aus der Gewaltspirale heraus, indem wir zwischen Tat und Täter unterscheiden. Es gilt alles zu tun, damit die Tat unterbleibt, aber der Täter ist ein Mensch wie ich und du. Auch er ist wie ich und du als kleines, verletzliches Baby auf die Welt gekommen. Haben Sie schon einmal versucht, sich in einen Täter hineinzuversetzen, der die Fähigkeit hat, einen wehrlosen Menschen zu quälen oder zu töten? Welche Gefühlskälte, welch innerer Krieg muss in ihm herrschen, dass er zu dem fähig ist? Welch eisige Mauer muss er zwischen seinem ICH und seinem Mitgefühl gebaut haben? Was muss er erlebt haben, um zu dem zu werden, der er jetzt ist? Sosehr seine Tat zu verurteilen ist, sosehr können wir gleichzeitig für die innere Kälte und Härte dieses Menschen Mitgefühl entwickeln.

Mit allem, was ich als fremd oder bedrohlich empfinde, kann ich lernen, in dieser Art und Weise umzugehen. Als Erstes ist es dabei notwendig, mir der obersten Schicht eigener Gedanken und Gefühle bewusst und klar zu werden. Vielleicht habe auch ich immer mal wieder den Gedanken, dass es besser wäre, wenn zum Beispiel die Ausländer in ihre Heimatländer zurückgeschickt würden. Im zweiten Schritt untersuche ich die Motive und Gefühle, die hinter der oberen Schicht liegen. Habe ich Angst um meinen Arbeitsplatz? Fühle ich mich unsicher mit so vielen Fremden in meiner Stadt? Es gibt viele Motive und Gefühle in mir, die ich nur schwer aushalten kann und bei denen ich hoffe, dass sie durch eine schnelle

Lösung wie ‚Ausländer raus' abgestellt werden. Es ist wichtig, diese Motive und Gefühle in mir anzuerkennen, sie innerlich zu halten und dann meine Aufmerksamkeit im dritten Schritt auf das Gegenüber zu verlagern. Ich versuche in die Gedanken, Empfindungen und Gefühle des Fremden, in diesem Beispiel des Ausländers, einzutauchen. Wie fühlt er sich in unserem Land in seiner Situation? Was für ein Schicksal hat er erlebt? Kann ich seine Gefühle mitfühlen? Kann ich mich in seine Situation hineinversetzen? Kann ich erkennen, dass mein ICH und sein ICH auf das gleiche Problem aus zwei unterschiedlichen Richtungen schauen und dass es kein Entweder-Oder gibt, sondern dass sowohl seine Wahrnehmung stimmt als auch meine. Integration heißt nun im vierten Schritt eine Synthese entstehen zu lassen, in die beide Sichtweisen passen. Kann mein Herz offen bleiben sowohl für meine Gedanken, Empfindungen und Gefühle als auch für seine Gedanken, Empfindungen und Gefühle? Kann ich aus dem „Ich-BIN" beide Seiten in Liebe umarmen?

Sicher ist dies ein sehr mühsamer Weg. Viel schneller funktionieren Ausgrenzen und Abschieben. Aber der Preis dafür ist Herzlosigkeit und Egoismus, und dies führt oft zu neuem Unrecht. Bei jedem Unrecht wird immer eine Seite über die andere erhoben.

Mir ist auch klar, dass die innere Wandlung weg vom Trennenden hin zum Integrierenden keine schnellen Veränderungen mit sich bringen wird. Unsere Probleme bleiben erst einmal, wie sie sind, aber unsere Stimmung kann sich ändern. Es macht einen großen Unterschied, ob wir das Nicht-ICH, das Fremde, weghaben wollen, oder ob wir es verstehen wollen. Und diese Veränderung kann nur in jedem Einzelnen beginnen. Jedes Herz, das durch die Liebe erweckt wird, fängt an zu leuchten. Schon eine einzige Kerze kann einen dunklen Raum erleuchten. Und wenn eine Kerze in einem dunklen Raum brennt, dann finden die Übrigen viel leichter ihre Kerzen und haben eine Möglichkeit, sie an der brennenden zu entzünden.

Übung: Lernen, auch bei „Fremdem" offen zu bleiben

Schreiben Sie auf eine Liste, was für sie fremd ist. Es kann sich dabei um konkrete Personen handeln als auch um Situationen, die von Menschen verursacht werden. Eine solche Liste könnte wie folgt aussehen: die Nachbarin, die sich bei jedem Lärm beschwert; der egoistische Kollege, der nur auf seine Karriere schaut; die unehrlichen Politiker; die Grausamkeit von militanten Fundamentalisten usw. Wenn Sie etwa 8 bis 10 Punkte auf Ihrer Liste aufgeführt haben, dann versuchen Sie diese in eine Reihenfolge zu bringen. Die Fakten oder Personen, in die Sie sich leicht hineinversetzen können, schreiben Sie oben auf die Liste, und ans Ende kommen die, die Sie klar ablehnen. Setzen Sie sich hin und nehmen Sie Kontakt mit Ihrem Wohlgefühl von „Ich-BIN" auf. Entspannen Sie sich in diesen Zustand hinein. Während Sie einen Teil Ihrer Aufmerksamkeit in dem „Ich-BIN"-Zustand lassen, stellen Sie sich die erste Situation oder Person der Liste vor. Können Sie in Ihrem Wohlgefühl bleiben, während Sie sich diese Person oder Situation vorstellen? Welche anderen Gefühle werden in Ihnen geweckt? Dann wechseln Sie mit Ihrer Aufmerksamkeit hinüber zur vorgestellten Situation oder Person. Versuchen Sie sich in diese hineinzuversetzen. Wie muss diese Person sein, um dies tun zu können? Was könnten ihre Motive sein? Gibt es eventuell etwas, was diese Person nicht spüren oder wahrhaben will? (Sicherlich sind dies Ihre Spekulationen, aber häufig können diese einen sehr hohen Wahrheitsgehalt haben und unser grundsätzliches Verständnis erhöhen.) Wenn Sie sich in das Andere, das Fremde, hineinversetzt haben, dann wechseln Sie wieder zu Ihrem „Ich-BIN". Hat sich etwas verändert? Ist es leichter, zentriert im „Ich-BIN" zu bleiben und gleichzeitig offen für die Situation oder Person? Wechseln Sie immer wieder hin und her, so lange, bis es Ihnen möglich ist, sich von dem, was ist, berühren zu lassen, ohne dazu in Abwehr zu treten. Verfahren Sie dann genauso mit den nächsten Punkten auf Ihrer Liste.

Dies ist keine Übung, die man nur einmal macht, sondern sie ist eher Teil eines Schulungsweges. Wenn wir in das Fremde hineinfühlen, dann können wir erkennen, dass wir alle Gefühle und Impulse, die wir im Fremden und Anderen spontan ablehnen, auch in uns fühlen können. Wir alle kennen Hass, Wut, Zorn, Machtgier, Herrschsucht. Wir kennen sie deshalb, weil sie Teil der menschlichen Psyche sind. In uns sind sie vielleicht milder oder leichter zurückzuhalten, aber sie sind da. Solange diese Gefühle in der menschlichen Psyche unbewusst leben, gibt es Zerstörung, Mord und Ausbeutung. Wir werden diese Gefühle weder in uns noch im Kollektiven überwinden, indem wir sie verdrängen, sondern indem wir das „Ich-BIN" stärken und diese Gefühle zu Ende fühlen.

Im Mahayana-Buddhismus gibt es den sogenannten Bodhisattva-Eid. Ein Bodhisattva ist ein erleuchtetes Wesen von höchstem Mitgefühl. Die Buddhisten streben die Erleuchtung an, das heißt die wirkliche Befreiung von allen Leiden. Sie glauben auch, dass wir alle schon unzählige Male geboren und gestorben sind. Das Bemerkenswerte an der Sicht des Bodhisattva-Eids ist, dass er die Verantwortlichkeit für alle fühlenden Wesen ausdrückt. Der Praktizierende verspricht, alles zu tun, um so schnell wie möglich Erleuchtung zu erlangen, um dann immer wieder geboren zu werden und allen fühlenden Wesen zu helfen, ebenfalls die Erleuchtung zu erlangen. Das persönliche Streben nach Glück ist dem kollektiven Ziel, dass alle Wesen frei von Leid und voll von Glück sein mögen, untergeordnet. Das heißt, der spirituelle Weg geht sowohl nach innen als auch nach außen. Ein Bodhisattva spürt sein Mitgefühl und seine Verantwortung für jedes Wesen. Glücklicherweise gibt es in diesem Weltbild keine Eile. Diese Aufgabe müssen wir nicht in einem Leben schaffen. Vielleicht schaffen wir unsere Erleuchtung in einem Leben, aber wie können wir wirklich glücklich sein, wenn weiterhin irgendwo ein Kind an Unterernährung stirbt?

Da der Buddhismus keine Religion ist, sondern eine Philosophie, die einen Erfahrungsweg beschreibt, ist der Bodhisattva-Eid kein Gebot. Er ist ein Ziel der geistigen Entwicklung, zu dessen Erreichen praktische Übungen vermittelt werden. Eine Meditationspraxis, die diesem Geiste zugrunde liegt, ist die Tonglen-Übung.

Übung: Die Tonglen-Praxis

„Die Tonglen-Praxis des Gebens und Nehmens besteht darin, dass wir sämtliche geistigen und körperlichen Leiden aller Lebewesen wie Angst, Frustration, Schmerz, Hass, Schuld, Verbitterung, Zweifel und Wut aus Mitgefühl auf uns nehmen und ihnen im Austausch dafür all unser Glück, unser Wohlergehen, unseren Geistesfrieden, alle Heilung und Erfüllung aus Liebe geben.

1. Bevor Sie mit dieser Übung beginnen, sitzen Sie still und bringen Ihren Geist heim. Dann meditieren Sie tief über Mitgefühl ... Dann rufen Sie die Präsenz aller Buddhas, Bodhisattvas und erleuchteten Wesen an, damit durch ihre Inspiration und durch ihren Segen Mitgefühl in Ihrem Herzen entstehen kann.

2. Stellen Sie sich nun im Raum vor Ihnen so lebendig und deutlich wie möglich einen Menschen vor, der Ihnen etwas bedeutet und der leidet. Versuchen Sie sich jeden Aspekt seines Schmerzes und Leidens auszumalen. Wenn Sie dann das Gefühl haben, dass Ihr Herz sich voller Mitgefühl für diesen Menschen öffnet, stellen Sie sich vor, wie sich alle seine Leiden gleichzeitig manifestieren und zu einer großen Masse heißen, schwarzen, schmutzigen Rauchs zusammenballen.

3. Wenn Sie jetzt einatmen, stellen Sie sich lebhaft vor, dass sich diese Masse schwarzen Qualms mit dem Einatmen in das Zentrum Ihrer Selbstsucht in Ihrem Herzen auflöst. Dort vernichten sie restlos alle Spuren Ihres Festhalten an einem Ich, und all Ihr negatives Karma wird dadurch gereinigt.

4. Stellen Sie sich jetzt vor, dass das Herz Ihres erleuchteten Geistes, Ihr Bodhichitta, da Ihre Selbstsucht zerstört ist, völlig freigelegt ist. Wenn Sie jetzt ausatmen, nehmen Sie an, dass Sie das strahlende, kühlende Licht von Bodhichitta voll Frieden, Freude, Glück und schließlich Wohlergehen auf Ihren Freund ausdehnen und dass diese Strahlen all sein negatives Karma reinigen ...

5. Es ist sehr wichtig, in dem Augenblick, in dem das Licht Ihres Bodhichitta ausstrahlt und den leidenden Menschen berührt, die unerschütterliche Gewissheit zu verspüren, dass all sein negatives Karma tatsächlich gereinigt wurde, und eine tiefe, dauerhafte Freude darüber zu empfinden, dass der Mensch völlig von allem Leid und allem Schmerz befreit ist.

Setzen Sie diese Übung nun in Verbindung mit Ihrem normalen Ein- und Ausatmen kontinuierlich fort.

Tonglen für einen leidenden Freund zu üben hilft Ihnen, den Prozess des langsamen Ausweitens Ihres Mitgefühls einzuleiten, bis Sie schließlich in der Lage sind, das Leiden aller Wesen auf sich zu nehmen und ihr Karma zu reinigen, um ihnen im Austausch dafür Ihr ganzes Glück und Wohlergehen, Ihre Freude und Ihren Geistesfrieden zu geben. Dies ist das wunderbare Ziel der Tonglen-Praxis und – in einem weiteren Sinn – des gesamten Pfades des Mitgefühls." (Sogyal Rinpoche, 1993, S. 246f.)

Sicherlich ist es gut, diese Übung unter Anleitung eines spirituellen Lehrers zu machen, aber sie kann uns eine Idee geben, wie wir den Weg der sich entfaltenden Liebe mit dem Anderen und Fremden gehen können. Meine Freundin und Lehrerin Julie Henderson hat diesen Gedanken auf eine praktische Art und Weise umgesetzt. Julie ist eine international anerkannte Lehrerin für spirituelle Psychotherapie und hat viele Schüler und Schülerinnen in Australien, Deutschland und USA. Pragmatisch, wie die Amerikaner sind, hat sie ihren Ansatz mit der modernen Technik des

Internet verbunden. Wenn jemand ein Problem hat, dann kann er eine E-Mail mit der Bitte um Unterstützung an eine bestimmte Adresse senden, und sie wird sofort an alle Schüler und Schülerinnen von Julie per E-Mail weitergeleitet. Die primäre Unterstützung sieht dann so aus, dass die Schüler und Schülerinnen von Julie in ihrer Meditationpraxis ähnlich wie bei der Tonglen-Übung sich der Bitte annehmen. Obwohl über die ganze Welt verstreut, wird so ein gemeinsames geistiges Feld der Unterstützung aufgebaut. Julie nennt dieses gemeinsame Feld den großen Körper. Die Bitten an den großen Körper sind oft sehr persönlicher Art, um Unterstützung bei Krankheit oder Schwierigkeiten in Beruf und Alltag. Aber es gibt auch Anfragen, die die Verantwortung für das Andere und das Fremde ausdrücken, wie folgende Bitte zeigt:

„Petra, eine Schülerin von Julie aus Kalifornien, wünscht sich folgende Hilfe vom größeren Körper. Letztes Jahr wurde ihre Großmutter getötet. Die Gerichtsverhandlung mit dem jungen Mann, der die Tat beging, fängt jetzt an. Wegen der besonderen Umstände der Tat (und da unglücklicherweise viele Bundesstaaten in den USA die Todesstrafe erlauben) ist die Wahrscheinlichkeit groß, dass der Mann bei einem Schuldspruch zum Tode verurteilt wird. Es ist Petras Wunsch, dass wir diesem 25jährigen Afroamerikaner Liebe senden; sowohl für den Mann, der er heute ist, als auch für das Kind, das er war (wahrscheinlich wuchs er mit einem Mangel an nötiger Stärkung auf). Und bitte sendet auch gute Gedanken für das bestmögliche Resultat bei der Verhandlung. Vielen Dank." (aus einer E-Mail)

Obwohl Petra bestimmt auch voll von Trauer und Wut über das Schicksal ihrer Großmutter war, hat sie sich nicht automatisch vor dem Mörder verschlossen. Sondern sie ließ es zu, sich von dessen Schicksal berühren zu lassen, und wünscht ihm das Beste.

Obwohl dies nur ein kleines reales Beispiel dafür ist, wie sich Mitgefühl ausdehnen kann, erfüllt es mich doch mit Hoffnung. Es gibt immer wieder Menschen, die aus der automatischen Gewaltspirale aussteigen. Es ist wieder eine Kerze entzündet worden, und die Erde ist etwas heller geworden.

Ich habe auf einem Werbeplakat einer Hilfsorganisation den Slogan gelesen: „Wenn Sie sich berühren lassen, helfen Sie." Diese Botschaft stimmt. Nur sind wir meistens ob der riesigen Zahl an Katastrophen nicht mehr in der Lage, uns von allem berühren zu lassen, was uns an Informationen zufließt. Wir verschließen unser Herz wieder sehr schnell.

Wahrscheinlich ist dies auch notwendig, da wir immer nur eine begrenzte Kapazität von Mitgefühl haben. Aber vielleicht können wir es mit der Zeit schaffen, diese Kapazitätsgrenze zu erweitern und das Öffnen und Schließen des Herzens mit mehr Bewusstheit zu steuern. So wird das Verschlossensein nicht zur Gewohnheit.

Einige Fragen, die mich sehr beschäftigten, auf die ich aber keine wirklichen Antworten haben, entstehen in der für mich offensichtlichen Ähnlichkeit zwischen persönlichen, individuellen und kollektiven gesellschaftlichen Tendenzen, Fremdes abzulehnen oder zu bekämpfen. Gibt es etwas Verbindendes, das diese so unterschiedlichen Ausprägungen erklärbar macht? Nicht nur ich und viele andere Menschen scheinen von einem persönlichen Egoismus getrieben zu sein, der zu wenig Verantwortung für den anderen und das Ganze erkennen lässt. Und auch gesellschaftliche Gruppen wie Parteien, religiöse Richtungen, Unternehmen und Staaten setzen selbstverständlich ihre eigenen Interessen über die der anderen. Kann ich erwarten, dass sich Politiker, Unternehmen, Parteien und Regierungen moralischer verhalten, wenn auch ich immer wieder meine persönlichen Bedürfnisse in den Vordergrund stelle?

Sicher sind die Gründe, die zu diesen gesellschaftlichen Problemen führen, vielfältig. Aber wie entstehen gesellschaftliche Systeme und kollektives Handeln? Der Ursprung von allem, was der Mensch hervorbringt, ist der Mensch mit seinen unbewussten und seinen bewussten Impulsen und Motiven. So ist alles, was passiert, Ausdruck des menschlichen Bewusstseins. Die Grundtendenz, alles in ICH und Nicht-ICH zu spalten, zieht sich durch die unterschiedlichen Bereiche individuellen, gesellschaftlichen, kulturellen und religiösen Lebens.

Ich habe eine Vision, dass immer mehr Menschen es schaffen, in Frieden mit sich zu leben, und dass sie ein Glück in sich finden, das jenseits von äußeren Gegebenheiten liegt. Von diesem inneren Frieden und Glück aus entwickelt sich eine innere Stärke, sich immer mehr verantwortlich um das zu kümmern, was vorher ausgegrenzt war. In meiner Vision strahlt jeder dieser Menschen in seine Umgebung aus, so dass andere diesem Beispiel folgen, bis genügend Menschen vorhanden sind, dass diese verantwortungsbewusste Stärke zur Gewohnheit wird. Sicher ist diese Vision eine Utopie, und ich zweifele immer wieder an ihrer Kraft und Durchsetzungsfähigkeit. Wenn ich aber betrachte, welchen Einfluss zum Beispiel der Dalai Lama mit seinem friedvollem Weg hat, dann gibt mir sein Beispiel Hoffnung.

Die Welt

Der Berg –
ich werde zu einem Teil von ihm.
Die Kräuter, die Fichte –
ich werde zu einem Teil von ihnen.
Die Morgennebel, die Wolken,
die zusammenströmenden Wasser –
ich werde zu einem Teil von ihnen.
Die Sonne, die über die Erde gleitet –
ich werde zu einem Teil von ihr.
Die Wildnis,
der Tautropfen,
der Blütenstaub –
ich werde zu einem Teil von ihnen.

Navajo

Kann der beschriebene Ansatz des Buches etwas zur Lösung der offensichtlichen Probleme, die wir auf der Welt haben, wie Umweltzerstörung, menschengemachte Klimaveränderung und Raubbau der Ressourcen beitragen? Ist es angesichts der globalen Bedrohung und komplexen Verstrickungen multinationaler Machtinteressen nicht fast zynisch, die Aufmerksamkeit nach innen auf das Bewusstsein zu lenken? Wie viele andere Menschen teile auch ich den Traum von der sauberen Umwelt, vom verantwortungsbewussten Umgang mit der Welt, wie ihn das Navajo-Gedicht aufzeigt. Ich bin wütend, wenn ich sehe, wie Regenwälder abgeholzt werden, wie Tausende von Vögeln nach jeder Havarie eines Tankers sterben und wie durch die Massentierhaltung unzählige Tiere gequält werden. Die Liste ließe sich ohne Ende verlängern. Gleichzeitig fühle ich mich hilflos. Was kann ich tun gegen dieses unbeschreibliche Ausmaß menschlicher Überheblichkeit und Ignoranz? Aber in mir ist auch Scham, da ich nicht wirklich anders bin. Ich weiß, wie viel Müll durch mich entsteht, ich weiß, dass mein Urlaubsflug zu der Klimaveränderung beiträgt. Ich habe immer wieder gute Vorsätze, und gleichzeitig werfe ich sie für eine kleine Annehmlichkeit wieder über Bord.

Ich kann nicht als Prophet auftreten und einen Weg aus der globalen Katastrophe aufzeigen. Ich danke all denen, die konsequenter als ich an dem Ziel eines verantwortungsbewussteren Umgangs mit der Welt arbeiten. Und trotzdem frage ich mich immer wieder: Wie kommt es dazu, dass ich und die meisten Menschen so mit der Umwelt umgehen, wie wir es tun?

Für das Volk der Navajo sind wir ein Teil der Erde. Wir Menschen in den Industrienationen gehen von der Prämisse aus, uns die Erde untertan zu machen. Nicht krasser könnte der Gegensatz der Einstellungen sein, wie wir uns zu der Erde in Beziehung setzen. Auf der einen Seite verstehen wir uns als die Herrscher der Erde, wogegen sich die Indianer als Kinder von Mutter Erde sehen.

Für mich ist es sehr schwer vorstellbar, dass irgendein göttliches Wesen gemeint haben könnte, dass wir diesen Planeten dermaßen ausbeuten und verseuchen sollten, wie wir zivilisierten Menschen es tun. Was hat es mit dem Bibelspruch dann auf sich, der besagt „Macht euch die Erde untertan"? Handeln wir also doch in Gottes Namen?

Der jüdische Theologe und Religionswissenschaftler Prof. Dr. Pinchas Lapide schreibt dazu:

„Macht euch die Erde untertan!

Kein anderes Wort aus dem Schöpfungsbericht wurde so arg verzerrt, so selbstherrlich missverstanden und fehlgedeutet wie diese Übersetzung Luthers, der noch in einer Randbemerkung hinzugefügt ist: „Untertan, d. h. die Erde soll euch hierin dienen, tragen und geben", was nur als eine bibelwidrige Entwürdigung der Schöpfung erachtet werden kann, die als willenloser Untertan ausgebeutet und ausgenutzt werden darf. Im hebräischen Urtext hingegen ergeht der Auftrag an den Menschen, Gottes Welt zu betreuen, nicht zu unterjochen; zu regieren, nicht zu usurpieren; weise und umsichtig zu verwalten, zu erhalten und zu entfalten als Treuhänder Gottes, der diese gute Schöpfung seinen Kindern anvertraut hat.

In dieser Verdeutschung geht sowohl das Klangpaar als auch das Wortspiel verloren, das ADAM als „Erdling" mit der „ADAMA" als seinem Mutterboden unzertrennlich verbindet. Denn aus ihr wurde er genommen, von ihr ernährt er sich und zu ihr ist seine Heimkehr. Sie ist und bleibt, wie die Namensgebung besagt, der Ast, auf dem er sitzt, das Feld, das ihn nährt, und die Heimat, die ihn im Leben und im Tod beherbergt. Und da ADAM als der Urvater aller Sterblichen auch zum hebräischen Gattungsnamen MENSCH geworden ist, der sowohl die gesamte Nachkommenschaft Adams als auch jedes Menschenkind als Einzelwesen bezeichnet, kann ADAM auch als JEDERMANN oder als UNSEREINS verstanden werden –..." (Pinchas Lapide, 1989, S. 62).

Wenn wir also die Bibel in ihrem Urtext nehmen, dann ist ihr Verständnis oder Gebot an uns Menschen für den Umgang mit der Welt nicht weit entfernt vom Verständnis der Navajo. Wir teilen also den gleichen Urgrund an Erfahrung. Der Mensch ist mit der Welt verbunden, er ist in sie eingebettet und soll für sie Sorge tragen. Alle Völker, die in einem übersichtlichen Bezugssystem mit der Erde lebten, gingen mit ihr sorgsam um. Ja, jeder Mensch, der ein Stück Garten und ein paar Tiere hat, geht damit verantwortlich um.

Gleichzeitig finden wir in kaum einem anderen Lebensbereich einen so ausgeprägten Egoismus wie im Umgang mit der Natur. Um das Rindfleisch für unsere Hamburger zu bekommen, lassen wir große Teile südamerikanischer Regenwälder abholzen. Wir bauen Atomkraftwerke, deren Müll Tausende von Jahren gefährlich strahlt, in der Gewissheit, dass die Hauptprobleme von den Generationen nach uns getragen werden müssen.

Und es sind nicht nur die Politiker, die es wissen, sondern wir alle sind es. Auf der Autobahn A 66 zwischen Frankfurt und Wiesbaden ist auf einer Autobahnbrücke ein Graffiti gesprüht: „Du stehst nicht im Stau. Du bist der Stau." Wir alle laufen wie die Lemminge ins globale Chaos. Und verrückterweise tun wir es alle wissentlich. Alles Wissen über die Zusammenhänge von Umweltzerstörung, Massentierhaltung usw. stehen in regelmäßigen Abständen in den Zeitungen. Wir müssen eingestehen, dass Wissen kaum einen regulativen Einfluss auf unser Handeln hat. Die gesparten 20 Pfennig pro Ei wiegen mehr als das Wissen um die Qualen der Legehennen.

Wissen können wir leicht wieder vergessen, und deshalb funktioniert es gar nicht oder nur äußerst unzureichend als ethisches Regulativ. Wissen versucht eine Brücke zwischen dem Wissenden und dem Objekt des Wissens zu bauen. Wissen und Theorien haben aber nicht die Kraft und Eindringlichkeit, uns zu berühren. Stalin hat gesagt, dass der Tod eines einzelnen Menschen uns bewegt. Der Tod von Tausenden wird zu einer statistischen Größe. So funktioniert unser Geist. Das, was der Geist nicht mehr spüren will, abstrahiert er und tötet es so ab. Und wenn wir nicht berührt sind, dann handeln wir weiter aus Gewohnheitsmustern. Wir haben schon immer in dem Laden unsere Eier gekauft und tun es weiter. Berührt werden wir, wenn wir Realität gefühlsmäßig erfassen und nicht nur intellektuell. Wenn wir heute einen eindringlichen Film über die Massentierhaltung bei Hennen sähen, dann würden wir wahrscheinlich für unsere Eier einen Umweg zum Bioladen machen. Aber nur so lange, wie wir das Berührtsein halten können.

Berührt sein heißt Anteil nehmen und mitfühlen. Für Völker mit Naturnähe, aber auch für den Kleingärtner, ist der direkte Bezug zur Erde spürbar. Die Pflanzen und Tiere sichern direkt das Überleben, und so ist der Mensch direkt mit ihnen in Kontakt und von ihnen abhängig. Solange wir uns eingebettet fühlen in die Natur, solange werden wir auch für sie sorgen. Aus diesem Eingebettetsein hat sich über die Jahrhunderte kollektiv die ICH-Struktur emanzipiert. Wie ein kleines Kind aus seinem Gefühl von Einssein mit der Mutter sich zu einem autonomen persönlichen ICH entwickelt, hat sich auch das menschliche Bewusstsein zur eigenständigen und unabhängigen ICH-Struktur entfaltet. Diese Unabhängigkeit aus dem Eingewobensein in die Natur hat zu all den Freiheiten und Möglichkeiten geführt, die uns Wissenschaft, Forschung und Technik bescherten. Für diese Emanzipation war die Trennung zwischen Mensch und Erde ein notwendiger Schritt. Heutzutage scheint die Trennungslinie aber zu einer Trennungsmauer geworden zu sein. Das abgetrennte ICH verliert die Verbindung zur Welt. Es handelt so, als gäbe es nur es selbst. Das ICH stellt sein Interesse über das Interesse der Welt.

Wie können wir zu einem anderen Umgang mit der Welt kommen? Der Weg, wieder zurück in die Urzeit zu fallen, ist nicht gangbar. Nicht nur ist es praktisch unmöglich, dass alle Menschen in kleinen überschaubaren Lebensgemeinschaften autonom auf dem Land leben, sondern dies wäre ein Entwicklungsschritt zurück in den Schoß der Erde.

Entwicklung vollzieht sich immer nach vorne zu mehr Möglichkeiten und zu einem weiteren Verständnis. Der nächste Schritt liegt in der Überwindung der egoistischen Spaltung zwischen dem ICH und der Welt.

Wenn wir lernen unsere Sensibilität zu erweitern noch über die Grenzen des Fremden hinaus, dann können wir in ein Wahrnehmungsfeld eintreten, in dem es nicht mehr die Spaltung der „toten“ Materie und der belebten Lebewesen gibt. Das Bild der Indianer von „Mutter Erde“ bekommt eine andere Bedeutung, wenn wir uns bewusst machen, was es heißt, wenn die Wissenschaft sagt, dass aus der anorganischen Materie Leben entstehen konnte. Wenn wir in anderen zeitlichen Dimensionen denken, dann ist Leben – und damit auch wir Menschen – aus der Materie der Erde geboren worden. Genauso wie die Entwicklung von der Materie zum Leben gelaufen ist, so kann das Bewusstsein sich in die Materie hineinfühlen. Durch diesen Bewusstwerdungsprozess gelangen wir zu einer anderen Realitätserfahrung der Erde und aller darauf lebenden Kreaturen.

Wir alle kennen die Wirkung der Natur auf uns und suchen diese immer wieder. Wir gehen viel lieber durch Wald und Felder spazieren als durch Straßenschluchten. Wenn es keine Verbindung zwischen uns und der Natur gäbe, dann könnte die Natur nicht diese beruhigende oder kraftvolle Wirkung auf uns haben. Viele Menschen zieht es in die Natur, und andere suchen die Nähe eines Haustieres. Die Natur mit all ihren Elementen, Gewächsen und Tieren lebt. Wir können es spüren und in uns wahrnehmen. Aber die Natur hat aus sich heraus keine Lobby, sie schreit nicht mit unserer Sprache, wenn ihr etwas Grausames passiert, und so können wir ihre Schmerzensschreie leicht überhören, wenn wir sie missbrauchen. Wir können lernen, richtig auf sie zu hören, mit ihr zu kommunizieren, uns in sie hineinzufühlen und berührt zu werden von dem, was sie uns zu geben hat und auch, was wir ihr antun.

Übung: Einswerden mit einem Baum

Für diese Übung sollten Sie in die Natur gehen. Suchen Sie sich einen Baum, der Sie anzieht. Setzen Sie sich in dem Abstand, der sich stimmig anfühlt, zum Baum hin. Lassen Sie Ihre Aufmerksamkeit zuerst im „Ich-BIN" ruhen. Wie fühlen Sie sich im Moment? Richten Sie dann Ihre Aufmerksamkeit zu dem Baum und versuchen Sie ihn zu spüren, indem Sie Ihre Aufmerksamkeit ganz bei ihm sein lassen. Lassen Sie den Baum zu ihrem Meditationsobjekt werden. Versuchen Sie eins mit ihm zu werden. Vielleicht kommen Ihnen in diesem Moment Bilder, Gedanken, Körperempfindungen oder Gefühle. Gehen Sie wieder zurück mit der Aufmerksamkeit zu sich selber. Verändert sich etwas in Ihnen, wenn Sie wieder bei sich sind? Spielen Sie mit der Bewegung von Aufmerksamkeit zwischen sich und dem Baum.

Durch wiederholtes Hin- und Hergehen mit der Aufmerksamkeit zwischen dem „Ich-BIN" und dem Baum können wir für uns selber durch Veränderungen in den inneren Bildern, Gefühlen, Empfindungen und Gedanken überprüfen, wie wir einen Baum erfühlen, wenn wir mit ihm eins werden. Wir treten über unsere Wahrnehmung in einen gemeinsamen Bewusstseinsraum mit dem Baum ein. Machen Sie diese Übung mit verschiedenen Bäumen; großen, kleinen, alten, jungen, kranken und gesunden. Am Anfang ist es gut, nicht zu starke Reaktionen in sich zu erwarten. Häufig sind es nur kleine Stimmungsschwankungen in uns, die darauf hindeuten, dass etwas passiert. Durch die Wiederholung dieser Übung mit unterschiedlichen Bäumen werden wir die unterschiedlichen Bewusstseinsnuancen in uns wahrnehmen und wiedererkennen können, die bestimmte Bäume auslösen oder mit uns teilen. Diese Nuancen werden sich ähnlich unterscheiden wie die, wenn wir verschiedenen Menschen begegnen. Sie sind anfänglich nur nicht so stark wahrnehmbar.

Übung: Sich von einem Baum tragen lassen

Gehen Sie wieder in die Natur und suchen Sie sich einen Baum, der für Sie besonders kraftvoll ist. Setzen Sie sich an ihn und lehnen Sie sich mit dem Rücken an ihn an. Erlauben Sie sich, sich vom Baum tragen zu lassen. Spüren Sie nach, wie sich die Unterstützung anfühlt und welche Empfindungen und Gefühle in Ihnen berührt werden. Zum Schluss bedanken Sie sich bei dem Baum.

Viele Menschen, gerade auch Kinder, suchen immer wieder die Natur auf, um mit schwierigen Situationen fertig zu werden. Sie können diese letzte Übung einmal ausprobieren, wenn Sie Trost suchen, aber kein tröstender Mensch in der Nähe ist.

Diese Übungen können Sie natürlich auch mit allen anderen Gewächsen machen oder mit Tieren, aber auch mit Felsen, Bergen und in abgewandelter Form auch mit der Sonne, dem Mond und den Sternen. Sie können wahrnehmen, dass, wenn Sie sich wechselseitig auf sich und dann auf das Objekt, wie Ihre Katze oder den Mond, einstellen, in Ihnen unterschiedliche Effekte ausgelöst werden. Unbewusst reagieren wir auf diese Einflüsse der Natur, nur wir geben ihnen keine objektive Bedeutung, da sie zu subjektiv gefärbt sind. Aber es geschieht ja nicht zufällig, dass einige Menschen lieber zur See in den Urlaub fahren, andere lieber in die Berge und noch andere am liebsten in die Wüste. Jede Landschaft, jeder Aspekt der Natur, der Welt nimmt Einfluss auf unser Erleben. Die Deutung, die Sie diesen Effekten und diesem Erleben geben, liegt bei Ihnen. Ist alles nur eine Projektion Ihres Geistes oder handelt es sich bei dem Baum, der Katze, dem Berg, der See jeweils um eine eigenständige Präsenz?

Haben die Berge eine Wirkung an sich, hat der Sonnenuntergang eine Wirkung an sich, hat das Katzenbaby eine Wirkung an sich, oder legen wir in sie nur unsere Gefühle hinein? Ich glaube, dass jeder die Antwort auf diese Fragen für sich selber herausfinden muss. Wenn wir zum Beispiel die oben beschriebenen Übungen benutzen, um diese Fragen zu beantworten, wächst auf jeden Fall in uns eine innere Achtung vor der Natur in ihren unterschiedlichen Ausprägungen. Unabhängig davon, welche Antworten wir auf die Fragen finden. Über die Entwicklung dieser Achtung entsteht mit der Zeit ethisches Verhalten der Natur gegenüber. Ihr, von der ich mich in dieser Art und Weise berühren lasse, kann ich unmöglich Schlechtes antun. Wenn die Trennungslinie zwischen ICH und Baum nicht mehr so klar ist, dann spüre ich, wenn es dem Baum nicht gut geht, dies in mir. Und um dieses Unwohlsein werde ich mich kümmern.

Sicher ist dies nicht der Weg heraus aus der globalen Katastrophe. Aber es ist ein Weg, wie jeder Einzelne seine Grenzen zwischen ICH und Welt durchlässiger machen kann. Bewusstseinsveränderungen passieren schlagartig, wenn eine bestimmte kritische Masse erreicht wird. Es ist gut, konkret und politisch, für eine bessere Welt zu arbeiten, aber gleichzeitig ist es notwendig, dass sich in der Struktur des Bewusstseins etwas Gravierendes verändert.

Viele Menschen, die außergewöhnliche spirituelle Erfahrungen gemacht haben, haben diese in der Natur gemacht. Der eintauchende Blick in einen springenden Gebirgsbach, das grandiose Schauspiel eines Sonnenunterganges, die klare Stille einer Schneelandschaft sind Zugangspforte zum Göttlichen, zum Tao, zum Größeren. Die Indianer zogen sich für ihre Visionssuche in die Wüste zurück. Wer einmal die lebendige Stille der Wüste erfahren hat, der kann erahnen, was die Indianer dort finden konnten, wenn sie sich über Tage und Wochen dort aufhielten. Auch von Jesus wird gesagt, dass er in die Wüste ging. Buddhisten und Hindus suchen für ihre innere Einkehr unwegsame Höhlen im Himalaya auf. Die Momente spiritueller Erfahrung gehen meist einher mit der Erkenntnis des Einsseins mit dem Leben, mit der Natur, mit dem Sein.

Es ist das ICH, das sich aus diesem Einssein trennt. Und es ist das ICH mit seinen egoistischen Bedürfnissen, das den Tod der Natur bewirkt und damit letztlich seine Lebensgrundlage aufs Spiel setzt.

Genauso wie bei der Reise nach innen zur Integration des Körpers, der Gefühle, des Inneren Kindes und nach außen zur Partnerschaft und zum Fremden, fängt auch hier die Reise mit dem Zentrieren und Entwickeln vom „Ich-BIN“ an. Kann ich diesen Zustand so weit ausdehnen, dass die Natur, die Tiere, die Pflanzen, die Sterne und das ganze Universum darin Platz haben? Kann ich spüren, dass ich Teil von allem bin und gleichzeitig das Zentrum?

Aus diesem Spüren heraus, aus dieser direkten Wahrnehmung wird sich dann ein anderes Fühlen, Denken und Handeln ergeben, anders, als wenn ich die Verbundenheit mit der Welt nicht wahrnehmen könnte.

5. Teil

Wenn sich Innen und Außen treffen

Spiritualität

Inwieweit ist Liebe als Weg, wie ich ihn in diesem Buch skizziert habe, ein spiritueller Weg? Um diese Frage beantworten zu können, ist es notwendig, sich zu fragen, was Spiritualität bedeutet.

In Meyers Taschenlexikon steht unter Spiritualismus: „In der Philosophie Bezeichnung für eine Lehre, in der alles Wirkliche Geist bzw. Erscheinungsform des Geistes ist." In der Spiritualität gehen wir also davon aus, dass Geist – für mich ist in diesem Sinn der Begriff Bewusstsein synonym – der Urgrund des Seins, der Welt und aller Erscheinungsformen ist. Alles ist durchzogen von Geist und Bewusstsein und somit spirituell. Vor diesem Hintergrund ist die Frage, ob Liebe als Weg ein spiritueller Weg ist, unnötig, da ja jede Erscheinungsform, und damit auch dieser Weg, von Geistigem durchdrungen ist. Wir scheinen so noch nicht zu einer befriedigenden Antwort zu kommen. Und trotzdem berühren wir einen Kern.

Wiligis Jäger sagt dazu, dass wir nicht menschliche Wesen sind, die eine spirituelle Erfahrung machen, sondern dass wir spirituelle Wesen sind, die eine menschliche Erfahrung machen. Da wir wie alle Erscheinungsformen vom Geist durchdrungen und aus dem Geistigen geboren sind, sind wir spirituelle Wesen. Was heißt es dann, eine menschliche Erfahrung zu machen? Als Mensch habe ich die Möglichkeit verschiedener Erfahrungen. Ich kann mich als Mensch auf dieser Welt erfahren und gleichzeitig als Teil vom Urgrund des Geistigen. Aber ich kann auch den Verlockungen des Menschlichen erliegen und mein Verbundensein mit dem Größeren nicht wahrnehmen, vergessen oder verleugnen. Obwohl ich ein spirituelles Wesen bin, bin ich mir dessen nicht bewusst. An diesem Punkt entspricht das christlich-mystische Erfahrungswissen dem buddhistischen, wenn gesagt wird, dass wir alle die Buddhanatur in uns haben. Ein Buddha hat dies realisiert, wir noch nicht. Und auch der Taoismus spricht von diesem Urprinzip.

„Die höchste Tugend liegt darin, dem Tao und nur dem Tao zu folgen.
Das Tao ist unfassbar und flüchtig.
O, es ist flüchtig und unfassbar, und doch ist das Urbild darin.
O, es ist unfassbar und flüchtig, und doch ist die Form darin.
O, es ist trüb und dunkel, und doch ist das Wesen darin.
Dieser Wesenskern ist ganz wirklich, in ihm liegt Vertrauen begründet.
Vom allerersten Beginn bis zum Jetzt geriet sein Name niemals in Vergessenheit.

Auf diese Weise nehme ich das Erschaffene wahr.
Wie weiß ich um die Wege der Schöpfung?
Eben darum."

Lao Tse (Tao Te King, einundzwanzig, Irisiana Verlag, 1981)

Obwohl das Bewusstsein, das Geistige, das Göttliche, die Buddhanatur, das Tao als Urgrund hinter allem Sein liegt, scheint es im Menschlichen eine Tendenz zu geben, dies nicht wahrzunehmen. Der Mechanismus der Verblendung liegt darin, dass wir, bedingt durch unsere Bewusstseinsstruktur, nur einen Teil des gesamten Bewusstseinsraumes wahrnehmen und dass wir an der Wahrheit der Inhalte unserer Bewusstseinsstruktur festhalten. Wir nehmen etwas wahr und geben ihm den Anschein der Realität durch die Tatsache, dass wir es wahrnehmen. In dem Moment entfernen wir uns vom Größeren. Es ist das Festhalten an der „ICH-Struktur", das uns den Blick auf das Göttliche, auf unsere Buddhanatur, auf das Tao verwehrt. Diese „ICH-Struktur" baut eine Trennung zwischen ICH und Du und der Verbindung von ICH und Du auf und reißt damit die Brücke zum Göttlichen ab.

Es gibt ein Bild, das in spirituellen Lehren oft benutzt wird, um unsere Beziehung zum Bewusstsein, zum Geistigen, zum Göttlichen zu verdeutlichen. Es ist das Bild eines Spiegels, in dem wir uns sehen können. In jedem Spiegel können wir unser Abbild sehen. Gewöhnlich identifizieren wir uns mit dem Abbild und vergessen, dass der Spiegel alles abbilden kann. Der Spiegel besteht aber nicht nur aus den Abbildern, sondern auch aus seinem Spiegelsein. Auch das Bewusstsein, das Geistige, besteht nicht nur aus unseren Erfahrungen und aus allen Erscheinungsformen, die es hervorbringt, sondern das Bewusstsein, das Geistige, ist auch unendliche Möglichkeit in unbegrenztem Raum.

Ein spiritueller Weg versucht nun den Menschen aus seiner „ICH-Bezogenheit" herauszuentwickeln, um ihm den ungetrübten Blick auf das Größere wieder zu erlauben.

Der Ansatz in diesem Buch geht dabei über zwei Wege. Der erste Weg besteht darin, die Festigkeit und Einengung von Bewusstseinsstrukturen zu lockern. Als sinnliche Wesen können wir aufgrund unserer Sinneswahrnehmung immer nur einen bestimmten Bereich der Realität wahrnehmen. Durch kulturelle und persönliche Sozialisation entsteht ferner ein Wahrnehmungsfilter der Realität. Die unbewusste menschliche Tendenz liegt nun darin, den Wahrnehmungen innerhalb unserer Bewusstseinsstruktur den Stempel „Realität" aufzudrücken. Je fester diese Tendenz ist, desto mehr verlieren wir den Zugang zum Größeren, zu all dem, was wir nicht wahrnehmen können. Wir hängen fest in der Trennung von ICH und Nicht-ICH.

Diese Begrenzung der Bewusstseinsstruktur zu lockern und durchlässig für das Spirituelle zu machen ist der Hauptansatz von Liebe als Weg. Wir bereiten das ICH über das „Ich-BIN" vor auf den Kontakt mit dem All-Einsein.

Innerhalb dieses Weges kann es immer wieder zum plötzlichen Durchscheinen oder Durchbrechen des Größeren kommen. Dies passiert dann, wenn wir an der Grenze von „Ich-BIN" und Nicht-ICH ruhen und uns dort entspannen. Wenn diese Trennungsgrenze plötzlich durchlässig wird und sich auflöst, entsteht für einen Moment der Zugang zum Größeren, zum Bewusstseinsraum an sich. Es ist der Moment, in dem das Trennende sich im All-Eins auflöst. Unser Bewusstsein wird eins mit dem Bewusstseinsraum – wie ein Fluss, der sich in der Weite des Ozeans verliert. Gewöhnlich baut sich wieder eine neue Bewusstseinsstruktur auf, aber diesmal weiter und mit weniger festen Abgrenzungen. Diese Momente der Auflösung können wir nicht machen, sondern sie passieren. Wir sprechen hier von Gnade.

Es sind nicht die Inhalte des Bewusstseins, die etwas spirituell sein lassen oder nicht. Wenn wir das Göttliche zum personifizierten Gott verfestigen, der strafend ist oder gütig, dann bauen wir wieder eine Trennung im Bewusstsein auf. ICH hier und Gott dort. Dies hat nicht mit dem Urgrund des Geistigen zu tun, sondern mit unserem menschlichen Wunsch nach Ordnung und Aufgehobensein. Unser ICH wünscht, dass es jemanden gibt, der letztlich alles richten wird und die Verantwortung trägt.

Peter kam wegen Beziehungsproblemen in die Therapie. Er litt unter großen Verlassenheitsängsten. In Peters Biographie zeigt sich, dass seine Mutter sich oft wochenlang von ihm zurückgezogen hat und nicht mehr mit Peter sprach. Außerdem drohte sie immer wieder mit Selbstmord, um ihn zu bestrafen. Peter ist also unter sehr großen Ängsten, alleingelassen zu werden, aufgewachsen. Als Kind zog er sich dann immer in sein Zimmer zurück und versuchte sich zu beruhigen, indem er zu Gott betete. In seinen vorherigen Beziehungen klammerte er sich immer wieder an den Freundinnen fest, wenn die Beziehung zu scheitern drohte. In einer früheren Beziehung war er so verzweifelt, dass er einen Selbstmordversuch unternahm. Diesem Versuch gingen Wochen und Monate voraus, in denen er sehr schmerzhaft litt und immer wieder Gott bat, ihm zu helfen. Da auch Gott ihn nicht erhörte, war seine letzte Zufluchtsstätte versperrt, und er versuchte sich zu töten. Seit dieser Zeit haderte Peter mit Gott. Ich nahm ein Kissen als Symbol für Gott und ließ Peter zu ihm sprechen. Zuerst machte Peter Gott Vorwürfe und fing dann an, heftig aus Enttäuschung zu weinen. Er teilte Gott mit, wie allein er sich gefühlt hat. Ich ließ dann Peter sich an die Stelle von Gott setzen und aus seinem Mund zu Peter sprechen. Gott sprach zu Peter, dass er sieht, wie schmerzhaft es für Peter ist, dass er aber nicht eingreifen kann; dass er aber mitbekommt, wie Peter lernt, wirklich hinzuschauen, was ist, und dass Peter ferner die Tiefe der Gefühle erkennt. Als Peter zurück zu seinem Platz geht, entspannt er sich und wird ganz ruhig. Die tiefe Spaltung zwischen ihm und Gott wurde schmaler und er erkannte, dass er aus dieser schwierigen Situation viel gelernt hat.

Obwohl Peter ein sehr feinfühliger und spiritueller Mensch war, hatte er durch seine Enttäuschung über Gott seine Beziehung zu ihm abgebrochen. In seiner großen Not hatte Peter Gott zu einem personifizierten Gegenüber gemacht, der ihn aus seinem Elend befreien sollte. Da Gott dies trotz Bitten und Flehen nicht getan hatte, hatte Peter die Beziehung zu Gott abgebrochen. Die Heilung lag im ersten Schritt darin, die menschlichen Gefühle, die in der Beziehung entstanden sind, auszudrücken, um im zweiten Schritt über die Spaltung im Bewusstsein zwischen Peter hier und Gott dort hinauszugehen. Wenn das Göttliche Geist und Bewusstsein ist, dann wirkt es erhellend. Das Göttliche war in Peters Krise die ganze Zeit präsent, und es hat ihm die Fähigkeit zur Tiefe vermittelt und die Kraft mit Schwierigkeiten umzugehen.

Im ersten Teil des Buches habe ich ausführlich den Weg des Kreisens nach innen beschrieben über den Körper, die Gefühle, die Sexualität, das Innere Kind und das Leiden. Im zweiten Teil sind wir der Kreisbewegung nach außen gefolgt über die Partnerschaft, das Fremde und die Welt. Jeweils ausgehend von dem Zentrum „Ich-BIN“ haben wir das Feld der Liebe sich in diese zwei unterschiedlichen Richtungen ausdehnen lassen. In diesem Kapitel will ich zeigen, dass sich die beiden Kreisbewegungen, obwohl sie sich in unterschiedliche Richtungen ausdehnen, in einem Punkt treffen – in der spirituellen Erfahrung. Je weiter wir uns nach innen bewegen, uns ins Innen hinein versenken, und je weiter wir uns nach außen ausdehnen und uns ins Außen entspannen, wir finden nur eins – Gott, das Größere, die Buddhanatur, das Tao.

Gott ist hierbei nicht der persönliche Gott, der strafende Gott, der vergebende Gott, der äußere Gott, sondern das Göttliche, das es nicht getrennt von mir geben kann. Es ist die Gotteserfahrung, die wir finden können, wenn sich das Ich-BIN so weit ausdehnt, dass es sich in der Weite der Ausdehnung verliert. Die Grenzen zwischen dem Ich-BIN und der Weite im Innen oder Außen lösen sich auf, und die Erfahrung des All-Eins wird geboren. Jegliches Du, jedes Nicht-Ich löst sich im All-Eins auf, und auch das Göttliche ist nirgendwo zu finden. Es ist überall.

Für das kleine ICH, das sich durch die Abgrenzung zum „Nicht-Ich" definiert, bedeutet dies den Tod. Solange das ICH an seiner Sicht festhält, dass es getrennt ist vom Du, kann es die Erfahrung des All-Eins unmöglich machen. Dem ICH ist keine spirituelle Erfahrung möglich. Wenn ich von Gott oder Spiritualität spreche, dann immer nur als Erfahrung, die entsteht, wenn sich trennende Grenzen auflösen. Lassen Sie uns noch einmal durch einige der früheren Kapitel gehen und schauen, wie sich unter der Perspektive der Spiritualität unser Zugang zu diesen Themen verändert.

Spiritualität im Kreisen nach innen

Spiritualität als Körpererfahrung

Vor einigen Jahren habe ich sehr intensiv Tai Chi gelernt. Tai Chi wird auch Bewegungsmeditation genannt. Es ist ein festgelegter Bewegungsablauf, die „Form", der in einem sehr langsamen Tempo ausgeführt wird. Es gibt verschiedene überlieferte Formen. Die Form, die ich damals praktizierte, heißt der authentische Yang-Stil, und ein Durchlauf dauerte etwa 15 Minuten. Ich habe über ein Jahr gebraucht, bis ich die ganze Form „beherrschte", und trotzdem habe ich damals wenig verstanden. Meine Herangehensweise bestand darin, immer mehr zu lernen, es immer besser zu können, und ich war stolz, als ich endlich die ganze Form konnte. Ich glaube, dass dieses Herangehen für einen Westler nicht untypisch ist. Es gibt Geschichten darüber, wie Tai Chi im alten China unterrichtet wurde. Dem Schüler wurde eine einfache Bewegung gezeigt. Er steht aufrecht und entspannt, hebt gleichzeitig beide Arme nach vorne bis etwa in Schulterhöhe und lässt sie wieder sinken. Ein absolut simpler Bewegungsablauf, den jeder Mensch sofort nachmachen kann. Diesen Bewegungsablauf übt der Schüler stundenlang, tagelang, ja sogar jahrelang. Der Lehrer kam immer wieder vorbei, schaute es sich an und sagte: übe weiter und gewissenhafter. Wenn meine Lehrer mich so unterrichtet hätten, dann hätte ich wohl nach einer Stunde mit dem Tai Chi aufgehört. Es wäre mir zu langweilig gewesen. Aber in China war es anders. Irgendwann einmal, vielleicht nach 5 Wochen oder 3 Jahren, je nach Begabung des Schülers, kam der Lehrer und schaute dem Schüler zu, wie er es schon unzählige Male gemacht hatte, und sagte: „Nun zeige ich dir den Rest.“ Dieser Rest, der für mich die Hauptsache war, war damals das Zweitrangige. Was hat der Lehrer wohl gesehen, als er sagte: „Jetzt zeige ich dir den Rest“? Er hat gesehen, dass der Schüler und die Bewegung eins waren. Der Schüler, die Bewegung und das Bewegen waren ohne Trennung. Alles passierte absichtslos und willenlos. Alles war eins. Und mit dieser All-Eins-Erfahrung konnte jetzt der Rest der Form vermittelt werden. Wahrscheinlich ist der Schüler, um zu der All-Eins-Bewegung zu kommen, durch viele Achterbahnen von Widerständen gelaufen. Er wird in den Jahren bestimmt unzählige Male den Lehrer angezweifelt haben, sich fast zu Tode gelangweilt haben, den Wert von Tai Chi in Frage gestellt haben, verzweifelt, wütend, traurig gewesen sein, bis es plötzlich „Bing“ gemacht hat. Alles wurde ruhig, alles Hadern, alles Wollen fiel in diesem Moment ab, und ES passierte.

Wenn wir eine spirituelle Schulung durchlaufen, werden wir immer durch diese Widerstände kommen. Und gerade in der Einfachheit einer Übung, die wir mehrere hunderttausend Male ausführen, begegnen wir unseren Schattenseiten im Besonderen. Das ICH kämpft verzweifelt, wenn es den Eindruck hat, es wird nicht mehr gebraucht. Und für eine solch einfache Bewegung, die Arme heben und senken, brauchen wir kein ICH mit Hochschulstudium.

Viele meditative Schulen benutzen wie das Tai Chi den Körper als Zugangsweg zum All-Eins, zum Spirituellen. Manche nehmen zum Beispiel den Atem bei Atemmeditationen, Bewegungsbewusstsein bei Gehmeditationen, die Niederwerfungen im tibetischen Buddhismus, Yogastellungen, das Drehen des Körpers beim Derwischtanz der Sufis, die Longdances der Indianer. Immer geschieht die spirituelle Erfahrung in der Einfachheit der kontinuierlichen Wiederholung und der Verbindung von Bewusstheit und Bewegungsablauf.

Wir haben im Kapitel über den Körper schon einmal Übungen zum Atem gemacht. Aus dem vertieften Verständnis ist es hilfreich, diese Übungen wieder aufzunehmen.

Übung: Wie passiert Atmung, wenn das ICH aufhört zu atmen?

Setzen Sie sich aufrecht hin. Finden Sie eine Position im Sitzen, in der Sie ohne Anspannung aufgerichtet sein können. Kommen Sie in einen aufgerichteten Zustand, bei dem die

Wirbelsäule gerade ist. Entspannen Sie sich in diese Körperhaltung hinein. Bringen Sie sich in Kontakt mit dem Zustand von „Ich-BIN" und lassen Sie in diesen Bewusstseinsraum den Atem, so wie er ist, eintreten. Bleiben Sie einige Momente ruhig mit dem Atem und lassen Sie sich immer tiefer in das Atmen hineinentspannen. Vielleicht lassen Sie immer wieder die Frage in sich auftauchen: „Wie passiert Atmen, wenn das ICH aufhört zu atmen?" Bleiben Sie in dem Zustand für 15 Minuten oder so lange, wie Sie mögen.

Wenn Sie diese Übung einige Male gemacht haben, dann können Sie sie leicht variieren.

Übung: Der Atmung folgen

Nachdem Sie sich in Ihren Atem hineinentspannt haben, können Sie der Atemausdehnung mit Ihrem Bewusstsein folgen. Beim Einatmen folgen Sie dem Atem nach innen. Er füllt die Lungen, geht aber weiter und versorgt alle Organe, Muskeln, Knochen. Ja, er versorgt jede Zelle, und selbst wenn wir noch weiter gehen, berühren sich Luftmoleküle mit den Molekülen unseres Körpers, und wenn wir noch tiefer spüren, verbindet sich der unendliche Raum, in dem sich die Luftmoleküle befinden, mit dem unendlichen Raum, in dem sich die Körpermoleküle befinden. Mit dem Ausatmen folgen wir dem Atem in die Weite. Ich kann der Atemausdehnung folgen über den Raum hinaus, zu Menschen, die mich umgeben, zu dem Land, in dem ich lebe, um die Erde herum und in den ganzen Kosmos. Und auch hier löst sich der Ausatem letztlich in der Weite des Raumes auf, in dem alles entsteht und vergeht. Wenn wir genau spüren, dann sind der Raum beim Einatmen und der Raum beim Ausatmen identisch.

Spiritualität als Gefühlserfahrung

Wenn wir Erfahrungsberichte lesen von Menschen, die spirituelle Erfahrungen gemacht haben, dann finden wir häufig, dass diese in besonders starken emotionalen Zuständen passierten. Manche waren durch den Tod einer nahen Person zutiefst traurig, so dass die Trauer das ganze Wesen erfasste, und plötzlich mitten in der stärksten Trauer wurde alles sehr ruhig, friedlich und weit. Der Tod verlor seinen Schrecken, und die Trennung zwischen dem gerade noch Trauernden und dem Verstorbenen war aufgehoben.

In diesen Momenten ist alles, so wie es ist, vollkommen, während es eben noch völlig ungerecht erschien. Diese Erfahrungen haben häufig eine solche Intensität und Wirkung, dass sie das gesamte Leben eines Menschen verändern können. Sie haben einen Einblick in das Größere erlangt.

Ähnliche Erfahrungen finden wir bei Menschen, die Nah-Tod-Erlebnisse hatten, oder Menschen, die inmitten eines starken Schmerzes die Tür zum Größeren fanden.

All diesen Erfahrungen ist gemein, dass das ICH nicht mehr in Distanz zu den Gefühlen ist, sondern sich in den Gefühlen auflöst. Die trennende Barriere zwischen ICH und Nicht-Ich, in diesem Fall die Gefühle, wird durch die Intensität der Gefühle aufgebrochen. Aus der Sicht des ICH ist es ein oft gewaltsamer Prozess, wenn seine trennenden und schützenden Grenzen zerbersten. Aus unserem Erleben gehen wir deshalb kurz vor diesem Zerbersten häufig durch einen Moment von Panik. Wir glauben, dass wir den Zustand, so wie er ist, nicht mehr aushalten können. Und dann passiert ES. Dass ES passiert, können wir nicht machen, aber wir können uns vorbereiten, dass ES passieren kann.

Neben dem eher gewaltsamen Übergang zum Größeren gibt es auch einen fließenderen. Dieser hat mit Vertrauen und der Fähigkeit der Entspannung zu tun. Je mehr ich mir bewusst mache, dass ich gehalten bin im Größeren, desto mehr wird sich meine Angst vor dem Loslassen verringern. Nicht unbedingt die Angst, die kurz vor dem Auflösen der trennenden Barrieren auftaucht, aber die Angst auf dem Weg zu diesen Barrieren.

Um dieses Vertrauen zu stärken, richten Sie immer wieder Ihre Aufmerksamkeit auf Momente, in denen Sie getragen und unterstützt wurden. Wenn wir genau hinschauen, erleben wir dies immer wieder. Ich habe Freunde, die mich mögen und unterstützen. Ich habe Eltern, die mich umsorgt haben. Durch die Wärme der Sonne, durch die Luft, durch das Wasser und durch die Erde kann ich erst leben. Die Bauern produzieren Nahrung, damit ich genug zu essen habe. Ich habe eine Wohnung, die mich vor der Kälte schützt. Es gibt eine Brücke, die mir den Weg von A nach B erleichtert. Selbst meine Strümpfe wärmen meine kalten Füße. Es gibt Unzähliges, das mich unterstützt, aber weil dies alles so selbstverständlich erscheint, nehme ich diese Unterstützung gar nicht wahr. Machen Sie sich, so oft es geht, diese Unterstützung bewusst und nehmen Sie dabei wahr, wie sich Unterstützung im Körper und in den Gefühlen ausdrückt.

Gerade, wenn in Ihrer Persönlichkeit Grundgefühle vorherrschend sind, wie nicht genug zu bekommen, nicht sicher zu sein oder nicht unterstützt zu werden, ist es besonders heilsam, sich die Realität immer wieder aus der obigen Perspektive anzuschauen. Vertrauen in das Größere ist eine notwendige Bedingung, um sich sanft in das Größere fallen lassen zu können. Und die zweite Bedingung ist die Fähigkeit, sich immer weiter in etwas hineinzuentspannen.

Übung: Sich in ein Gefühl hineinentspannen

Setzen Sie sich in eine entspannte Meditationshaltung. Kommen Sie in Kontakt mit dem „Ich-BIN“ und lassen Sie Ihre Aufmerksamkeit weit werden und sich um Ihre Gefühlswelt ausbreiten. Das Gefühl, das im Moment am stärksten ist, nehmen Sie als Meditationsobjekt. Aus dem Zustand des „Ich-BIN“ entspannen Sie sich immer mehr in das Gefühl hinein. Werden Sie eins mit ihm und bleiben Sie gleichzeitig ganz ruhig. Es gibt nichts damit zu tun, es gibt nichts zu erreichen, als entspannt in diesem Gefühl zu sein.

Wenn es passieren will, dann löst sich das ICH durch dieses Gefühl hindurch in den größeren Zustand von Sein auf. Aber diese Momente passieren von allein, ohne unser Zutun.

Spiritualität als Erfahrung des Inneren Kindes

Viele neuere spirituelle Richtungen sprechen vom göttlichen Kind in uns. Wenn wir Spiritualität mit der Erfahrung des All-Eins beschreiben, dann ist Nicht-Spiritualität mit der Erfahrung des Getrenntseins verbunden. Ein Kind, das sich noch fasziniert in den Kerzenschein des Weihnachtsbaumes versenken kann, erlebt All-Eins aus seiner natürlichen Fähigkeit zum Einssein. Wir Erwachsenen haben es viel schwerer, in den gleichen Zustand wie das Kind zu kommen, wenn wir eine Kerze als Meditationsobjekt nehmen. Unser ICH in Form von Gedanken, Gefühlen, Empfindungen und inneren Bildern rebelliert heftig.

Der Zustand des Inneren Kindes hat neben all den schmerzhaften Erfahrungen auch all die Erfahrungen des All-Eins-Seins gespeichert. Und so können wir über das Innere Kind wieder einen Zugang dazu bekommen.

Übung: Kontakt mit dem All-Eins über das Innere Kind

Wenn Sie Erinnerungsstücke an glückliche Erfahrungen Ihrer Kindheit haben, wie Bilder, Kuscheltiere, Bücher, Kindermusik usw., legen Sie diese neben sich. Schaffen Sie sich eine Atmosphäre, in der Sie sich wohl fühlen. Lassen Sie dann Erinnerungen auftauchen von Momenten, in denen Sie als Kind glücklich waren. Benutzen Sie zur Unterstützung dazu die Gegenstände Ihrer Kindheit. Wenn schwierige Erinnerungen auftauchen, dann reden Sie mit diesen und sagen Sie, dass Sie sich ein anderes Mal mit ihnen beschäftigen wollen. Häufig sind diese sehr einsichtig. Versuchen Sie in die glücklichen Erinnerungen so tief wie möglich einzutauchen. Halten Sie dabei Ausschau nach Momenten, die Sie in Kontakt mit dem Größeren, dem All-Eins gebracht haben. Häufig sind es Erinnerungen in der Natur oder mit Tieren oder zu besonderen Anlässen wie vor dem Weihnachtsbaum. Es sind außergewöhnliche Momente in alltäglichen Situationen. Versuchen Sie, diese Momente genau zu untersuchen. Welche Gefühle sind dabei, wie empfindet sich der Körper, wie atmen Sie, welche Bilder kommen Ihnen? Wenn Sie genügend Informationen haben, finden Sie eine Stelle im Körper, in der diese Erfahrungen Platz finden. Legen Sie eine Hand auf diese Stelle und erlauben Sie dieser Erinnerung, sich dorthin abzulegen. Danken Sie Ihrem Inneren Kind und kommen Sie zurück zum Erwachsenenbewusstsein. Versuchen Sie dabei aber die Gefühle, Körperempfindungen und den Atemrhythmus mitzunehmen. Wie fühlen Sie sich nach der Übung? Was hat sich durch sie verändert?

Spiritualität im Umgang mit Schmerz

Ein Beispiel, wie wir gerade durch einen Schmerz zu einer spirituellen Erfahrung kommen können, zeigt folgende Erfahrung.

Beispiel aus einem Meditationsretreat: Es ist der 5. Tag eines 10-tägigen Retreats in Vipassana-Meditation. Das bedeutet 10 Tage Schweigen und den ganzen Tag in Meditation sitzen oder gehen. Jedes Mal, wenn die Sitzperiode beginnt, fängt nach etwa 5 Minuten ein heftiger stechender Schmerz in meinem Rücken an, mich zu plagen. Es fühlt sich so an, als ob jemand ein heißes Messer in meinen Rücken bohrt. Zuerst versuche ich ihn neutral wahrzunehmen, dann ihn zu ignorieren und letztlich verändere ich meine Sitzposition. Es dauert nur Momente und der Schmerz fängt wieder an. Ich fühle mich getrieben, sehne die Zeit des Gehens herbei und das Ende des Retreats. Seit dem zweiten Tag begleitet mich diese Schmerzerfahrung. Obwohl ich immer damit beginne, den Schmerz einfach wahrzunehmen, wenn er neu beginnt, merke ich, dass ich es mit der Einstellung tue, dass er aufhören soll. An diesem 5. Tag habe ich ein besonderes Erleben. Der Schmerz beginnt wie immer. Diesmal aber wehre ich mich nicht gegen ihn, sondern ich mache ihn zu meinem Meditationsobjekt. Ich bleibe mit meiner ganzen Aufmerksamkeit bei ihm. Ich ruhe in ihm. Es stellt sich heraus, dass der Schmerz ein hervorragendes Meditationsobjekt ist. Er ist so intensiv, dass er meine ganze Aufmerksamkeit bindet. Nichts lenkt mich ab. Ich merke, wie das ICH, das gewohnt ist, auf den Schmerz zu reagieren, sich in dem Erleben des Schmerzes auflöst. Es gibt nur noch Schmerz und Ruhe und Weite in dem Schmerz. Ich gehe durch den Schmerz hindurch. Er bleibt da, aber alles ist anders, alles ist richtig, wie es ist. Ich ruhe ewig in dieser Erfahrung. Ich bin überrascht, als die Glocke das Ende der Sitzung einläutet. Im Nachhinein bin ich dem Schmerz dankbar, da er mich zu einer Ecke des Bewusstseins geleitet hat, die ich in dieser Intensität noch nie erlebt hatte.

Spiritualität im Kreisen nach außen

Spiritualität in einer Beziehung leben

Wie schon gesagt, gehen spirituelle Richtungen davon aus, dass jeder das Göttliche oder die Buddhanatur als Kern in sich trägt. Als theoretisches Konzept können wir dem manchmal recht leicht zustimmen, aber die Umsetzung in den Alltag und in die alltäglichen Beziehungen fällt nicht leicht. Denn nicht nur alle Menschen sind ihrem Wesen nach Buddhas, sondern auch mein Partner, mit dem ich so häufig Schwierigkeiten habe. Gerade mit meinem Partner reibe ich mich am meisten, und ihn oder sie kritisiere ich auch am meisten. Dies bringen alltägliche Beziehungen häufig mit sich.

Wenn wir als Paar Spiritualität in der Beziehung leben wollen, dann heißt es, sich immer wieder der inneren Buddhanatur zu erinnern. Wenn wir beide göttliche Wesen sind, dann kann auch die Beziehung göttliche Qualitäten entwickeln. Dann kann ich lernen, mit meinem Partner wie mit einem echten Buddha umzugehen. Jeder Buddha hat eine Lehre für mich, und so hat auch der Buddha in meinem Partner eine Lehre für mich. Ich kann lernen, offen, liebend, authentisch, achtend und achtsam zu werden.

Auf meiner Pilgerreise in Ladakh mit meinem Lehrer S. H. Drukchen Rinpoche wurden wir häufig aufgehalten und mussten warten, da mein Lehrer für viele Ladakhis das spirituelle Oberhaupt ist. Wir warteten über Stunden, ohne zu wissen, wie lange es noch dauern würde. Warten ist für mich schrecklich. Ich werde ungeduldig und will wissen, wann es weitergeht. Aber da der Grund für das Warten mit meinem Lehrer zusammenhing, half es mir, mir immer wieder zu sagen: „Nimm dies als eine Lehre von Drukchen an, an deiner Ungeduld zu arbeiten." Und es wirkte. Mit der Zeit wurde ich immer gelassener und konnte mich wohlfühlen, wenn ich warten musste oder die Situation nicht so war, wie ich sie wollte. Diese Einstellung meinem Lehrer gegenüber ließ sogar ein Gefühl von Dankbarkeit für ihn wachsen. Ich fühlte mich durch diesen Umgang ihm näher, und meine Schülerbeziehung wurde vertieft.

Häufig jedoch, wenn meine Frau mich warten lässt, dann erwarte ich von ihr, dass sie sich entschuldigt, weil sie etwas falsch gemacht hat. Ich sehe nicht ein, dass ich an meiner Ungeduld arbeiten oder lernen soll, sondern erwarte, dass sie sich beeilen soll.

Dies ist eine gewohnte Art und Weise, wie die meisten Menschen miteinander auf der Ebene des Menschlichen umgehen. Spiritualität geht einen radikalen Weg. Jede Situation ist meine Lernsituation. Wenn wir als Paar im anderen den Buddha, das Göttliche sehen wollen, dann heißt es, dass wir immer wieder zu uns schauen, wie wir aus dem Buddhafeld, aus dem Göttlichen herausfallen. Obwohl wir dies noch nicht verwirklicht haben, wissen wir doch intuitiv, welches Empfinden dem Göttlichen näher ist und welches uns von ihm weiter wegbringt. Egoismus, Selbstsucht, Kritisieren, den anderen verändern wollen usw. sind Seiten, die sehr weit von unserem Göttlichen entfernt sind. Dem anderen gut wollen, mitfühlen, liebevoll sein, hilfreich sein wollen, verzeihen ist diesem Zustand näher.

Wenn wir davon ausgehen, dass wir beide das Göttliche in uns tragen, dann werden wir immer wieder mitbekommen, dass unser Partner heute einen besonders menschlichen Tag hat. Er ist schlecht drauf, zieht sich von uns zurück, kritisiert uns usw. Dies sind die besten Nährböden, Menschliches mit Menschlichem zu vergelten. Wenn er sich zurückzieht, dann beachte ich ihn gar nicht mehr. Wenn er mich kritisiert, dann meckere ich auch. Nur zu leicht rutschen wir ebenfalls aus unserem Wesenskern heraus. Als spirituelles Paar versuchen wir unseren Kontakt mit dem Wesenskern zu halten, auch wenn der Partner schlecht drauf ist. Wir übernehmen doppelte Verantwortung. Wir versuchen den Kontakt zum gemeinsamen Buddhafeld für beide zu halten, so dass unser Partner so schnell wie möglich wieder in diesen Raum zurückkehren kann.

Einfach ausgedrückt, versuchen wir freundlich und zugewandt zu bleiben in dem Wissen, dass sich dies letztlich durchsetzen wird.

Übung: Der „göttliche" Tag

Machen Sie an einem Tag einmal folgende Übung. Halten Sie den ganzen Tag über bewusst Kontakt mit dem Göttlichen, dem Buddha in Ihrem Partner. Wie fühlt es sich an, wenn Sie so aufwachen und frühstücken? Es geht nicht in erster Linie um eine äußere Verehrung, sondern um eine innere Achtung. Wie können Sie diesem Wesenskern in Ihrem Partner Achtung entgegenbringen? Können Sie jede Erfahrung, die Sie an diesem Tag mit Ihrem Partner machen, als Erfahrung sehen, an der Sie etwas lernen können?

Der Weg, Spiritualität in einer Partnerschaft zu leben, ist ein sehr herausfordernder Weg. Und hier wird sehr schnell deutlich, dass Spiritualität nichts mit einem abgehobenen, oberflächlichen, engelsgleichen Lächeln zu tun hat. Sondern gerade in der Dichte einer Beziehung, in der alle unsere Schattenseiten hervorquellen, ist Spiritualität ein sehr steiniger Weg. Er braucht viel Disziplin, nicht in die unbewussten Muster zu fallen, viel Selbstverantwortung für mein eigenes Erleben und ein immenses Vertrauen, dass es diesen Wesenskern gibt und dass sich die Suche nach ihm lohnt. Aber die Früchte, die wir hier ernten – und nicht erst, wenn wir das Ziel erreicht haben – können wir auf keinem anderen Weg bekommen.

Spiritualität in der Sexualität finden

Sexualität besitzt sowohl einen Bewusstseinsaspekt als auch einen energetischen Aspekt. Energie fließt immer dorthin, wo das Bewusstsein ist. Wenn ich mein Bewusstsein in meiner Sinnlichkeit ruhen lasse, dann wird die sexuelle Energie meine Sinnlichkeit immer feiner und intensiver werden lassen. Wenn ich mein Bewusstsein während des Liebemachens in der Buddhanatur lasse, dann wird die Energie der Sexualität dorthin strömen und diese Seite aufladen. Wenn ich mein Bewusstsein während der Sexualität in der Erfahrung des All-Einsseins ruhen lasse, dann wird die sexuelle Energie dorthin strömen und diese Erfahrung verstärken.

Es gibt immer wieder Momente, zum Beispiel bei einem besonderen Orgasmus, die mich mit spirituellen Bereichen meines Bewusstseins verbinden. Diese passieren eher absichtslos, wie spirituelle Erfahrung ja grundsätzlich eher absichtslos passiert. Hier möchte ich aber einen Weg aufzeigen, wie wir die Wahrscheinlichkeit, eine spirituelle Erfahrung zu machen, erhöhen können.

Spiritualität so mit der Sexualität zu verbinden, hat mit einer bewussten Entscheidung zu tun und der Fähigkeit, den Geist auf einem Objekt ruhen zu lassen. Jemand, der es in einer stillen Meditation schwierig findet, für längere Zeit beim Atem zu bleiben, der wird auch sehr große Schwierigkeiten haben, während des Sex das Göttliche, das All-Einssein oder die eigene Buddhanatur im Bewusstsein zu halten.

Wenn wir davon ausgehen, dass sowohl in uns als auch in unserem Partner die Buddhanatur als Kern vorhanden ist, dann können wir uns natürlich immer wieder daran erinnern, dass wir, wenn wir unseren Partner liebkosen, das Göttliche in ihm berühren, und uns auch beim Liebemachen immer wieder daran erinnern, dass wir mit dem Göttlichen und im Göttlichen zusammen sind.

Wichtig ist, dass wir uns vorher bewusst entscheiden, ob wir „normalen" Sex haben wollen, der ja äußerst lustvoll ist und wo wir uns einfach gehen lassen können, oder ob wir Sexualität als spirituelle Übung machen wollen.

Übung: Sexualität als spirituelle Übung

Schaffen Sie sich als Paar einen schönen Raum und setzen Sie sich mit geöffneten Augen einander gegenüber. Während Ihr Blick den Blick des Partners trifft, nehmen Sie innerlich Kontakt mit Ihrem Kern, mit dem Göttlichen in sich auf. Versuchen Sie es so direkt wie möglich wahrzunehmen. Wechseln Sie dann mit Ihrer Aufmerksamkeit zu Ihrem Partner hinüber und nehmen Sie auch in ihm seinen Wesenskern wahr. Vielleicht verbeugen Sie sich voreinander in Anerkennung Ihrer Buddhanatur. Lassen Sie während der gesamten Zeit des Zusammenseins Ihre Aufmerksamkeit auf der Begegnung dieser beiden göttlichen Funken ruhen. Nehmen Sie dann innerlich Kontakt mit Ihrer eigenen sexuellen Lust auf. Atmen Sie hinein, lassen Sie Bewegungen und Bilder entstehen, die diese innere Lust steigert. Sie tun dies für sich, während Ihr Partner es ebenfalls für sich tut. Laden Sie sich mit soviel sexueller Lust auf, wie es Ihnen möglich ist, während Ihr Bewusstsein weiterhin in Ihrer beider Göttlichkeit ruht. Wenn Ihrer beider Lust stark genug ist, können Sie anfangen, Ihre sexuelle Energie zu teilen. Lassen Sie sich von der sexuellen Lust treiben, ohne den Kontakt mit dem Größeren zu verlieren. Wenn die Erregung steigt, versuchen Sie sich immer wieder zu entspannen. Lassen Sie die sexuelle Energie zu Ihrem Herzen steigen und dort sich mit Ihren Gefühlen von Liebe und Mitgefühl verbinden. Liebe und Mitgefühl sowohl für sich selber als auch für Ihren Partner, und wenn es Ihnen möglich ist, für alle fühlenden Wesen. Gehen Sie bewusst und entspannt mit der sexuellen Energie um. Wenn es zu einem Höhepunkt kommt, genießen Sie diesen Moment. Ansonsten beenden Sie das Zusammensein nach einer vorher vereinbarten Zeitspanne. Ruhen Sie noch einen Moment in der Stimmung, die nach dieser Begegnung entsteht, und finden Sie einen angemessenen Abschluss für das Zusammensein.

Spiritualität in der Begegnung mit dem Fremden

Arnold Mindel, der Begründer der Prozessorientierten Psychologie, hat auf einem Seminar einmal eine Erfahrung aus Nordirland geteilt. Er war dorthin eingeladen worden, um in einem Streit zwischen Protestanten und Katholiken zu vermitteln. Anfangs saßen sich die verfeindeten Gruppen gegenüber, warfen sich ihre Taten vor und beschuldigten sich gegenseitig. Mindel sagte, dass der Raum mit purer Feindseligkeit gefüllt war. Es ging so über eine sehr lange Zeit, und ihm wurde zwischendurch immer wieder mulmig, ob es nicht auch zu offener Gewaltanwendung kommen könnte. Aber alles blieb äußerlich friedlich. Dann stand irgendwann ein Mann auf und erzählte seine persönliche Geschichte, wie ein nahes Familienmitglied getötet worden war und welche Trauer, welchen Schmerz und welche Verzweiflung er erlebt hatte. Während er es erzählte, liefen ihm Tränen aus den Augen. Diese Trauer zu teilen, gerade mit den offensichtlichen Verursachern, hatte etwas Lösendes und Verbindendes. Ein anderer Mann stand auf und erzählte sein persönliches Schicksal. Und so ging es immer weiter. Die Atmosphäre im Raum änderte sich schlagartig. Der Hass verschwand in dem Moment, als es persönlich wurde, und Mitgefühl breitete sich aus. Arnold Mindel beschrieb dies als einen spirituellen Moment von Einswerden.

Nicht mehr das Trennende in der unterschiedlichen Konfessionszugehörigkeit stand zwischen ihnen und auch nicht mehr das Trennende im gegenseitig zugefügten Leid, sondern das Verbindende im gemeinsam erlebten Schmerz hatte die Kraft, den Raum zu verändern. Wenn wir uns auf dieser Ebene erreichen und erkennen, dass wir und das Fremde die gleichen Ängste, Befürchtungen, Wünschc und Hoffnungen teilen, dann entsteht Einssein. Auch mein türkischer Nachbar will glücklich leben und für seine Familie sorgen – genauso wie ich.

„Die Bekehrung eines Diebes"

Patrul Rinpoche verbreitete die mündlichen Lehren an jedem Ort, in den er auf seinen Wanderschaften kam, oft auch in Zamthang, wo ein armer Mensch ihm einmal, von tiefer Dankbarkeit bewegt, einen silbernen Pferdehuf zu Füßen legte und darauf bestand, dass der Rinpoche das Geschenk auch tatsächlich annahm. Das Silber war der einzige Wertgegenstand, den der Mann auf dieser Welt besaß, aber er wusste, dass er sich durch diese Opfergabe ein Verdienst auf anderen, subtileren Ebenen erwerben würde.

Eine Woche später machte Patrul sich wieder auf den Weg von Dorf zu Dorf – in den dünner besiedelten Gegenden von Tibet manchmal sogar von Haus zu Haus –, doch nun wurde er von einem Dieb verfolgt, der beobachtet hatte, wie Patrul den kostbaren silbernen Pferdehuf entgegennahm.

Der Rinpoche wanderte in die Abendsonne hinein, sorglos und ohne ein anderes Ziel, als in der kommenden Nacht in Frieden unter dem Sternenhimmel zu schlafen. In einer flachen Erdmulde fand Patrul einen geschützten Schlupfwinkel und schloss seine Augen. Der Dieb wartete ein Weilchen, dann kroch er vorsichtig aus seinem Versteck und begann, den Teetopf des Meisters zu untersuchen, dann seinen Schulterbeutel, und schließlich befingerte er sogar den langen Schafsfellmantel, in den Patrul sich wegen der nächtlichen Kälte gehüllt hatte.

„Ka-ho!" brummte der Meister. „Was kramst du da in meiner Manteltasche herum?"

„Wo ist der silberne Pferdehuf?" zischte der Dieb. „Ich weiß, dass du ihn irgendwo bei dir hast."

„Oh je," seufzte Patrul. „Schau dich an... Was hast du aus deinem Leben gemacht? Da läufst du meilenweit durch die Einöde, nur wegen einem Stück Metall! Hör gut zu: Geh den ganzen Weg zurück und finde die Feuerstelle, neben der ich in Zamthang gelehrt und übernachtet habe. Zwischen der Asche und den Steinen findest du das Silberstück. Ich habe es als Sockel für meinen Teetopf benutzt."

Der Dieb traute dieser Rede keineswegs, aber da er das Silber auch nach gründlichen Abtasten nicht in Patruls Besitz fand, lief er wohl oder übel die ganze Strecke zurück, bis er den Hügel fand, auf dem Patrul zu den Bewohnern von Zamthang gesprochen hatte. Aus der Asche der Feuerstelle kratzte er das heißbegehrte Silber hervor und betrachtete es einen Augenblick. Aber nun, da er die Kostbarkeit in den Händen hielt, konnte er sich plötzlich nicht mehr so recht darüber freuen. „Ah-zi“, klagte er. „Offenbar ist dieser Patrul tatsächlich nicht an weltlichem Besitz interessiert und ein wahrer Lehrer. Ich hingegen habe mein ohnehin schon übles schlechtes Karma nun noch verschlechtert, weil ich einen wie ihn bestehlen wollte, und dafür werde ich in Zukunft schrecklich büßen müssen.“

Von Scham getrieben, machte der Dieb sich auf, um hinter Patrul herzulaufen. Als er den Rinpoche nach drei Tagen endlich in einer Gebirgslandschaft wiederfand und gestikulierend hinter ihm hergelaufen kam, wirbelte Patrul herum und rief ihm entgegen. „Treibt die Gier dich weiterhin voran? Was willst du noch von mir?“

Der entkräftete Dieb brach in Tränen aus, sank vor dem Meister auf die Knie und sagte: „Ich … ich habe dein Silber gefunden. Aber nun...? Was soll ich damit? Ich habe etwas viel Wichtigeres dafür aufgegeben! Bitte höre dir meine Beichte an. Du bist kein falscher Guru, sondern ein wahrhaft Unschuldiger, und ich muss dich um Vergebung bitten.“

„Das ist nicht notwendig“, sprach Patrul. „Versenke dich nur in dein eigenes Herz und nimm Zuflucht in dem Buddha (urinnerstes Bewusstsein), nimm Zuflucht in den Dharma (die Erkenntnislehre der Buddhas), und nimm Zuflucht in der Sangha (die Gemeinschaft aller nach Erkenntnis strebenden Geschöpfe).“

Dies tat der Dieb mit so viel Aufrichtigkeit, dass Patrul ihn auf der Stelle als Schüler annahm. Jahre später erzählten ein paar Gläubige jedoch in Zamthang weiter, was sie von der Geschichte mitbekommen hatten. Eine Truppe von empörten Eiferern lief mit Schlagstöcken bewaffnet zum Haus des Diebes und schleppte ihn zu Patrul, welcher sich zu der Zeit gerade wieder in der Nähe aufhielt.

„Lasst ihn sofort los!“ wetterte Patrul, als er sah, was die Gläubigen mit seinem Schüler vorhatten. „Wisst ihr nicht, dass alles, was ihr einem anderen Menschen antut, mir selber angetan wird? Das Selbst ist in jedem Wesen dasselbe, auch wenn die Formen, die dieses Selbst annimmt, immer andersartig und neu sind. Seht ihr das denn nicht?“

Die Kraft von Patruls Klarheit verlieh seinen Worten ein solches Feuer, dass viele der Anwesenden in jenem Moment von einem Geistesblitz getroffen wurden und ein Stück der unfasslichen Wahrheit erkannten.“ (Surya Das, 1992; S. 60 ff.)

Sicherlich ist es wohl die schwerste Herausforderung, Menschen, die uns so offensichtlich Leid zugefügt haben, in unser Herz zu schließen. Aber wenn wir daran glauben, dass es eine bessere Welt geben kann – wer außer uns sollte dann damit anfangen? Wie sollte ein Mensch, der schreckliches Leid erzeugt hat, sich wirklich ändern können, wenn er nur mit Feindseligkeit konfrontiert wird? Liebe wächst dort, wo Liebe gesät wird, und Hass dort, wo Hass gesät wird. Wenn nicht ich, wer dann soll anfangen, Liebe zu säen? Vielleicht sind Mörder und Vergewaltiger im Moment für mein Herz zu viel, dann ist es wichtig, nicht über die eigenen Grenzen zu gehen, aber unser Herz hat die Fähigkeit, seine Kapazität mit der Zeit zu erhöhen.

Spirituelle Erfahrung mit der Natur, dem Kosmos und dem Ganzen

Einige der ersten Astronauten beschrieben ihre Begegnung mit der Erde aus der Sicht ihrer Raumkapsel als äußerst berührend und als spirituelle Erfahrung. Die Schönheit und Grandiosität der Natur lässt uns leicht berührt sein von etwas Größerem. Bei dem Erleben eines Sonnenaufganges oder bei einem Blick über den Grand Canyon spüren wir leicht die Weite des Seins. Besondere spirituelle Erfahrungen passieren in der stillen Weite der Natur meistens leichter als in der Enge und Künstlichkeit einer Kulturlandschaft. Aus diesem Grund ziehen sich viele spirituell Praktizierenden immer wieder in die Abgeschiedenheit der Natur zurück. Aber genauso wichtig ist es, diese Erfahrungen wieder in den Alltag zu bringen. Es gibt einen spirituellen Lehrer, der sich in den Städten, in denen er lebte, immer die lautesten und schrecklichsten Viertel aussuchte, um dort zu leben und zu lehren. Osho hat einmal gesagt, dass es leicht sei, in der Stille unter einem Baum in Meditation zu versinken, aber wichtiger sei es, dies auf einem belebten Marktplatz zu können.

Die Ruhe und Weite der Natur kann uns leicht mit der Ruhe und Weite in uns in Kontakt bringen, aber in der Natur gibt es genauso viel Leid wie überall sonst auch. Auch die Natur ist grausam und schmerzverursachend. In jedem strengen Winter erfrieren und verhungern unzählige Tiere. Eine Katze „spielt“ mit einer gefangenen und verletzten Maus, bevor sie sie frisst. In allen Ökosystemen existiert ein ständiges Fressen und Gefressenwerden. Wenn wir uns von der Natur berühren lassen wollen, dann sollten wir den Fokus nicht nur auf die „heile“ und „gute“ Natur richten, sondern auch auf ihre zerstörerische und vergängliche Seite. Die Natur hat Momente von Freude und Leid. Neues entsteht und Altes vergeht. Geburt,

Leben, Tod, Geburt … lösen sich ständig ab. Ein schier endloser Kreislauf von Kommen und Gehen. Die Astronomen können selbst die Geburt der Erde und ihren Tod berechnen und den unseres Sonnensystems.

Neben der Weite und Ruhe und dem Gefühl, eingebettet zu sein in das Größere, können wir in der Natur die Vergänglichkeit, das ständige Kommen und Gehen erfahren.

Übung: Über das Phänomen von Geburt, Leben, Tod, Geburt … meditieren

Nehmen Sie sich Zeit, über das Phänomen von Geburt, Leben, Tod, Geburt … zu meditieren, wie wir es in der Natur finden. Halten Sie dazu Kontakt mit dem „Ich-BIN". Alles kommt, alles geht. Menschen, Tiere, Pflanzen, ja sogar Sterne und Galaxien werden geboren, leben und sterben wieder. Wie fühlt es sich an, auf das Kommen und Gehen nicht zu reagieren oder die gefühlsmäßige Reaktion als ein weiteres Kommen und Gehen wahrzunehmen? Alles passiert im unendlichen Raum der Möglichkeiten.

Vielleicht können Sie erkennen, dass Leiden dann entsteht, wenn wir auf dieses Kommen und Gehen und Kommen und Gehen reagieren und an den Reaktionen festhalten. Vergänglichkeit ist wohl die größte spirituelle Lehre der Natur. Diese Vergänglichkeit und das damit verbundene Leid hat den Buddha zu seiner Suche und zu seiner Befreiung geführt.

Offene Weite – nichts von heilig

Dieser Zenspruch „Offene Weite – nichts von heilig“ beschreibt die spirituelle Erfahrung, die entsteht, wenn wir das Bewusstsein auf dem Raum hinter den Erfahrungen ruhen lassen. Es ist der Raum, in den hinein alles kommt und in dem alles wieder vergeht. In diesem Raum gibt es nichts Heiliges, nichts Göttliches, sondern nur potente Weite.

Diesen Zustand hat der Buddha in der Tiefe seines Geistes gefunden, und er hat gelernt, in ihm zu ruhen. Dieser Zustand ist die äußerste Freiheit des Geistes, seine Urnatur. Aus ihm wird alles geboren und alles geht in ihn wieder ein. „Leerheit ist Form und Form ist Leerheit.“

Übung: Raumerfahrung

Suchen Sie sich einen Platz, von dem aus Sie den Himmel sehen können. Setzen Sie sich entspannt aufrecht hin und kommen Sie in den Zustand von „Ich-BIN“. Lassen Sie Ihre Augen in der Weite des Himmels ruhen. Dehnen Sie Ihre Aufmerksamkeit immer weiter aus und spüren Sie, wie Sie Raum erfahren. Ruhen Sie in dieser Raumerfahrung, solange es sich gut anfühlt, und bemerken Sie, wie alles, was in Ihnen passiert, in diesem Raum entsteht und wieder in diesem Raum vergeht. Spüren Sie auch, wie alles Äußere, das Sie wahrnehmen können, aus diesem Raum geboren wurde und wieder in ihn eingeht.

Wenn Sie diese Übung einige Male gemacht haben und mit dem Bewusstsein von Raum vertraut geworden sind, dann können Sie die Übung erweitern.

Übung: Alles in der Raumerfahrung ruhen lassen

Fangen Sie diese Übung wie die vorherige an, bis Sie ein klares Raumempfinden haben. In diesem Raumempfinden lassen Sie Ihren Körper ins Bewusstsein kommen, mit allen angenehmen und unangenehmen Empfindungen. Ruhen Sie weiter im Raumbewusstsein und gehen Sie dann weiter zu Ihren Gefühlen, wie diese im Raum entstehen, sowohl die angenehmen als auch die unangenehmen, gehen Sie weiter zu Ihrer Sexualität, wie diese auch in dem Raum hervorgebracht wurde und wieder vergeht. Machen Sie es mit dem Inneren Kind ebenso und mit allem, was Sie in sich finden. Und wechseln Sie dann die

Richtung nach außen. Zum Partner, zum Fremden, zum Kosmos, bis alles, wirklich alles in dem Raumbewusstsein einen Platz gefunden hat.

Vielleicht macht an diesem Punkt, wenn Sie in diesem Bewusstsein von Raum ruhen, der Zenspruch „Offene Weite – nichts von heilig“ aus Ihrer eigenen Erfahrung Sinn. Alles, was ist, ist einfach, weil es ist. Gleichzeitig ist es aber nicht wirklich, da es keine Dauer hat und nicht aus sich heraus existiert.

Informationen

Es besteht die Möglichkeit, den Ansatz dieses Buches in Seminaren und Trainings direkt zu erfahren. Wenn Sie Interesse daran haben, dann können Sie Informationen erhalten bei:

ki – Körpertherapeutisches Institut
für Beziehungsdynamik und Persönlichkeitsentwicklung
Rödelheimer Landstr. 44
60487 Frankfurt
Tel: 0 69 – 70 76 06 14
Fax: 0 69 – 70 76 06 15
E-Mail: kiFrankfurt@aol.com

Literaturhinweis

Almaas, A.H.: Essenz, Arbor, Freiamt, 1997.

Anand, Margo: Tantra oder die Kunst der sexuellen Ekstase, Goldmann, München, 1989.

Aurobindo, Sri: Zyklus der menschlichen Entwicklung, Barth, München, 1974.

Bachhofer, Joss (Hrsg.): Milarepa – Meister der verrückten Weisheit, Windpferd, Aitrang, o. J.

Benz, Dyrian & Weiss, Halko: Auf den Körper hören, Kösel, München, 1987.

Bertelsen, Jes: Befreiung des Bewußtseins, Sphinx, Basel, 1994.

Bertelsen, Jes: Höheres Bewusstsein, Sphinx, Basel, 1993.

Bertelsen, Jes: Traumarbeit und Meditation, Kösel, 1988.

Capra, Fritjof: Das Neue Denken, Scherz Verlag, 1987.

Capra, Fritjof: Wendezeit, Scherz, 1983.

Das, Surya: Tibetische Weisheitsgeschichten, Heyne, München, 1997.

Dass, Ram & Gorman, Paul: Wie kann ich helfen?, Sadhana, Berlin, 1988.

Dychtwald, Ken: Körperbewusstsein, Synthesis, Essen, 1977.

Feldenkrais, Moshé: Das starke Selbst, Insel, Frankfurt a.M., 1991.

Gebser, Jean: Ursprung und Gegenwart, Teil 1 + 2, Novalis, Schaffhausen, 1978.

Gibran, Kahlil: Der Prophet, Walter, Freiburg, 1981.

Henderson, Julie: Die Erweckung des Inneren Geliebten, Ansata, Interlaken, 1990.

Jäger, Willigis: Suche nach der Wahrheit, Via Nova, Petersberg, 1998.

Johnson, Stephen M.: Charakter-Transformation, Transform, Oldenburg, 1990.

Kalu Rinpoche: Diamantweg, Octopus, Wien, 1979.

Kalu, Rinpoche: Der Dharma, Kagyü-Dharma, Mechernich, 1990.

Khyentse, Dilgo: Das Herzjuwel der Erleuchtung, Theseus, Berlin, 1994.

Kurtz, Ron: Körperzentrierte Psychotherapie, Synthesis, Essen, 1985.

Lao Tse: Tao Te King, Irisiana, Haldenweg, 1981.

Lapide, Pinchas: Ist die Bibel richtig übersetzt?, GTB Siebenstern, 1989.

Levine, Stephen und Ondrea: In Liebe umarmen, Context, Bielefeld, 1995.

Lilly, John C.: Das Zentrum des Zyklons, Fischer, Frankfurt a.M., 1981.

Mindell, Arnold & Amy: Das Pferd rückwärts reiten, Via Nova, Petersberg, 1997.

Mindell, Arnold: Der Leib und die Träume, Junfermann, Paderborn, 1991.

Odier, Daniel: Tantra, Lübbe, Bergisch Gladbach, 1997.

Ostreander, Sheila & Schroeder, Lynn: Psychic discoveries behind the iron curtain, Bantam, New York, 1981.

Reps, Paul: Ohne Worte – ohne Schweigen, Barth, München, 1987.

Rogers, Carl: Die Kraft des Guten, Kindler, München, 1977.

Rosenberg, Jack L. & Kitaen-Morse, Beverly: The Intimate Couple, Turner, Atlanta, 1996.

Rosenberg, Jack L.: Körper, Selbst & Seele, Transform, Oldenburg, 1989.

Sheldrake, Rupert: Das schöpferische Universum, Meyster, München, 1981.
Sogyal Rinpoche: Das tibetische Buch vom Leben und Sterben, Barth, München, 1993.
Swindells, John (Hrsg.), Bede Griffiths, Via Nova, Petersberg, 1998.
Teilhard de Chardin, Pierre: Der Mensch im Kosmos, dtv, München, 1981.
Trungpa, Tschögyam: Spiritueller Materialismus, Aurum, Freiburg, 1975.
Widmer, Samuel: Ins Herz der Dinge lauschen, Nachtschatten, Solothurn, 1989.
Widmer, Samuel: Stell Dir vor, Du wärst ein Stück Natur, Heuwinkel, Neu-Allschwil, 1995.
Wilber, Ken: Das Spektrum des Bewußtseins, Scherz, München, 1987.
Wilber, Ken: Eros, Kosmos, Logos, Krüger,, Frankfurt a.M., 1996.
Wilber, Ken: Halbzeit der Evolution, Fischer, Frankfurt a.M., 1998.
Wilber, Ken: Wege zum Selbst, Kösel, München, 1984.
Yeshe, Thubten: Wege zur Glückseligkeit, Diamant, Arnstorf 1993.

Die kommunikative Kraft der Liebe

Barbara Mettler-v. Meibom

Broschur, 208 Seiten, 10 Abb., ISBN 3-928632-66-3

Unsere Gesellschaft bietet eine Fulle neuer Kommunikationsmedien und dennoch nehmen Einsamkeit und Rücksichtslosigkeit im privaten und beruflichen Alltag ständig weiter zu. Auf der Suche nach einem Weg aus diesem Dilemma unterscheidet die Autorin Prof. Barbara Mettler-v. Meibom zwischen zwei grundlegenden Aspekten in Kommunikationsbeziehungen: der *communicatio* und der *communio*.
Letztere erwächst für sie aus der kommunikativen Kraft der Liebe. Wie kann sie verwirklicht werden? Bei der Beantwortung dieser Frage läßt sich die Verfasserin u.a. von der indischen Philosophie der Vedanta anregen. Sie zeigt in eindringlichen Bildern und Geschichten über Menschen und Alltagserfahrungen, welche Chancen und Möglichkeiten bestehen, wenn wir uns von der kommunikativen Kraft der Liebe leiten lassen. An die Stelle des Gefühls von Trennung und Einsamkeit kann das Wissen um die Einheit alles Lebendigen, deren Erfahrung und die Verantwortung für uns selbst und die Schöpfung treten.

Den Pfad des Herzens gehen

Traumkörperarbeit – Schamanische Praktiken und moderne Psychologie

Arnold Mindell

256 Seiten, gebunden – ISBN 3-928632-24-8

Jahrzehntelange Erfahrungen in der Prozeßorientierten Psychologie und intensive Begegnungen mit Schamanen, eingeborenen Heilern und Weisen in allen Erdteilen bilden die Grundlagen dieses Buches, das sowohl moderne Psychologie als auch schamanische Praktiken und Heilmethoden zu einer fruchtbaren Synthese verbindet, die Sie im Alltag nutzen können.
Sie werden in dem Buch mit mächtigen, unbekannten und heilenden Kräften konfrontiert, die den Weg des „Jägers" und des „Kriegers" begleiten. Um dem „Größeren", das der Verfasser Geist nennt, dem „Verbündeten" und dem „Doppelgänger" zu begegnen, werden die Erfahrungen, die aus Körperempfindungen oder Traumbildern auftauchen, bewußt gemacht und eine „zweite Aufmerksamkeit" entwickelt.
Jedes Kapitel schließt mit Übungen ab, die jeweils die persönliche Erfahrung des vorher beschriebenen Inhalts ermöglicht. Es werden praktische Methoden angeboten, wie Sie mit Ihrem Traumkörper in Verbindung kommen, ganz werden und zu sich selbst finden.

Spirituelle Erziehung

Hilfreiche Ratschläge – Praktische Weisheit

Lee Lozowick

312 Seiten, gebunden – ISBN 3-928632-51-5

Praktischer Ratgeber für Eltern und Erzieher, die im Umgang mit Kindern ein größeres Maß an Bewußtheit, Freundlichkeit und Mitgefühl sowie mehr Ehrlichkeit im Verhältnis zu sich selbst in die Erziehung einbringen wollen. Das Buch will Eltern in ihrer wichtigen Erziehungsarbeit helfen und Kindern einen optimalen Start verschaffen.
Dieses Buch richtet sich an all jene, die für die Erziehung Weisung aus einer höheren Ebene empfangen wollen. Spirituelle und bewußte Erziehung könnte man zusammenfassen: Liebe und Zuneigung entwickeln, lebensbejahende Grenzen für unsere Kinder aufzeigen und Ehrlichkeit uns selbst und unseren Kindern gegenüber aufbringen.
Hauptelement jeder Kindererziehung ist das Vorbild der Eltern. Da wir unseren Kindern nicht geben können, was wir selbst nicht besitzen, fordert der Autor Eltern und Erzieher dazu auf, die das eigene Leben beherrschende Ichbezogenheit, Ignoranz und mangelnde Bewußtheit genau unter die Lupe zu nehmen, weil sie das Glück und Wohlbefinden unserer Kinder gefährden.

Die Vision vom göttlichen Menschen

Eine spirituelle Weg-Begleitung in das neue Jahrtausend

Barbara Schenkbier

Paperback, 424 Seiten, 21 ganzseitige Bilder – ISBN 3-928632-68-X

Prachtband: 424 Seiten, geb., Einband Kunstleder mit Goldaufdruck, 21 ganzseitige Bilder, Zweifarbendruck – ISBN 3-928632-18-3

Das Buch ist ein umfassendes Standardwerk, das den Durchbruch einer neuen Evolutionsstufe im menschlichen Bewußtsein des Menschen vorbereiten hilft. Aufbauend auf wissenschaftlichen Erkenntnissen und der mystischen Tradition aller Religionen führt es zu einem tieferen Wissen über das menschliche Bewußtsein, um dann den Weg zum göttlichen Menschen zu beleuchten. Alle wichtigen Schritte werden beschrieben, wesentliche Übungen aus einer neuen Sicht heraus dargestellt und die Transformationsstufe zu einem neuen Bewußtsein geschildert. Beim Lesen und Anwenden der beschriebenen Wahrheiten eröffnet sich dem Leser eine neue Sicht über den Sinn des Lebens. Alle, die den geistigen Weg beschreiten, werden ihn besser verstehen, ihn bewußter, mutiger und konsequenter weitergehen.
Das Buch ist aus der eigenen, spirituellen Erfahrung der Autorin heraus geschrieben und eröffnet den Blick in eine Zukunft, die die evolutionäre Schöpferkraft selbst schaffen wird.

Finde deine Ganzheit wieder

Mind Bridging – die Dynamik Holographischer Psychologie

Maria de Rocha Chevalley

ca. 376 Seiten, gebunden – ISBN 3-928632-58-2

Wir können unsere Ganzheit wiedererlangen, indem wir Teilstücke unseres Geist-Körpers wieder miteinander verbinden. Das geschieht durch den kreativen Umgang mit unseren Geist-Hologrammen, unseren Bewußtseins-Brücken. So stellen wir die Verbindung zu Unschuld, Spontaneität, Liebesfähigkeit, Mut und echter Lebensfreude wieder her. So entsteht wahrer Frieden in unserem Geist!
Indem die Verfasserin aus ihrer therapeutischen Arbeit heraus die Tiefe des holographisch-analytischen Geist-Körpers mit Hilfe ihrer intensiven persönlichen Erfahrungen durch zahlreiche praktische Übungen und hilfreiche Erklärungen auslotet, erklärt sie auf verständliche Art und Weise, was *Holographische Psychologie* und *Mind-Bridging-Dynamik* bedeuten. So ist dies nicht nur ein Buch für Psychologen, sondern für alle, die auf dem Weg zu sich selbst sind. Dieses Buch beschreibt einen neuen Weg.

Die innere Sphäre des Menschen

Das Tor des Herzens öffnen

Mansukh Patel

192 Seiten, Paperback – ISBN 3-928632-72-8

Dr. Patel hat die seltene Gabe, die etwas rätselhaften und schwer faßbaren Facetten unseres Lebens zu ergründen. Es scheint, als ob er in der Lage wäre, tief in unseren Geist einzutauchen, unsere profunden Bedürfnisse zu verstehen und eine fertige und anwendbare Lösung für unsere unausgesprochenen Fragen zu haben.
Dies ist ein Buch der Hoffnung und des Optimismus. Es ist ein Buch für die Suchenden, ein Buch über den Menschen selbst – wer immer er ist, wo immer er ist und was immer er tut. Es ist voller Verständnis und Mitgefühl und wird jedem helfen, seine gegenwärtige Lage zu verstehen und voller Klarheit und Freude vorwärts zu schreiten in die strahlende neue Zukunft, die jeder sich selbst erschafft.
„Die innere Sphäre des Menschen" zeigt auf einfache und klare Weise, wie Dr. Patel vorgeht, um Glück und Erfolg zu erlangen. Seine Techniken beruhen auf jahrelanger Forschung und persönlicher Erfahrung. Sie sind praktisch anwendbar, sicher und äußerst effektiv.

Das Ende des Patriarchats

Claudio Naranjo

176 Seiten, gebunden, 4 Abbildungen, ISBN 3-928632-65-5

Claudio Naranjo, Pionier der Transpersonalen Psychologie, der das „Enneagramm" nach Europa gebracht hat, stellt in diesem Buch die Grundlagen der patriarchalen Ordnung in Frage und durchleuchtet, wie diese unsere Welt und unser Leben beeinflußt. Mit einzigartiger Einsicht und wissenschaftlicher Kompetenz führt Dr. Naranjo den Leser zu einer Sichtweise, die die väterlichen, mütterlichen und kindlichen Aspekte des Menschen und der Gesellschaft integriert.
Während viele Institutionen und einzelne die Lösung dieser Probleme vor allem auf intellektuellem Wege suchen und so immer wieder die gleichen Pfade beschreiten, liegt für Claudio Naranjo der Schlüssel zu einer Verbesserung der Situation im Abschied vom Patriarchat. Nur durch eine neue Gewichtung und gleichwertige Ergänzung von Intellekt, Emotion, Körper und Geist kann seiner Meinung nach eine Heilung auf individueller und kollektiver Ebene stattfinden, so daß eine Gesellschaft entstehen kann, in der sich das ganze machtvolle und kreative Potential des Menschen widerspiegelt.

Suche nach dem Sinn des Lebens

Willigis Jäger

Paperback, 272 Seiten, gebunden, **5. Auflage** – ISBN 3-928632-03-5

Preisträger amerikanischer Verleger

Alle wichtigen Themen des spirituellen Lebens werden von dem Zenmeister (Roshi) Pater Willigis Jäger in diesem Buch grundlegend behandelt und in Bezug gesetzt zur christlichen Mystik, aber auch zu den großen Traditionen der esoterischen Wege anderer Religionen, zu den Ergebnissen moderner Naturwissenschaft und zu den Erkenntnissen der transpersonalen Psychologie. Die psychologischen Aspekte des inneren Weges, seine Tiefenstrukturen und Stadien, der Umgang mit den Gefühlen und die Verwandlung des Schattens werden eingehend beschrieben. In diesem Buch geht es um den inneren Weg der christlichen Religion, um einen Bewußtseinswandel in der Gleichgestaltung mit Christus, um eine neue – von innen geprägte – Ethik, die Verantwortung für die Mitwelt übernimmt. Das Buch befreit zu einem sinnerfüllten Leben; motiviert, den inneren Weg zu gehen, provoziert zu einem neuen Denken und Handeln und tröstet in dunklen Stunden.

Transpersonale Psychologie und Psychotherapie

Paperback, 104 Seiten, zwei Ausgaben: Frühjahr und Herbst

ISSN 0949-3174

Transpersonale Psychologie und Psychotherapie ist eine unabhängige Zeitschrift. Sie verbindet das Wissen spiritueller Wege und der Philosophia perennis mit moderner Psychologie und Psychotherapie, leistet Beiträge zur wissenschaftlichen Fundierung des Transpersonalen.
Transpersonale Psychologie und Psychotherapie ist eine Zeitschrift, die sich an Fachleute und Laien wendet mit einem Interesse an transpersonalen Themen. Aus einem schulen-, kultur- und religionsübergreifenden Verständnis heraus bietet sie ein Forum der Verbindung von Psychologie und Psychotherapie und deren theoretischen Grundlagen mit spirituellen und transpersonalen Phänomenen, Erfahrungen und Wegen, Welt- und Menschenbildern. Sie dient dem Dialog der verschiedenen Richtungen, fördert integrative Bemühungen und leistet Beiträge zur Forschung und Theoriebildung. Sie bietet Überblick, Orientierung und ein Diskussionsforum auf wissenschaftlichem Niveau.